重庆鹅公岩轨道大桥大跨径自锚式悬索桥建造关键技术丛书

Chongqing Egongyan Rail-transit Bridge—
Theory and Practice of Survey and Design

重庆鹅公岩轨道大桥勘察设计理论与实践

重庆市轨道交通(集团)有限公司
中国铁建投资集团有限公司

人民交通出版社股份有限公司
北京

内 容 提 要

鹅公岩轨道大桥为重庆市轨道环线跨越长江的重要节点,受建设条件的约束,主桥采用跨径600m的自锚式悬索桥结构,在世界同类型结构中跨径最大,采用“先斜拉、后悬索”的施工工艺。全书共分为12章,详细介绍了桥梁工程方案的比较和选择,技术标准的研究和确定,主桥结构(包括主塔及基础、主梁、缆吊系统等)的设计与分析,施工用临时塔和临时拉索的设计,结构耐久性的设计,轨道结构、附属结构以及引桥工程的设计,主桥的结构分析。

本书可供桥梁设计、施工、监理、建设、运营管理和科研人员参考使用,也可作为高等院校桥梁工程相关专业师生的教学案例参考。

图书在版编目(CIP)数据

重庆鹅公岩轨道大桥勘察设计理论与实践 / 重庆市轨道交通(集团)有限公司, 中国铁建投资集团有限公司著. — 北京 : 人民交通出版社股份有限公司, 2021.9

ISBN 978-7-114-17436-0

Ⅰ.①重… Ⅱ.①重… ②中… Ⅲ.①铁路桥—悬索桥—地质勘探—重庆 Ⅳ.①U448.132.2

中国版本图书馆CIP数据核字(2021)第130130号

重庆鹅公岩轨道大桥大跨径自锚式悬索桥建造关键技术丛书
Chongqing Egongyan Guidao Daqiao Kancha Sheji Lilun yu Shijian

书 名:**重庆鹅公岩轨道大桥勘察设计理论与实践**
著 作 者:重庆市轨道交通(集团)有限公司
中国铁建投资集团有限公司
责任编辑:侯蓓蓓
责任校对:孙国靖 扈 婕
责任印制:张 凯
出版发行:人民交通出版社股份有限公司
地 址:(100011)北京市朝阳区安定门外外馆斜街3号
网 址:http://www.ccpcl.com.cn
销售电话:(010)59757973
总 经 销:人民交通出版社股份有限公司发行部
经 销:各地新华书店
印 刷:北京市密东印刷有限公司
开 本:787×1092 1/16
印 张:9.75
字 数:168千
版 次:2021年9月 第1版
印 次:2021年9月 第1次印刷
书 号:ISBN 978-7-114-17436-0
定 价:46.00元
(有印刷、装订质量问题的图书由本公司负责调换)

重庆鹅公岩轨道大桥大跨径自锚式悬索桥建造关键技术丛书

编审委员会

顾　　问：包叙定　周新六　邵长宇　蒋中贵　向中富

主　　任：吴　波　王　峙　周建庭

副 主 任：乐　梅　董文斌　马　虎　林　莉　李新民

委　　员：（委员按姓氏笔画排名）

王学民　王朝鹏　毛东晖　付铁军　冯文丹

任化庆　宋伟俊　张宇川　段玉顺　高俊宏

程　波　臧　瑜

《重庆鹅公岩轨道大桥勘察设计理论与实践》

编写委员会

主　　任： 张宇川　臧　瑜

副 主 任： 冯文丹　罗汝洲　戴建国　孙东超　陈晓虎
漆　勇

委　　员：（委员按姓氏笔画排名）
于振华　马振栋　王　猛　邓　宇　兰振波
朱立锋　刘永升　许　骏　李洞明　李晓燕
李　爱　李晶晶　李　锦　李福鼎　吴后伟
吴　庆　吴　韬　陈　多　陈　宇　陈　松
陈韵舟　周兴林　周轶琰　周　涛　郑博文
孟　杰　赵　亮　施江涛　洪习宝　姚　建
袁慧玉　夏　凡　顾　超　郭　济　黄　刚
黄新丽　曾　勇　谢　炼　赖亚平

特邀委员： 郭　辉　王邵锐

序 Xu

我国正在从交通大国向交通强国迈进,对交通建设提出了更高的要求。重庆市轨道交通环线的建设是这一历史背景下的必然,它作为重庆轨道交通的主骨架,连接了城市主要客流集散点,对于解决城市拥堵,实现都市1小时通勤,满足人民对日益增长的美好生活需要意义非凡。鹅公岩轨道大桥是轨道交通环线跨越长江的重要控制性节点工程,对于构建便捷顺畅的城市交通网意义重大。

鹅公岩轨道大桥位于既有鹅公岩大桥上游,连接九龙坡区和南岸区,对满足重庆市未来交通发展需求和实现畅通重庆的发展目标具有重要意义。综合社会价值以及经济价值考量,自锚式悬索桥方案从自锚式悬索-斜拉组合桥、斜拉桥以及钢桁架梁桥中最终胜出,其主桥的桥跨布置为50m + 210m + 600m + 210m + 50m = 1120m,为五跨连续双塔双索面自锚式悬索桥。该桥的顺利建成,使得自锚式悬索桥的主跨跨径从406m跃升至600m,成为世界上最大跨径的自锚式悬索桥和最大跨径的轨道专用悬索桥,充分体现了我国悬索桥建设的水平。

对于600m级的自锚式悬索桥,世界上尚无建设的先例,其诞生历程中的调研、设计、施工、管理、技术等都面临无例可循的难题,也给设计、施工以及管理等带来了新的挑战,它的建设过程同时也是开发和验证的过程。为保证大桥的顺利建成,依托本桥的工程实践,建设业主联合设计团队和多家高等院校、著名科研机构进行了诸如承受超大轴压力的主梁设计、"先斜拉后悬索"的体系转换设计等11项科研研究,为设计和施工等工作提供了有力的技术支撑。设计方面,综合考虑列车运行安全性和舒适性、材料特性、锚固构造等因素,实现了桥梁刚度、主梁、主缆的最优设计,刷新了同类型桥梁世界之最;施工方面,国内外首次安全、高效地完成了工艺复杂、技术含量高、施工难度大、施工风险高的特大跨径悬索桥"先斜拉、后悬索"施工,实现了诸如主缆锚固段混凝土梁带载自动可滑移支架、斜拉扣挂法施工主跨钢箱加劲梁的技术与工法创新;管理方面,形成了高效的管理团队,在项目前期建设手续办理、方案优化、设计配合、技术管理、征地拆迁、合同履约管理、进度管控等方面成效显著，在预计的工期内顺利实现了大桥通车。

丛书共分为4册。《重庆鹅公岩轨道大桥建设管理实践》归纳总结了大桥建造过程中的管理经验，详细阐述了大桥建设过程中各参与方对于质量、安全、进度、环保等方面的管理职责、机构、目标、细则以及措施。《重庆鹅公岩轨道大桥勘察设计理论与实践》详述了方案的比较和选择、技术标准的研究和确定、主桥结构的设计与分析、施工用临时塔和临时拉索的设计、轨道结构以及其他结构的设计和结构分析等内容。《重庆鹅公岩轨道大桥科研创新研究与应用》主要讲述了车桥耦合分析、钢混结合段及主缆锚固段试验研究、体系转换研究、钢梁及吊杆疲劳分析、先斜拉后悬索施工关键技术研究等11项科研成果以及相应成果在大桥建设过程中的具体应用。《重庆鹅公岩轨道大桥施工建造关键技术》系统介绍了自锚式悬索桥"先斜拉、后悬索"施工技术，包括钢-混凝土结合围堰与索塔施工、临时斜拉结构施工、锚固段及锚跨段箱梁结构施工、主缆架设施工、临时斜拉结构转换为悬索结构施工、施工过程控制等内容。

鹅公岩轨道大桥在建设管理、勘察设计、施工、科研、运营等方面都取得了可喜成绩，形成了具有自主知识产权的自锚式悬索桥设计与施工成套技术，取得了一系列创新性成果，填补了国内自锚式悬索轨道桥建造技术空白，为后续同类型桥梁的建设提供了重要参考的依据和经验。大桥高超的建造水平和一流的建设质量是中国制造向中国创造转变的又一例证，也是我国向交通强国道路迈进的坚实一步。

2021年1月

前言 Qianyan

重庆鹅公岩轨道大桥为主跨600m的自锚式悬索桥，是结合地理环境，考虑安全、技术、景观等因素的综合选择。作为迄今为止世界上最大跨径的自锚式悬索桥、最大跨径的轨道专用悬索桥，它给设计与施工带来了新的挑战。诸如承受超大轴压力的主梁设计、超大吨位的主缆锚固设计、“先斜拉后悬索”的体系转换设计等。为此，设计团队依托本桥的工程实践，总结设计过程中对关键技术的研究和攻关，并在施工实践的基础上编成此书，以期为我国桥梁建设积累一些宝贵的经验。

本书作为“重庆鹅公岩轨道大桥大跨径自锚式悬索桥建造关键技术丛书”之一，旨在为广大桥梁工程师提供一本可供借鉴的大跨径自锚式悬索桥设计与施工的技术性参考书。全书共12章，第1章简要介绍了项目的建设条件；第2章介绍了设计依据和技术标准；第3章介绍了桥梁总体设计；第4~6章分别对主桥的主塔及基础、主梁、缆吊系统的设计进行了介绍；第7章对临时斜拉索进行了介绍；第8章对耐久性设计进行了介绍；第9章介绍了轨道结构的设计；第10章对附属结构进行了介绍；第11章介绍了引桥工程的设计；第12章介绍了主桥的分析计算。

本书各章节均由参与本桥设计的技术人员编写，具体的编撰人员详见编写委员会名单。本书由张宇川、臧瑜任主编，戴建国、陈晓虎、漆勇、孙东超、罗汝洲负责统稿，编审委员会及郭辉、王邵锐负责主审。

感谢参与本书技术审核的各位专家和同仁，感谢人民交通出版社股份有限公司的编辑们，感谢你们的支持、鼓励与信任！

限于时间仓促、水平有限，书中难免存在差错、遗漏，恳请专家和读者不吝指正。

作　者

2021年1月

目录 Mulu

第 1 章　桥址区自然条件

自然条件是桥梁工程重要的建设条件之一。桥跨的布置，往往与自然条件密切相关。

1.1　桥位地貌形态及河道概况

重庆地区位于青藏高原与长江中下游平原过渡地带、四川盆地东南部，属于川东平行岭谷、川中丘陵和川南山地的接合部。

拟建鹅公岩轨道大桥桥位场地位于长江黄沙碛斜坡地段，属河流侵蚀、堆积河谷岸坡地貌。长江流向由南向北，该段河谷宽缓，河谷走向与地质构造线走向近于垂直。河谷形态略呈不对称 U 形。

岸坡在横向上多呈阶梯状，场地内岸坡高程 130 ~ 230m，具有坡度较缓、几乎全被堆积层覆盖的特点。地形坡角以 10° ~ 35°为多。

1.2　气 象 条 件

重庆地区为典型的亚热带季风气候，温暖湿润、雨量充沛，具有春早夏长、秋雨连绵、夏季多暴雨、冬暖多雾等特点，各类气象特征如下。

（1）气温。重庆地区多年平均气温 18.3℃，极端最高气温 43.0℃，极端最低气温为 -3.6℃。1 月为气温最低月，平均气温 7.7℃。最大平均日温差 11.9℃。

（2）降雨。重庆地区大气降水以降雨为主，雪雹少见。多年平均降雨量为 1082.6mm，最大年平均降雨量为 1378.2mm，最小年平均降雨量为 783.2mm。

降雨量年内分配不均，一般集中在 5 ~ 9 月，占全年降雨量的 2/3，且常伴有雷暴雨。

（3）风速。重庆地区的年平均风速为 1.3m/s，最大风速 26.7m/s，主风向为西北风。

（4）湿度。重庆地区的年平均相对湿度为 79%，年平均水气压 17.6hPa。

（5）雾。重庆地区多雾，尤以冬春两季为甚，其中 1 月雾天最多，年平均雾日 30 ~ 40d。雾多发生在凌晨，一般于上午 10 ~ 12 时消散，个别浓雾可延续几天。

1.3　水　　文

（1）河道概况。

拟建鹅公岩轨道大桥位于长江三角碛水道，长江上游航道里程约 669km，大桥位于既有鹅公岩长江大桥上游约 45m（边缘），上距九龙坡码头约 1.6km，下距朝天门约 10.0km。桥位上游九龙坡河段河道弯曲，桥位附近河段洪水或高水时河道顺直，上承三角碛，下接黄沙碛，位于三峡水库变动回水区内，水位、流态变幅较大。三角碛水道枯（低）水期，黄沙碛伸出较开，三角碛江心洲将河道分为左右两槽，右槽为主流，为川江著名枯水期弯、窄浅滩，河道弯曲狭窄。三角碛碛翅有斜流，碛尾有旺水，左岸龙凤溪以下有反击出水。桥区河段在三峡水库回水影响期间，流量小，水位抬升，流速减缓，水流条件较好。在脱离三峡水库回水影响时，中水以下，工程河段边滩完整，水流归槽，水深富裕，水流条件较好；而在洪水期，桥区河段脱离库区回水影响，恢复天然状态，水流湍急，受上游边滩淹没影响，水流分散，主流居于河心偏右岸，水流流向与桥轴线夹角逐渐增加。

（2）水文基本资料。

拟建鹅公岩轨道大桥上游约105.5m处有长江朱沱水文站，中间无大的支流汇入或者汇出，可以选择朱沱水文站的水文资料作为研究的基本资料。

据1954—2006年资料统计（表1.3-1），朱沱水文站实测最大流量为53400m³/s（1966年9月2日），实测最小流量为1920m³/s（1999年3月18日），最大、最小相差28倍；1966年实测最高水位为216.98m（冻结），1999年实测最低水位196.18m（冻结），变幅达21.8m。

朱沱水文站1954—2006年水沙特征值统计表　　表1.3-1

项　目	单　位	最大值	日　期	最小值	日　期	多年平均
水位	（m，冻结）	216.98	1966年9月2日	196.18	1999年3月18日	200.09
流量	（m³/s）	53400	1966年9月2日	1920	1999年3月18日	8523
径流量	（亿m³）	3524	1954年	2099	1972年	2662
含沙量	（kg/m³）	15.4	1972年5月28日	0	1957年2月19日	1.16
输沙率	（t/s）	315	1961年6月30日	0	1957年2月19日	9.8
输沙量	（亿t）	4.84	1998年	1.73	1994年	3.09

朱沱水文站多年平均洪水流量约37100m³/s，多年平均流量为8523m³/s，多年平均径流量为2662亿m³。径流年内分配不均，其中5～10月径流量占年径流量的79.1%。径流的年际变化不大，实测最大年径流量为3524亿m³（1954年），最小为2099亿m³（1972年），最大、最小比值为1.67。

根据收集到的朱沱水文站1954—2006年的实测年最大流量系列资料，以及通过调查或考证朱沱水文站近代以来曾发生过的6次特大洪水体积流量（1520年为73900m³/s、1892年为56800m³/s、1905年为64100m³/s、1917年为57700m³/s、1936年为62300m³/s、1948年为56300m³/s），经过特大值处理并用适线法进行水文频率计算，得到朱沱水文站的各频率所对应的洪峰流量，天然情况下桥位水位由相应频率流量根据历年综合水位流量关系推求。按照三峡工程运行调度计划，于2009年蓄水至175m（吴淞，由于上游来水偏少，当年坝前水位未达到175m），届时寸滩水文站将受回水影响。三峡库区相关研究成果表明，三峡水库蓄水后，库区（包括变动回水区、常年回水区）将发生泥沙累积性淤积，水位不断抬高，在三峡库区运行100年后基本达到平衡。朱沱水文站处于三峡水库变动回水区，汛期不受回水影响，但受库区泥沙淤积影响，各频率洪水水位有不同程度抬高。根据长江科学院的《重庆市主城区岸线整治河工模型试验研究报告》，三峡运行30年后，工程河段洪水位比天然河道同频率洪水位抬高 1.5 ~2.5m,据此推算得到拟建鹅公岩轨道大桥在三峡水库运行 30 年后各频率洪水水位,见表 1.3-2。

拟建鹅公岩轨道大桥不同频率洪水水位流量表 表 1.3-2

洪水频率 P(%)		1	2	5	10	20
长江朱沱水文站流量(m^3/s)		65300	60800	54500	49700	44100
水位(m)	三峡运行初期	193.95	192.35	189.90	188.28	185.93
	三峡运行 30 年	195.45	193.95	191.78	190.38	188.29

朱沱水文站 1987 年前悬沙颗粒级配主要采用粒径计法分析,由于细沙部分($D \leqslant 0.1$mm)在清水中沉降时,易形成浑液团异重沉降,因此细沙部分级配成果明显偏粗。1987 年后对分析方法进行了改进,颗粒分析采用粒径计-移液管结合法,即粗沙部分($D \geqslant 0.1$mm)采用粒径计法,细沙部分采用移液管法,本书采用 1987 年后成果进行统计(表 1.3-3)。由表 1.3-3 可见,朱沱水文站悬移质实测最大粒径为 0.858mm,多年平均中值粒径为 0.011mm,多年平均粒径为 0.043mm。实测最大含沙量 15.4kg/m^3(1972 年 5 月 28 日),多年平均含沙量为 1.16kg/m^3,多年平均输沙量为 3.09 亿 t。输沙量的年际、年内变化与年径流分布规律基本相似,但年内分配比径流更集中。5 ~10 月输沙量占年总量的 97.0%,而 7 ~9 月 3 个月可达年总量的 78.3%。年际变化表现出大水大沙、中水中沙、小水小沙特性。实测最大年输沙量为 4.84 亿 t(1998 年),是长江上游典型的大水大沙年;实测最小年输沙量为 1.73 亿 t(1994 年),年最大、最小比值为 2.8,远大于径流的比值。

朱沱水文站多年平均悬移质颗粒级配成果表 表 1.3-3

小于某粒径(mm)沙重百分数(%)										中数粒径(mm)		平均粒径(mm)		最大粒径	
0.004	0.008	0.016	0.031	0.062	0.125	0.25	0.25	0.5	1.0	D_{50}	变化范围	D_{cp}	变化范围	D_{max}(mm)	年份(年)
30.9	43.7	57.2	69.8	80.4	89.0	96.6	100	100	100	0.011	0.007 ~ 0.027	0.043	0.037 ~ 0.082	0.858	1994

朱沱水文站从 1974 年开展卵石推移质测验,实测卵石最大粒径一般大于 200mm,多年平均中值粒径为 57mm,多年平均年推移量约 27.0 万 t,其中 7 ~9 月占全年的 90% 以上。

(3)防洪标准及设计洪水水位。

根据《重庆市河道管理条例》,对于有堤防的河道,河道管理范围为两岸堤防之间的水域、沙洲、滩地(包括可耕地)、行洪区、两岸堤防及护堤地。无堤防河道的管理范围,在重庆主城规划区内的河道按 100 年一遇的洪水位划定;在主城规划区以外的区、县(自治县、市)人民政府所在地的河道按 20 年一遇的洪水位划定;其余的河道按 10 年一遇洪水位划定。桥区河段属主城区规划范围,因此,河道管理范围为两岸滨江路之间,河道防洪标准为 100 年一遇洪水,两岸防洪护岸工程防洪标准为 50 年一遇洪水。

长江重庆主城河段防洪标准采用 100 年一遇($P = 1\%$)频率洪水,根据朱沱水文站的频率洪水计算成果,相应流量为 65300m^3/s。根据《重庆市主城区城市防洪规划(2006—2020)》中的水位计算成果,菜园坝 100 年一遇水位为 193.23m、李家沱 100 年一遇水位为 194.43m,通过插值计算得到桥位处 100 年一遇水位为 193.95m。

拟建鹅公岩轨道大桥主跨600m,属于特大型桥梁,设计洪水标准应采用300年一遇。根据寸滩水文站和朱沱水文站实测洪水资料分析,三峡水库蓄水初期,寸滩水文站300年一遇洪水流量为97000m³/s,朱沱水文站300年一遇洪水流量为72000m³/s,按照朱沱水文站与寸滩水文站发生同频率洪水,嘉陵江发生相应洪水原则,以寸滩水文站水位流量关系为基础(起算断面),根据大洪水期水位比降推算,得到桥位处300年一遇水位为196.18m。由于工程河段处于三峡水库175m(吴淞)蓄水方案变动回水区,三峡水库运行对工程河段水位有一定影响。根据《三峡工程泥沙问题研究成果汇编(160~180米蓄水位方案)》,三峡水库运行100年后泥沙淤积达到平衡,桥位处遭遇$P=0.33\%$洪水时水位抬升5.86m,因此拟建鹅公岩轨道大桥在三峡水库运行100年后的防洪设计水位为202.04m。

1.4 地　质

(1)地形地貌。

拟建鹅公岩轨道大桥位于长江黄沙碛斜坡地段,属河流侵蚀、堆积河谷岸坡地貌。长江流向由南向北,该段河谷宽缓,河谷走向与地质构造线走向近于垂直。河谷形态略呈不对称U形。

岸坡在横向上多呈阶梯状,场地内岸坡高程130~230m,具有坡度较缓,几乎全被堆积层覆盖特点,地形坡角10°~30°为多。

(2)地层岩性。

通过对场地的地面地质调绘和综合分析已有区域地质成果,大桥主墩出露地层有第四系全新统人工填土、卵石土,侏罗系中统沙溪庙组地层。沿线的岩层为泥质岩和砂岩,各地层及岩性现由新到老分述如下。

①第四系地层(Q_4)。

第四系全新统人工填土(Q_4^{ml}):主要在EGZK46和EGZK48钻孔出露,为既有鹅公岩大桥桥墩修建时形成,钻孔揭露厚度约2.30m。

第四系全新统砂卵石(Q_4^{al}):主要分布在P15号主桥墩位置,由粉细砂和卵石组成。钻孔揭露其厚度3.90~7.50m,卵石粒径一般为20~120mm,含量约60%~75%,磨圆度较好,以亚圆形为主,卵石的母岩成分以火成岩、变质岩为主,骨架间以细砂、粉质黏土充填,结构中密。

②侏罗系中统(J_2)。

侏罗系中统沙溪庙组(J_{2S})为一套强氧化环境下的河湖相碎屑岩建造,由砂岩~泥岩不等厚的正向沉积韵律层组成。

砂岩:以浅灰色为主,局部为紫灰色,细~中粒结构,薄~中厚层状构造,主要矿物成分为石英,次为长石,含少量云母及黏土矿物,为泥钙质胶结。岩体完整~较完整,属较硬岩,呈透镜体或中厚层状夹于砂质泥岩中,岩体基本质量等级为Ⅳ级。

砂质泥岩:紫红色,泥质结构,厚层状构造。岩体完整~较完整,属较软岩,分布于整个场地内,为桥址区的主要地层,岩体基本质量等级为Ⅳ级。

(3)水文地质条件。

工程区跨越两个地貌单元,位于丘陵地貌单元内的路线区域不具备典型的含水层,岩土层普遍含水微弱。在地势较高的斜坡及丘顶平台,地表水径流条件较好,地下水补给范围小,表层土体薄，松散层储存地下水条件差，地下水不发育。在沟谷凹地第四系土层厚度较大的覆土层分布区域，下伏相对隔水层分界面（弱风化岩石界面）平缓，地表水向下渗入土体易于聚集于岩土体中；位于长江河谷段的路线地下水属潜水，受长江江水影响，水位及水量季节性差异明显，其余段地下水主要为大气降水补给，水量小，以上层滞水形式出现。根据地下水的赋存条件、水理性质及水力特征，测区地下水分为松散层孔隙水、基岩裂隙水。

①松散层孔隙水。

河谷段松散层孔隙水赋存于第四系松散堆积土层（主要是卵石层）中，其水量、水位季节性变化大，以大气降水为主要补给源并向长江排泄，汛期受长江水影响水位与长江基本同步上升。

其余地段地下水为赋存于第四系松散层中的孔隙水，主要补给源为大气降水，因斜坡储水条件差，仅在局部低洼的缓台地段存在少量上层滞水，但水量较小。

②基岩裂隙水。

基岩裂隙水赋存于长江河谷及河漫滩岩层中，为江水沿基岩裂隙渗入而成，由于补给渗透距离短，补给源水量充沛，故单位涌水量大，但受裂隙分布密度及贯通性等因素影响控制，故涌水量、渗透系数变化很大。根据经验估计，渗透系数为0.30～2.43m/d。

(4)岸坡稳定性评价。

①长江左岸岸坡。

长江左岸岸坡相对较缓，地面呈多级缓阶状，宏观坡角10°～20°，地表覆土层厚度0.00～2.00m，岩土分界面角度10°左右，因既有鹅公岩大桥及滨江路的原因，所形成边坡以岩质边坡为主，且坡面已做护坡处理，并在滨江路靠长江一侧建挡墙作支挡，总体上左岸岸坡岩土体总体稳定，对拟建鹅公岩大桥建设影响不大，岸坡稳定性较好。

②长江右岸岸坡。

长江右岸岸坡相对较缓，地面呈多级缓阶状，宏观坡角15°～20°，因既有鹅公岩大桥及九滨路的原因，所形成边坡以岩质边坡为主，且坡面已做护坡处理，并在九滨路靠长江一侧建挡墙作支挡。仅在靠近P15墩处土层厚度3.90～7.50m（卵石），此处岩土分界面平缓，岩土体整体稳定。

(5)建筑适宜性评价。

拟建轨道交通环线鹅公岩大桥横跨长江，该桥址区地形河谷宽缓，河流较平直，河床无深槽，岩层受构造应力作用轻微，构造裂隙不发育，基岩完整性较好，地层层序正常，未见滑坡、泥石流、塌陷等不良地质现象。长江沿岸土层厚度小，大部分地段基岩出露，岩土界面平缓，场地内整体基岩面起伏较平缓，基岩面角度2°～25°，长江沿岸岸坡稳定。适宜兴建轨道交通环线鹅公岩长江大桥。

1.5　地　　震

根据《中国地震动峰值加速度区划图》（1/400万）（GB 18306—2001）图A1及《中国地震动反应谱特征周期区划图》（1/400万）（GB 18306—2001）图B1，场地抗震设防烈度为6度，场地设计基本地震动峰值加速度0.05g，场地地震分组为第一组。

第2章 设计依据和技术标准

设计开展的依据以及执行的技术标准都是根据建设程序逐步确定的。

2.1 设计依据

2.1.1 基础依据

(1)《关于委托开展轨道交通环线鹅公岩轨道专用桥设计工作的函》(重庆市轨道集团,2013年9月4日)。

(2)《重庆市轨道交通环线鹅公岩大桥岩土工程勘察报告详细勘察》(重庆勘测院,2014年4月)。

(3)《鹅公岩轨道专用桥初步设计评审会专家组意见》(2014年6月)。

(4)《重庆市城乡建设委员会关于重庆市轨道交通环线二期工程鹅公岩轨道专用桥初步设计的批复》(2015年6月17日)。

(5)《鹅公岩轨道专用桥专题研究成果》。

2.1.2 设计规范与标准

1)设计规范

(1)《地铁设计规范》(GB 50157—2013)。

(2)《铁路桥涵设计基本规范》(TB 10002.1—2005)。

(3)《公路斜拉桥设计细则》(JTG/T D65-01—2007)。

(4)《铁路桥涵钢筋混凝土和预应力混凝土结构设计规范》(TB 10002.3—2005)。

(5)《铁路桥涵混凝土和砌体结构设计规范》(TB 10002.4—2005)。

(6)《铁路桥涵地基和基础设计规范》(TB 10002.5—2005)。

(7)《铁路工程抗震设计规范(2009年版)》(GB 50111—2006)。

(8)《铁路桥梁钢结构设计规范》(TB 10002.2—2005)。

(9)《铁路混凝土结构耐久性设计规范》(TB 10005—2010)。

(10)《铁路工程地质勘察规范》(TB 10012—2007)。

(11)《钢结构设计规范》(GB 50017—2003)。

(12)《铁路钢桥制造规范》(Q/CR 9211—2015)。

(13)《客运专线铁路桥涵工程施工技术指南》(TZ 213—2005)。

(14)《铁路钢桥保护涂装及涂料供货技术条件》(TB/T 1527—2011)。

(15)《钢结构焊接规范》(GB 50661—2011)。

2)参考规范、规程

(1)《城市道路工程设计规范》(CJJ 37—2012)。

(2)《城市桥梁设计规范》(CJJ 11—2011)。

(3)《城市道路交通规划及路线设计规范》(DBJ 50-064—2007)。

(4)《公路桥涵设计通用规范》(JTG D60—2015)。

(5)《公路钢筋混凝土及预应力混凝土桥涵设计规范》(JTG D62—2004)。

(6)《公路桥梁抗风设计规范》(JTG/T D60-01—2004)。

(7)《公路桥梁抗震设计细则》(JTG/T B02-01—2008)。

(8)《铁路无缝线路设计规范》(TB 10015—2012)。

(9)《混凝土结构耐久性设计与施工指南》(CCES 01—2004)。

(10)《铁路轨道设计规范》(TB 10082—2005)。

(11)《公路桥涵地基与基础设计规范》(JTG D63—2007)。

(12)《公路桥涵施工技术规范》(JTG/T F50—2011)。

(13)《公路钢结构桥梁设计规范》(JTG/T D64—2015)。

(14)《公路悬索桥设计规范》(JTG/T D65-05—2015)。

(15)《城市轨道交通桥梁设计规范》(GB/T 51234—2017)。

(16)《道路桥示方书(Ⅱ钢桥编)·同解说(2002年版)》。

(17) *Eurocode* 3—*Design of steel structures*(*Part* 2：*Steel Bridges* 2006)。

(18) *Eurocode* 3—*Design of steel structures*(*Part* 1-9：*Fatigue* 2005)。

(19) *Eurocode* 4—*Design of composite steel and concrete structures*(*Part* 2：*General rules and rules for bridges* 2005)。

(20) *Structural Welding Code-Steel*(*AWSD*1.1/*D*1.1*M*:2006)。

(21) *AASHTO LRFD Bridge design specifications SI Units Third Edition* (2006)。

2.2　设计标准

2.2.1　通航及航道要求

拟建鹅公岩轨道大桥所在河段规划航道等级为Ⅰ—(2)级,船舶吨级为3000t。

(1)代表船型与船队。

通航论证研究从桥区河段的通航水流条件、航运发展规划等综合考虑,确定以《内河通航标准》(GB 50139—2014)中Ⅰ—(2)级航道的代表船队为设计代表船队,其尺度为:316m×48.6m×3.5m(三排三列)。

设计代表船型采用5000吨级货船:主尺度为110.0m×19.2m×4.2m。

(2)设计通航水位。

拟建鹅公岩轨道大桥位于三峡水库变动回水区,经分析,设计最高通航水位采用20年一遇洪水与相应的汛期坝前水位组合计算成果,并考虑水库泥沙淤积影响的水位抬高值。三峡水库蓄水初期,桥位处相应最高通航水位为189.98m。考虑三峡水库运行100年泥沙淤积的基础(主要依据《三峡工程泥沙问题研究成果汇编》),根据计算分析,得到桥位处最高通航水位为195.84m。

设计最低通航水位采用航行基面水位,根据同比降推算得到桥位处最低通航水位为161.45m。

(3)通航净空尺度。

桥区河段航道等级为Ⅰ—(2)级,设计通航净空高度18m,并按24m净空高度进行预留。

推荐桥位桥轴线法向与部分测点水流流向夹角大于5°,最大横向流速大于0.8m/s,要求主通航孔跨过通航水域。

2.2.2 防洪要求

前期研究阶段,重庆西科水运工程咨询中心进行了拟建鹅公岩轨道大桥的防洪评价研究,完成了《重庆市轨道交通环线鹅公岩轨道专用桥防洪评价报告》,其主要结论如下:

(1)拟建鹅公岩轨道大桥位于长江三角碛水道,长江上游航道里程约669km,大桥位于既有鹅公岩长江大桥上游约45m(边缘),上距九龙坡码头约1.6km,下距朝天门约10.0km。河演分析表明,多年来桥区河段河道形态变化不大,岸线稳定,深泓平面摆动较小,河势稳定,适宜建桥。

(2)拟建鹅公岩轨道大桥设计洪水标准为300年一遇,桥位处考虑三峡水库淤积平衡后300年一遇洪水为202.04m,拟建鹅公岩轨道大桥梁底最小高程为251.71m,远远高于300年一遇频率洪水水位,满足防洪标准要求。

(3)壅水计算表明,拟建鹅公岩轨道大桥修建后,三峡水库运行初期,遇$P=1\%$洪水时,最大过水面积缩窄1.58%,墩前局部区域最大水位壅高0.07m,引起左、右岸边最大水位壅水分别为0.01m和0.02m,水位壅高为0.01m的最远距离为桥轴线上游743m;考虑三峡水库运行30年后,墩前局部区域最大水位壅高为0.06m,引起左、右岸边最大壅水高度分别为0.01m和0.02m,壅水0.01m的最远距离为桥轴线上游695m。

(4)数模计算表明,建桥后引起桥墩周围局部区域最大流速增加约0.24m/s,引起左、右岸边最大流速增加约0.2m/s。三峡水库蓄水初期,遇$P=1\%$洪水时,流速增加0.05m/s的范围为桥轴线上游142m至下游约506m;流速增加0.1m/s的范围为桥轴线上游73m至下游约348m。考虑三峡水库运行30年后,遇$P=1\%$洪水时,流速增加0.05m/s的范围为桥轴线上游135m至下游约486m;流速增加0.1m/s的范围为桥轴线上游70m至下游约345m。

(5)局部冲刷计算表明,建桥后左、右岸桥墩附近局部最大冲刷分别为1.96m和3.58m,冲刷范围局限于桥墩附近,不会引起河床明显变化,建议将桥墩基础置于基岩或埋于大桥冲刷线以下。

(6)拟建工程总体上不会对该河段的防洪水位和河道泄洪产生明显不利影响,水流条件变化及河床冲淤变化仅局限于工程附近,对该河段总的河势条件影响也较小。

(7)综合分析认为,拟建工程建设方案布置符合岸线规划的要求,适应防洪标准和有关技术及工程管理要求,对河道行洪安全影响较小,不会导致现有河势发生大的变化,不会影响现有防洪工程、河道整治及其他水利工程设施的正常使用及稳定,对防汛抢险和第三人合法水事权益的影响均较小。

2.2.3　环保要求

(1)桥面排水采用纵向收集排水,不直接排入江中。

(2)西引桥区段(部分进入主桥)按环评要求设置封闭式隔音屏。

2.2.4　主要技术标准

(1)桥梁主体结构设计使用年限100年,其他损坏、修复不影响轨道交通正常运营的结构设计使用年限为50年。具体构件的设计使用年限如下。

①主梁、主塔、主缆等主体结构:100年。

②吊索:20年。

③支座:50年。

④栏杆、伸缩缝、阻尼器:20年。

⑤钢结构防腐体系:20年。轨道结构下钢结构防腐体系保证年限应不低于轨道系的检查或更换年限。

(2)地震设防烈度:6度。按《地震安全性评价报告》参数取用。

(3)设计风速:离地面10m高,重现期100年,10min平均最大风速27.5m/s。

(4)设计洪水频率:取用1/300洪水频率标准进行验算。设计最高通航水位195.84m。

(5)航道等级为《内河通航标准》(GB 50139—2014)中内河Ⅰ—(2)级航道,单孔双向通航,航道净宽320m,净高18m(按24m预留)。

(6)桥面宽度分配:B=2.5m(索区、风嘴)+2.35m(人行道)+0.9m(防撞隔离带)+10.5m(轨道限界)+0.9m(防撞隔离带)+2.35m(人行道)+2.5m(索区、风嘴)=22.0m。

(7)轨道交通。

①双线As型车,7节编组,线间距5.2m,建筑限界10.5m。

②双向轨道交通,最高设计运行速度80km/h。

③桥面纵坡:轨道≤3.0%。

④轨道结构。根据轨道专业提供的资料,钢箱梁地段:采用隔离式减振垫浮置板整体道床,轨道结构高度540mm,轨道结构二期恒载为1.75t/单线延米;混凝土箱梁地段:采用短枕承轨台式整体道床,轨道结构高度为540mm,轨道二期恒载为1.8t/单线延米。

计算用二期恒载标准值:钢梁段(不设声屏障),74.42kN/m;钢梁段(设声屏障),91.42kN/m;混凝土梁段(不设声屏障),86.04kN/m;混凝土梁段(设声屏障),103.04kN/m。

⑤桥梁刚度标准。

挠度:竖向≤L/400、横向≤L/1200(L为桥梁跨径)。

梁端转角:竖向转角≤3.0‰(单侧);水平转角≤1.0‰(双侧)。根据地铁设计规范要求验算轨道扣件的上拔力。

一线两轨的竖向变形差形成的两轨动态不平顺度≤6mm。

行车舒适度和安全度应通过列车走行性分析确定。

(8)主缆安全系数不小于2.5;吊索安全系数不小于3.0。

(9)更换吊索时,吊索安全系数不小于1.8,主梁应力可按施工阶段提高至1.2倍。必要时对列车进行限行。

(10)一类稳定安全系数不小于4.0。

二类稳定安全系数:边缘屈服准则,钢结构不小于1.7、混凝土结构不小于1.4;极限强度准则,钢结构不小于1.8、混凝土结构不小于2.3。

第3章 总 体 设 计

总体设计涉及桥梁线位、桥位选择，桥梁的平面、立面和横断面布置，是后续设计工作开展的前提。

3.1 桥位接线条件及桥位选择

轨道环线在鹅公岩江段需跨越长江，通过对规划线路走向和客流集散范围的研究，进行了3个大范围的线路走向比选(图3.1-1)。

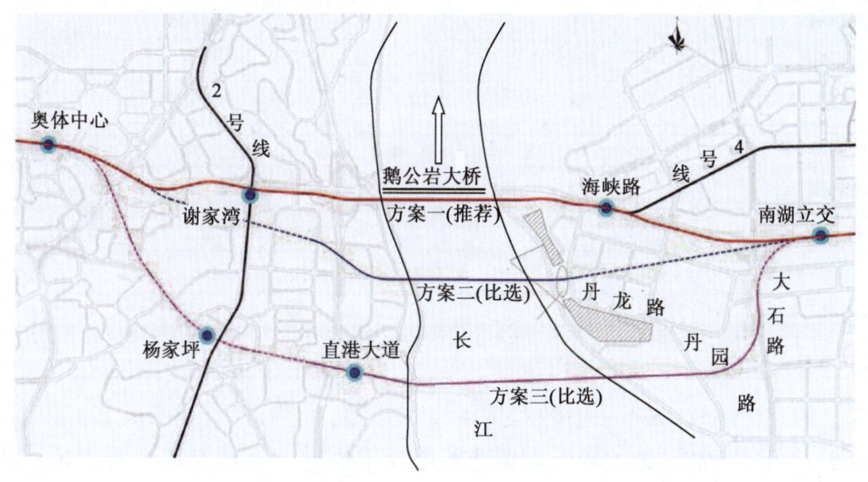

图3.1-1 桥位比选

方案一：线路从奥体中心站往东，到谢家湾立交处，与二号线谢家湾站换乘，然后沿建设厂地块北侧敷设，以桥梁方式，紧贴既有鹅公岩大桥过江，到达南岸海峡路设站，实现四号线海峡路换乘，继续向东到南湖立交设站。

方案二：线路从奥体中心站往东南方向敷设，在鹅公岩大桥上游约700m处过江，至南岸丹龙路附近，转向东北敷设，到南湖立交设站。

方案三：线路从奥体中心站出发即转向南敷设，到杨家坪循环道设杨家坪站，然后向东沿直港大道敷设，设直港大道站，并在直港大道处向东跨越长江，至丹回路转向北敷设，到南湖立交设站。

方案一桥位紧邻既有鹅公岩大桥平行敷设，新桥、既有桥间距应满足《内河通航标准》（GB 50139—2014）关于相邻桥位距离的要求。

方案一桥位总体利用了原规划通道，因此带来的征地拆迁成本也大大降低；并且线路换乘关系是最好的，与原规划的轨道交通需求相适应，在东侧能与四号线海峡路换乘，西侧能与二号线谢家湾站换乘。该桥位的线路顺直，行车舒适，线路长度短，总造价较低。

方案二和方案三因为未受规划控制，征地拆迁量很大，地块矛盾特别突出，投资很大。目前，这些线路上基本均已经有高层建筑物存在，穿越空间受到极大限制，协调难度很大。方案二、方案三与二号线换乘关系不好，与四号线海峡路站不能实现换乘，对轨道交通功能的发挥非常不利。方案三线路从直港大道路中穿过，直港大道坡度大、路窄，部分高架在直港大道上设置，对景观产生很大影响。

3 个线路方案对应 3 个不同的过江桥位，分别是：与鹅公岩大桥紧贴过江、在既有桥上游 700m 处过江和在既有桥上游 1300m 处过江。对不同的桥位在与长江的交角、桥梁的长度等方面进行研究比选，可以比较清晰地看出各桥位的利弊关系，见表 3.1-1。

桥位比选　　表 3.1-1

项目	方案一	方案二	方案三
规划控制	有	无规划控制	
地块影响	较小	大	大
拆迁量	小	大	大
穿越空间限制	小	大	大
线路长度	最短	比推荐方案长 111m	比推荐方案长 1564m
换乘关系	好	与四号线无法换乘	与四号线无法换乘
线形	顺直	尚可	线形差
景观性	较好	一般	差
总投资	较小	大	最大

通过以上的综合比较，方案一有效利用了规划通道，线路最短，换乘关系好，用地矛盾少，征地拆迁量小，景观性较好，造价较低。拟建轨道专用桥推荐采用与鹅公岩大桥同桥位方案，相邻既有桥过江。

在桥位方案的基础上，对上、下游桥轴线的高程关系、建设条件和地块使用情况进行梳理和分析（图 3.1-2）。

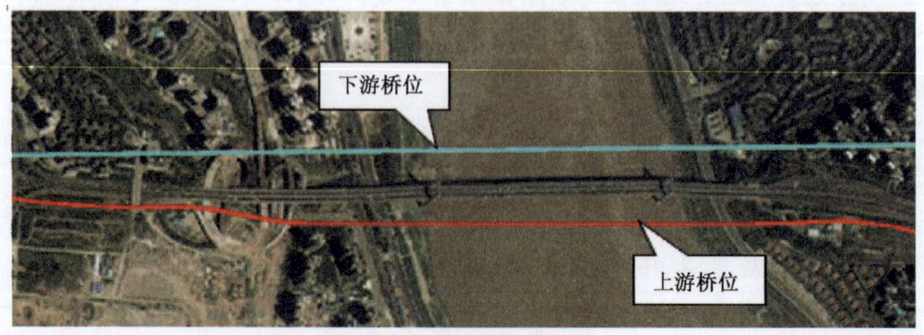

图 3.1-2　桥轴线比选图

下游桥轴线要保证锚碇安全，新桥、既有桥轴线之间的距离不能小于70m；引桥要跨越鹅公岩立交，因此线路高程较高，在鹅公岩立交（鹅公岩大桥西桥头）处，轨面高程最低不能小于259.0m；而建设厂医院片区建筑群地面高程约253.0m，因此线路必然以高架形式穿过部分建筑群，而这部分建筑群必然要拆除；线路在建筑群中进入明槽段后，明槽段与建筑群位置冲突，也需全部拆除；明槽下地后，由于覆盖层浅，与既有建筑群桩基冲突，也需拆除建筑群。因此，西侧线路必然与建设厂医院等建筑群发生冲突，无法实现高架通过建筑群，无法从建筑群中下地、无法与二号线谢家湾站换乘。所以，从西侧限制条件看，下游选择桥轴线是不可行的。

根据线路设站和地块的使用情况，鹅公岩轨道大桥桥轴线适宜选择在既有桥上游侧，为了保证新桥施工期间基础开挖对既有桥安全不产生影响，通过综合分析确定，与既有桥轴线距离70m、结构净距约45m（图3.1-3）。

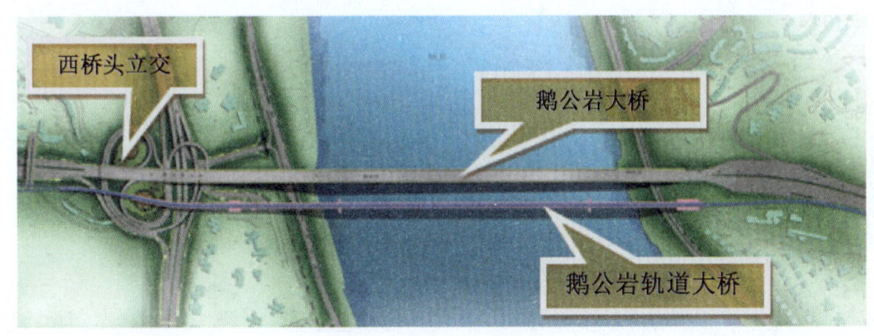

图3.1-3　上游桥位平面布置图

3.2　桥梁长度的确定及桥式布置

主桥主孔跨径由通航宽度决定。根据《重庆市轨道交通环线鹅公岩轨道专用桥通航安全影响论证报告》，主通航孔按单孔双向通航标准进行设计，桥跨布置不应小于既有桥。同时，需考虑与相邻既有桥的跨径及桥型的协调，确定主桥主孔跨径为600m，边孔210m。另外，根据轨道交通的行车要求，为限制梁端转角，增加一孔锚跨，锚跨跨径采用50m，与引桥协调。

主桥的桥跨布置为50m+210m+600m+210m+50m=1120m，钢箱-混凝土梁混合梁自锚式悬索桥（图3.2-1）。

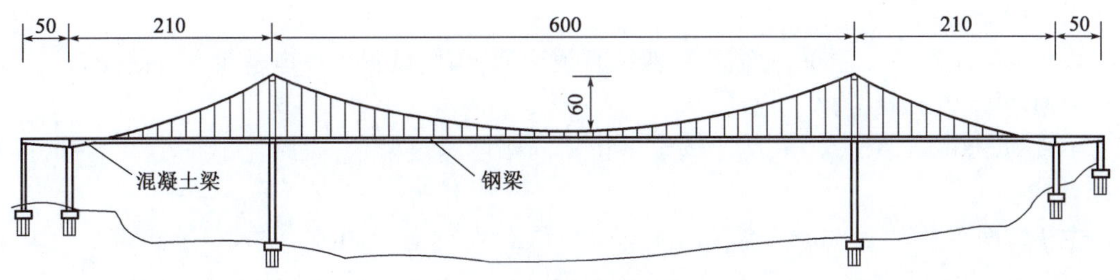

图3.2-1　主桥桥式布置（尺寸单位：m）

和既有桥相比，新桥增设了锚跨，形成5跨连续结构。锚跨的主要作用是提高主桥边跨的刚度指标，表3.2-1所示为锚跨刚度影响比较。

锚跨刚度影响比较表

表3.2-1

项　目	边跨挠度(cm)	梁端转角(rad)	是否满足规范要求的转角≤3.0‰
不设置锚跨	57	8.3‰	否
设置锚跨	20	0.7‰	是
减小百分比	64.9%	91.6%	—

表3.2-1数据表明，设置锚跨能非常明显地减小边跨挠度和梁端转角，提高桥梁结构整体刚度。该桥刚度控制指标为：桥跨结构竖向挠度≤$L/400$（L为桥梁跨径）；梁端竖向转角≤3.0‰。该桥边跨跨径为210m，控制挠度为52.5cm，若不设置锚跨，主梁边跨挠度及梁端转角等刚度指标均不满足要求。

通过5跨连续结构的布置，控制了跨中挠度、梁端转角等，满足列车运营的刚度要求。

全桥采用半漂浮体系，在过渡墩、锚墩及主塔处设置竖向支承，在主塔处还设置了纵向阻尼装置和横向抗风支座。全桥约束体系如图3.2-2所示。

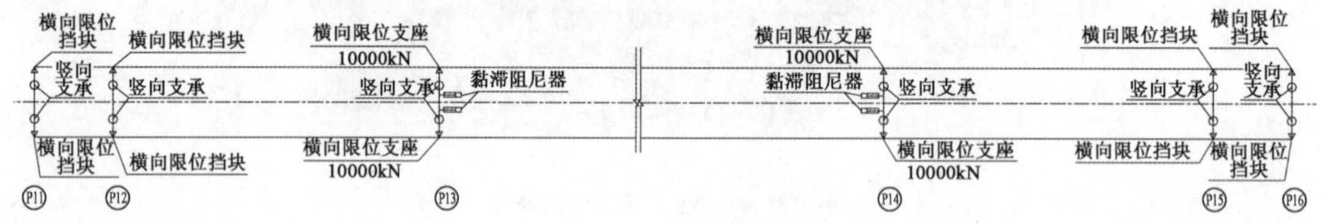

图3.2-2　约束系统布置

走行性分析表明，列车过桥运行的平稳性和安全性均满足要求；轮重减载率、脱轨系数、车体竖向振动加速度、车体横向振动加速度均满足要求；横向和竖向斯佩林指标评价均为“优秀”。

东侧引桥采用两孔35m混凝土梁接地，西侧引桥根据地形及避让新建立交墩位的影响，采用30~50m跨径的混凝土梁。

3.3　桥梁横断面布置

(1)主桥横断面。

该桥为轨道交通专用桥，桥面通行双线轨道交通，两侧设置人行道承接既有鹅公岩大桥的人行交通功能。

主桥为600m主跨悬索桥，为了满足主桥横向刚度满足要求，宽跨比不宜小于1/30，梁宽设计为22m。

主桥桥面布置为：2.5m（风嘴、吊索区）+2.35m（人行道）+0.9m（防撞、隔离带）+10.5m（轨行区）+0.9m（防撞、隔离带）+2.35m（人行道）+2.5m（风嘴、吊索区）=22.0m。

横断面布置如图3.3-1、图3.3-2所示。

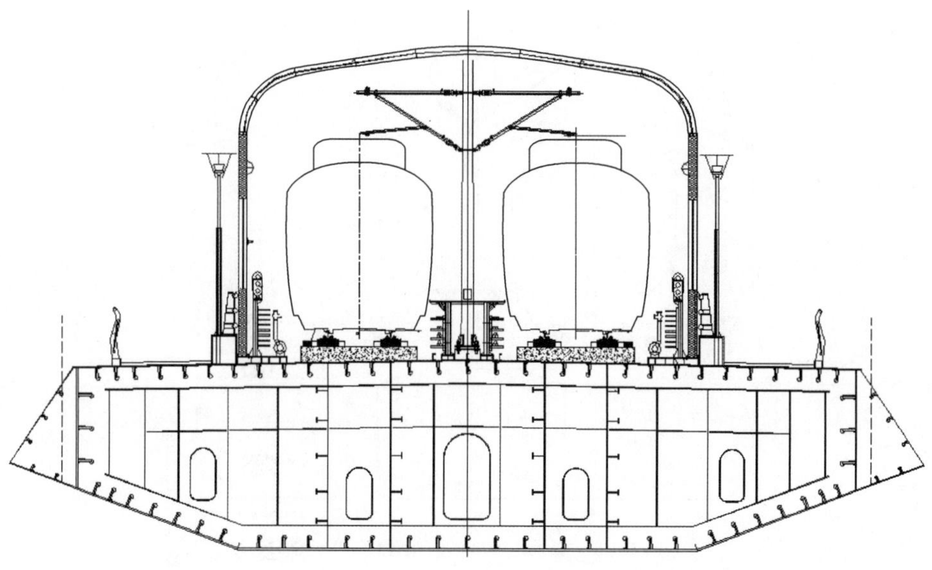

图 3.3-1 主桥标准横断面布置(有声屏障)

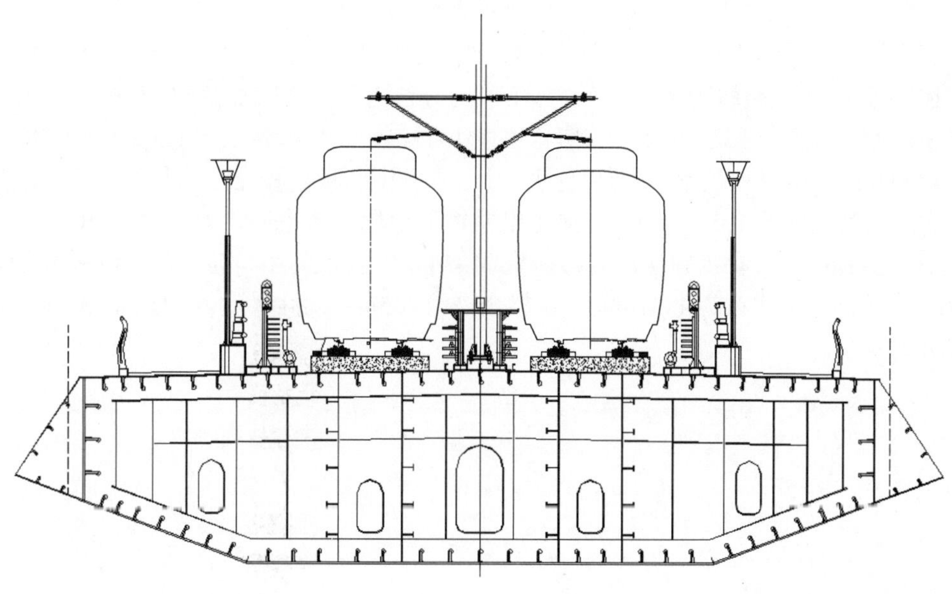

图 3.3-2 主桥标准横断面布置(无声屏障)

(2)引桥横断面。

引桥跨径为 30 ~47m 不等,仅需要布置轨行区和人行道,桥宽设计为 17.0m。

引桥桥桥面布置为:2.35m(人行道) +0.9m(防撞、隔离带) +10.5m(轨行区) +0.9m(防撞、隔离带) +2.35m(人行道) =17.0m。

横断面布置如图 3.3-3 所示。

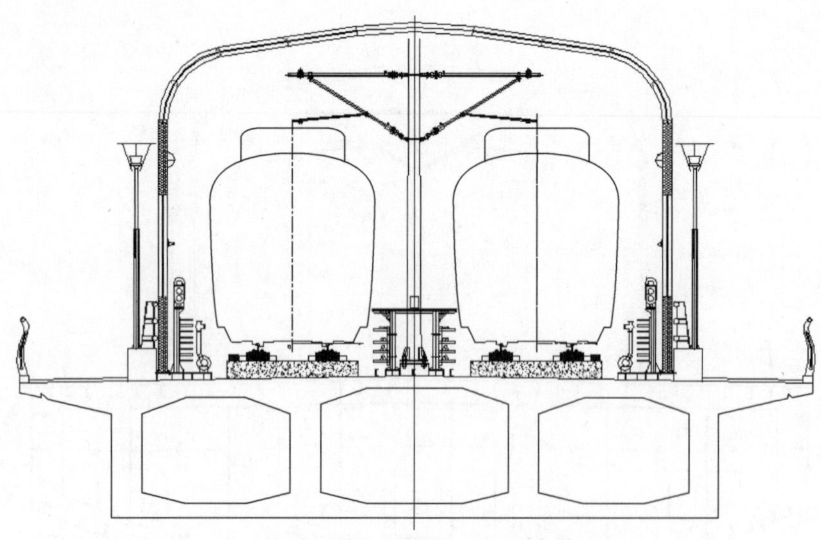

图 3.3-3　引桥标准横断面布置(有声屏障)

3.4　桥梁纵断面及接线工程设计

鹅公岩轨道大桥的桥面高程主要受到两岸车站、西岸鹅公岩立交和既有鹅公岩大桥桥面高程的控制,西岸海峡路站为半地下车站,往东需跨越鹅公岩立交匝道群,其中 B 匝道最高,线路以 3% 上坡跨越 B 匝道,并保证与车行道最小净空不低于 4.5m,然后以 2% 下坡在主桥桥头附近降到与既有桥高程基本一致,以保证新桥、既有桥两桥在视觉上的景观协调,主桥段与既有桥主跨保持相同的 1.5% 人字坡,接东岸明槽下地段。考虑三峡水库运行 100 年泥沙淤积的基础(主要依据《三峡工程泥沙问题研究成果汇编》),推算出桥位处 20 年一遇洪水位为 195.84m,即最高通航水位为 195.84m。主梁全高约 4.5m,梁底高程大于 250m。因此,通航高度有较大的富余。

第4章　桥塔及基础设计

桥塔是体现桥梁整体景观特色的重要组成部分，桥塔和基础是把桥梁竖向荷载传递给地基的主要构件。

4.1　主塔设计

4.1.1　桥塔方案设计

在该桥设计中，影响桥塔方案设计的主要因素是下游45m处的鹅公岩大桥。鹅公岩大桥为既有桥梁，桥梁景观和风格已经形成，并长期被重庆市民所熟悉。新桥与之相距仅45m，任何新增的元素，都会影响两桥景观的统一性。

因此，在桥塔的外形设计上，采用与既有桥一致的桥塔形式，是新建轨道专用桥的必然选择，也是唯一选择。桥塔轮廓立面如图4.1-1所示，桥塔立剖面如图4.1-2所示。

4.1.2　桥塔构造设计

(1)桥塔是由塔柱、上中下横梁、鞍室及弧形装饰组成的门式框架结构。塔柱为普通钢筋混凝土结构，横梁为预应力混凝土结构，鞍室及弧形装饰为钢结构。P13西桥塔高度为149.13m(不计塔冠高度)，P14东桥塔高度为155.13m(不计塔冠高度)，塔顶高程为319.13m，P13西塔底高程为170.00m，P14东塔底高程为164.00m。

(2)塔柱柱身采用梯形空心箱形截面，外侧设置0.5m×0.5m的导角。塔柱柱身在顺桥向为竖直，在横桥向的斜率为46.5/1000。塔柱外侧顺桥向尺寸由塔顶7m线性变化到塔底10m，横桥向尺寸均为5.5m，再塔底10m范围内线性变化到7m。塔柱在顺桥向壁厚分别为1.2m、1.4m，横桥向壁厚分别为1.0m、1.2m，在靠近实体段和横梁附近设置加厚段。塔柱在桥面处塔柱外侧设有1.5m×1.0m进人孔。在塔柱上下游方向的四个侧壁上开设$D=100$mm通气孔，位于塔中心线上，通气孔按10m一排等间距布置。

(3)考虑船撞影响，桥塔设置下横梁，其造型为弧形，中心高度为5m，圆弧半径为47m。采用矩形空心箱形截面，单箱单室。腹板、顶底板厚度均为1.0m。下底板与塔柱交接处设置$D=100$mm泄水孔。下横梁设置54束19ϕ^{S}15.2mm预应力钢束，预应力锚头均埋于塔身内，用混凝土加封。下横梁与塔柱设有1.5m×1.0m进人孔。下横梁构造及预应力布置如图4.1-3所示。

(4)中横梁的高度为5m，采用矩形空心箱形截面，单箱单室。腹板、顶板厚度均为1.0m。下底板底面设置半径为3m的圆弧与塔柱连接。横梁设置46束19ϕ^{S}15.2mm预应力钢束，预应力锚头均埋于塔身内,用混凝土加封。上横梁顶面设有直径为 1.0m 进人孔。为利于横梁顶面布置支座垫石及阻尼装置的固定垫块,横梁设置了 2 道隔板,厚度为 1.5m,隔板上设有 1.5m×1.0m 进人孔。中横梁构造及预应力布置如图 4.1-4 所示。

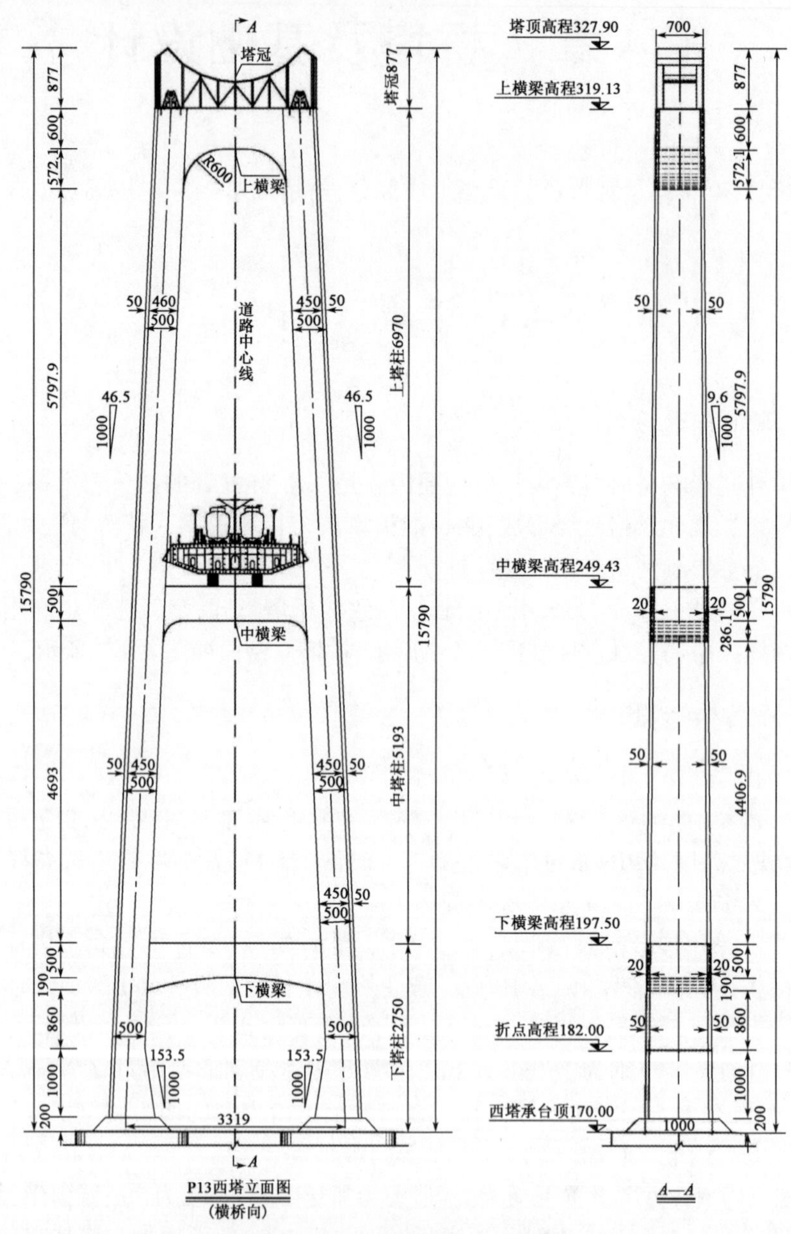

图 4.1-1 桥塔轮廓立面图(尺寸单位:cm;高程单位:m)

(5)上横梁的高度为 6m,采用矩形空心箱形截面,单箱单室。腹板、顶板厚度均为 1.0m。下底板底面由一道直线与两道半径均为 6m 的圆弧连接而成。上横梁设置 58 束 15 ϕ^{s}15.2mm 预应力钢束,预应力锚头均埋于塔身内,用混凝土加封。上横梁顶面设有直径为 1.0m 进人孔。上横梁构造及预应力布置如图 4.1-5 所示。

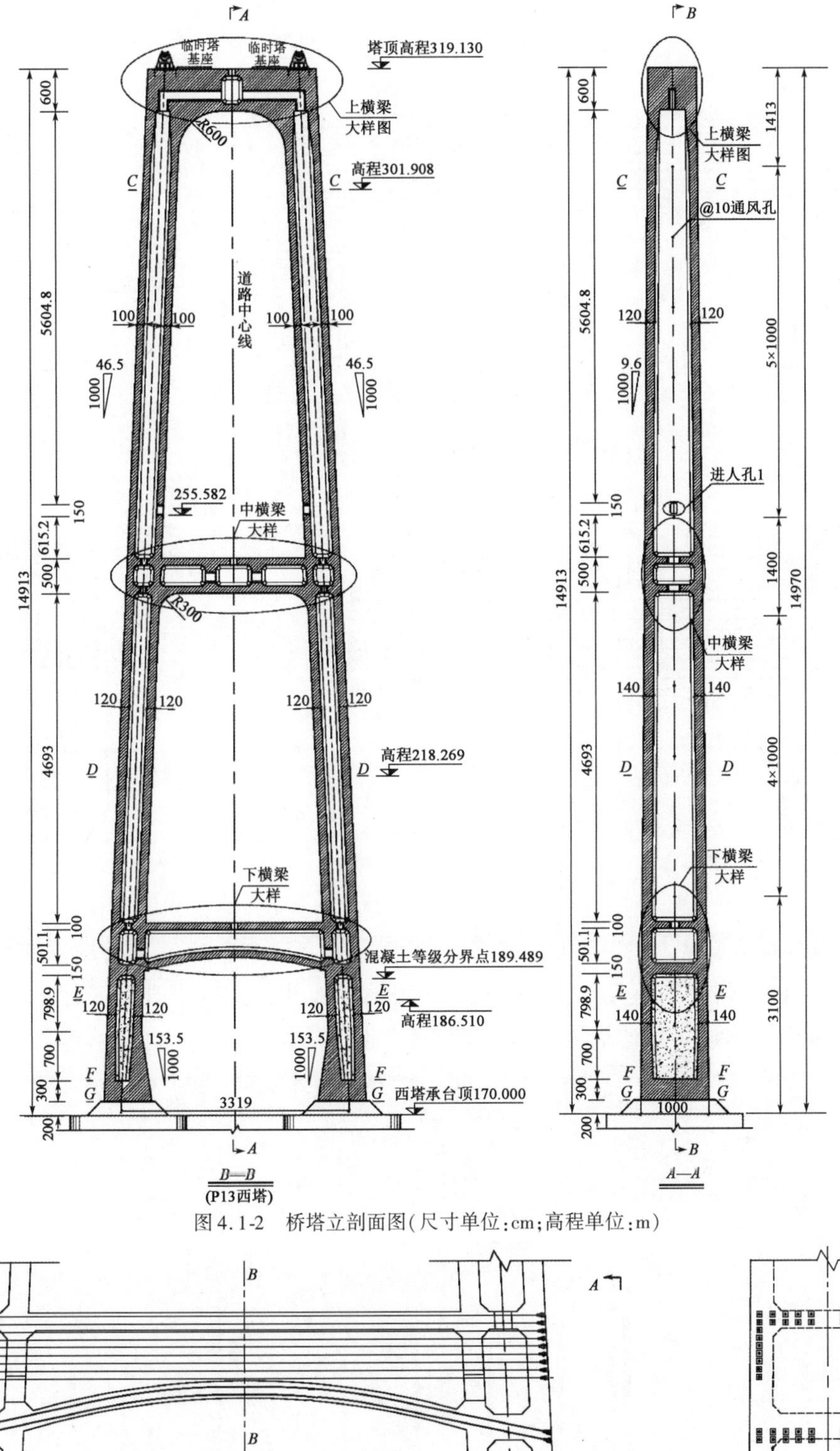

图4.1-2　桥塔立剖面图(尺寸单位:cm;高程单位:m)

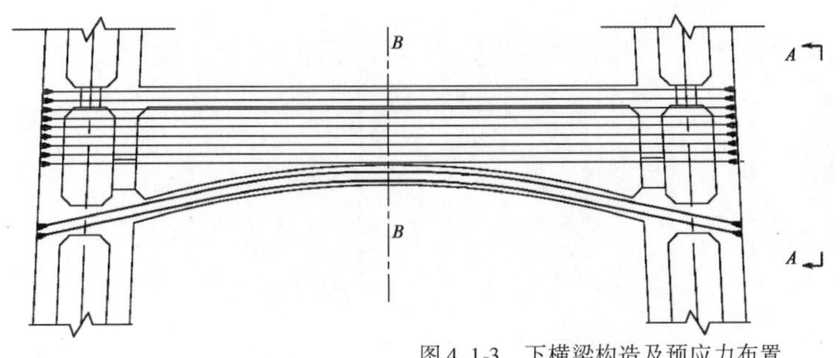

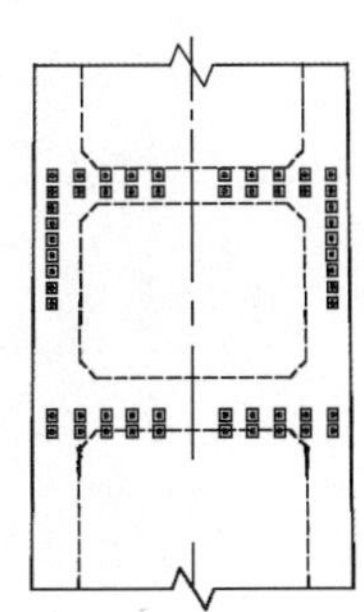

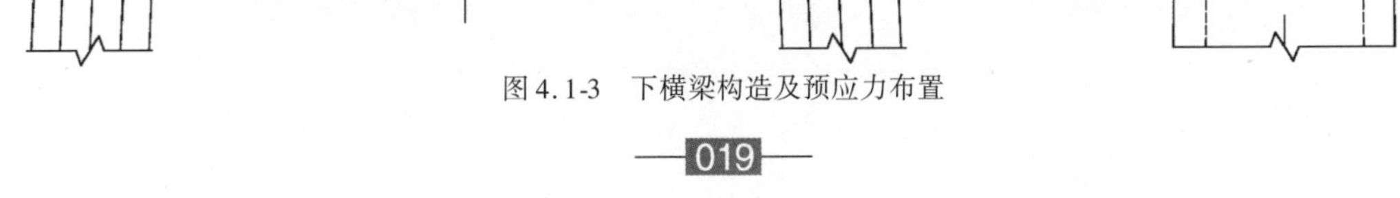

图4.1-3　下横梁构造及预应力布置

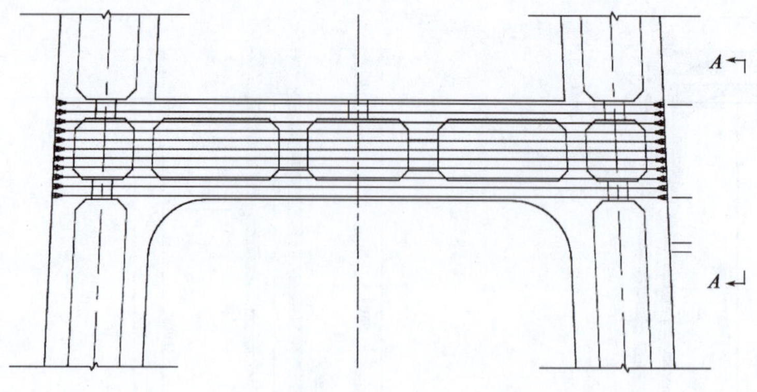

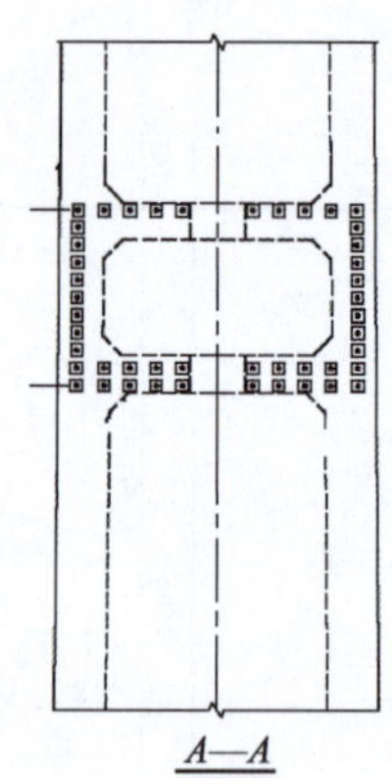

图 4.1-4　中横梁构造及预应力布置

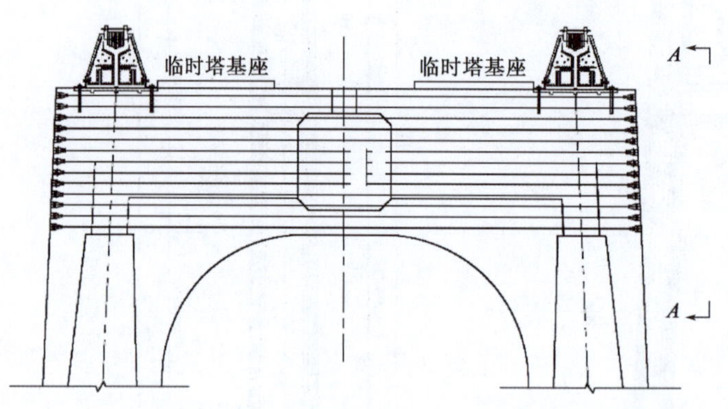

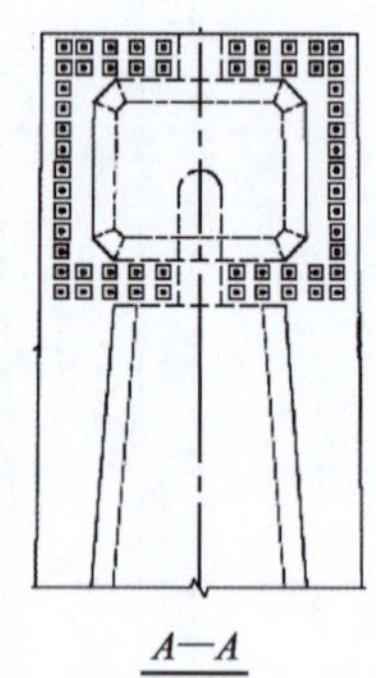

图 4.1-5　上横梁构造及预应力布置

(6)塔冠外观造型基本与既有鹅公岩大桥保持一致。塔冠主体结构为型钢框架,采用地脚螺栓与混凝土桥塔连接,框架外包薄钢板作为塔冠面板,以使塔冠内形成密闭的空间。其涂装颜色根据景观要求确定。桥塔塔冠效果如图 4.1-6 所示。

图 4.1-6　桥塔塔冠效果图

4.2　主塔基础与承台

主桥桥塔基础位于常水位以下，考虑采用钢围堰施工。根据主塔的荷载受力情况，两个塔柱各采用一个 17m×17m 的矩形承台，高 5m，每个承台下接 9 根直径 3m 的桩基础，桩长 16m。同一个桥塔两个承台之间，设一道宽 8m 的联系梁，与承台等高。承台和联系梁采用 C40 混凝土，桩基采用 C30 混凝土。

西塔基础河床高程 170～171m，承台顶高程设计为 170m，基本不出露于河床之上。既有桥基础地势较低，承台顶及河床高程为 167m。新桥、既有桥承台边距约 16m。尺寸关系如图 4.2-1 所示。

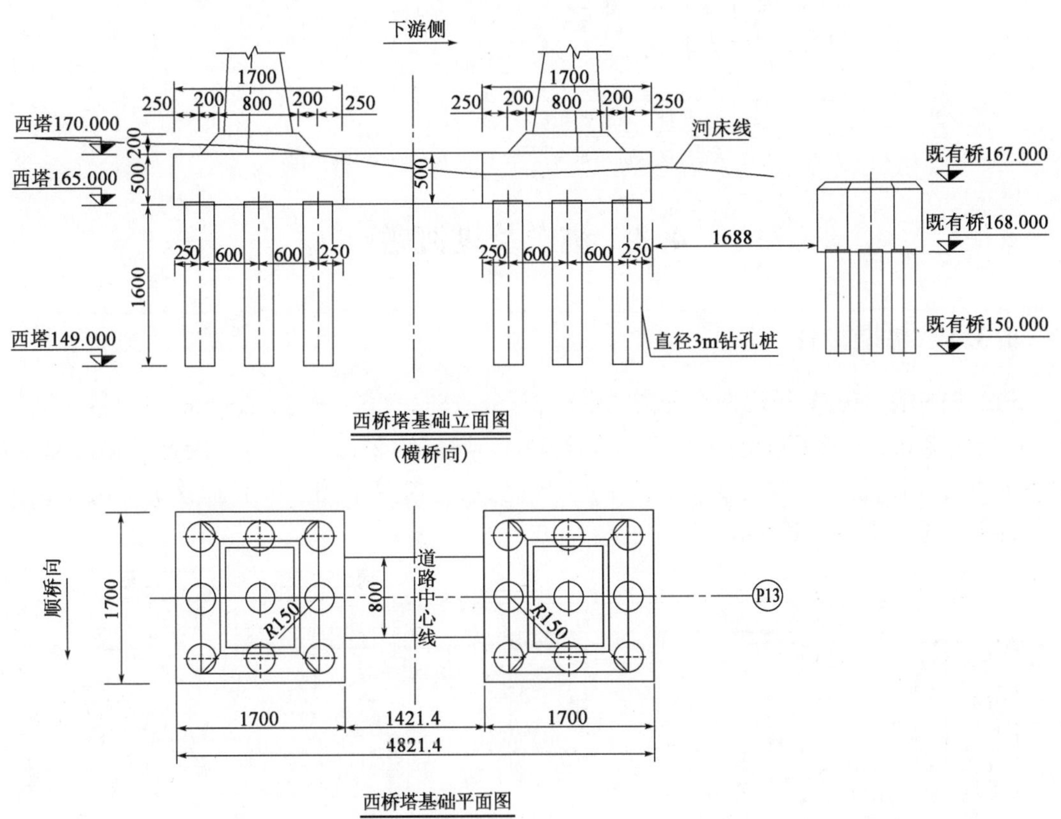

图 4.2-1　西桥塔基础与承台布置(尺寸单位:cm;高程单位:m)

东塔基础河床高程 159～162m，承台顶高程设计为 164m，局部出露于河床之上。东塔既有桥基础地势较高，承台顶及河床高程为 164m。新桥、既有桥承台边距约 16m。尺寸关系如图 4.2-2 所示。

所有桩基础均采用嵌岩桩基础，机械成孔桩基础。桩基础嵌入完整的弱风化岩面深度应不小于 3 倍桩径，并要求嵌岩岩石襟边宽度大于 3.0m。

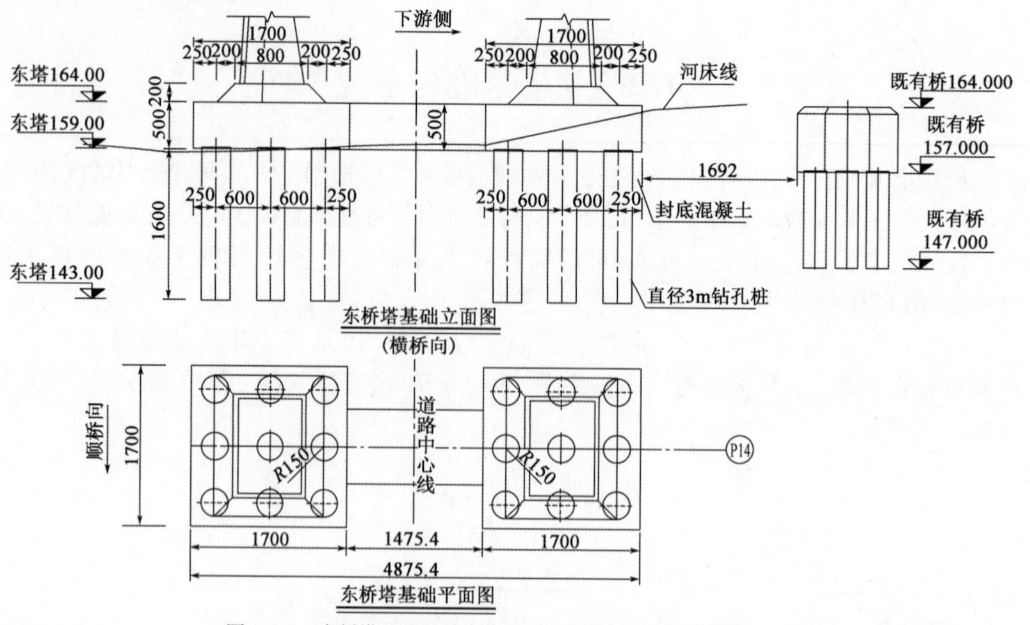

图 4.2-2　东桥塔基础与承台布置(尺寸单位:cm;高程单位:m)

4.3　锚墩及过渡墩

4.3.1　锚墩设计

P12、P15 墩为锚墩,采用两个分离式墩柱,每个墩柱截面尺寸为 5m×5m,空心截面,壁厚 0.6m,四角倒 0.2m 半径圆角,两柱横向净距 12m。墩高约 25.5~39m,两侧桥墩在顶部设置横系梁进行连接,横梁尺寸为 3.0m(高)×4.5m(宽)。墩身采用 C40 普通钢筋混凝土结构。锚墩详细构造如图 4.3-1 所示。

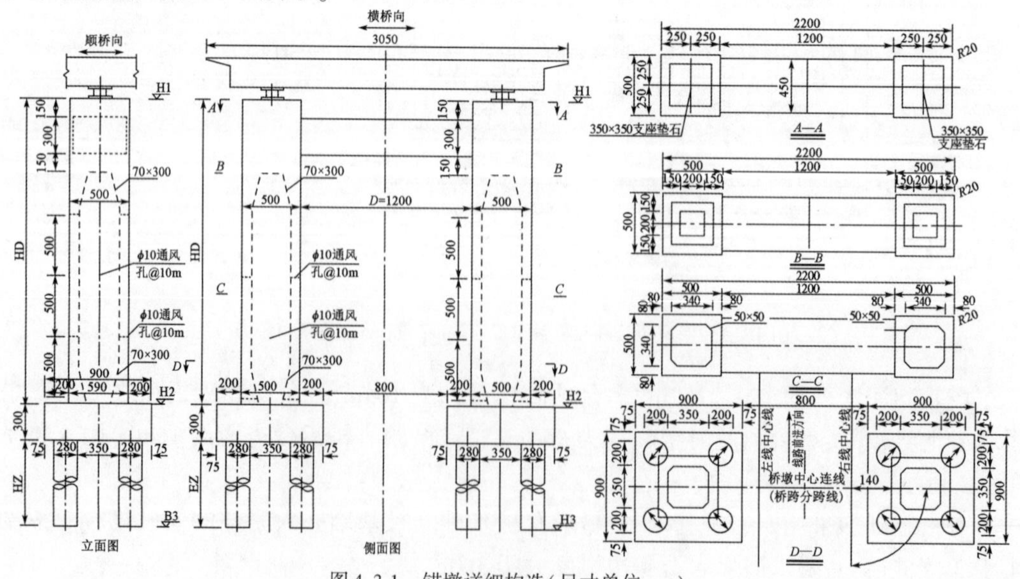

图 4.3-1　锚墩详细构造(尺寸单位:cm)

4.3.2　过渡墩设计

P11、P16 墩为过渡墩,采用两个分离式墩柱,钢筋混凝土矩形空心桥墩,桥墩截面尺寸为5.0m(顺桥向)×3.2m(顺桥向),四角倒0.2m 圆角,空心桥墩壁厚60cm,墩高约20.5~48m,两侧桥墩在顶部设置横系梁进行连接,横梁尺寸为2.0m(高)×4.5m(宽)。墩身采用C40普通钢筋混凝土结构。其详细构造如图4.3-2 所示。

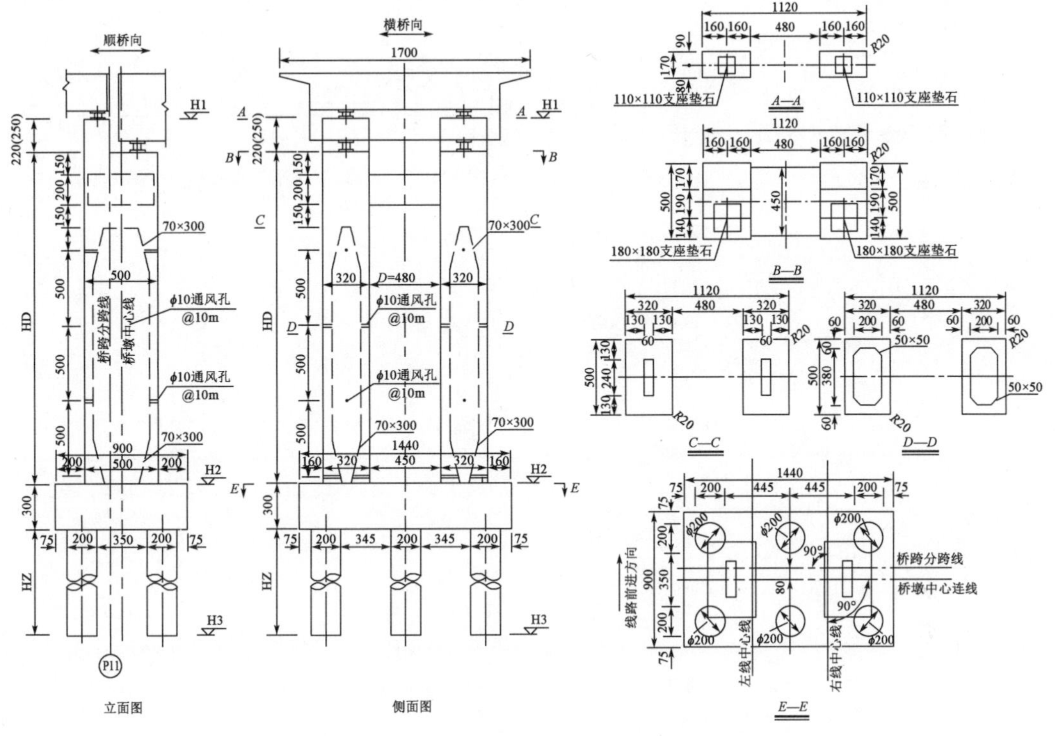

图4.3-2　过渡墩构造(尺寸单位:cm)

4.4　锚墩及过渡墩基础与承台

根据该工程荷载大小,综合考虑基底岩石抗压强度、布置范围及排列方式,锚墩和过渡墩基础采用矩形承台和桩基础。承台和桩基采用C35 混凝土。

P12、P15 为锚墩,锚墩基础采用分离式基础,每个墩柱设置一个四桩承台,桩基础直径2.0m,桩顶接9m×9m 矩形承台,高3.0m。锚墩基础平面布置如图4.4-1 所示。

P11、P16 为过渡墩,过渡墩基础采用承台+6 根直径2.0m 的桩基础,两侧桥墩共用一个承台,承台尺寸为14.4m(长)×9m(宽)×3m(厚)。过渡墩基础平面布置如图4.4-2 所示。

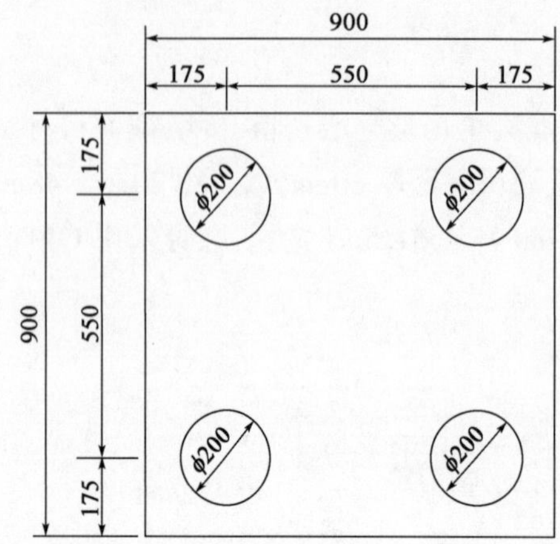

图 4.4-1　锚墩基础平面布置(尺寸单位:cm)

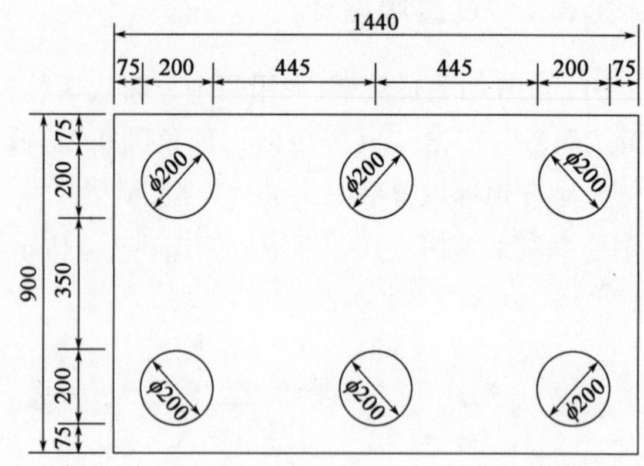

图 4.4-2　过渡墩基础平面布置(尺寸单位:cm)

第5章　主 梁 设 计

主桥主梁包括钢箱梁、混凝土梁和连接这两部分的钢混结合段。

5.1　钢箱梁设计

5.1.1　主梁形式确定

该桥主梁除了具有自锚式悬索桥的固有特性外，还具有其他一些自身的特点。

①功能方面，主梁不仅作为轨道交通车辆行驶的载体，而且由于自锚式悬索桥主缆集中锚固在主梁端部，主梁需要承受巨大的轴力，主梁在主缆锚固点之间必须保持连续，主缆与主梁间协同受力。

②施工顺序方面，一般必须先架设主梁，然后借助于反复张拉吊索完成荷载向吊索和主缆的转移。

③设计构造方面，应考虑主缆在主梁上散索锚固，主梁还要具备斜拉法架梁和张拉吊索等施工可行性。

上述几个因素决定了鹅公岩轨道大桥自锚式悬索桥在结构行为、施工方法、结构构造上具有显著的特点，也是主梁设计构思最基本的出发点。

根据总体布置要求，主缆间距为19.5m，吊杆为平行吊杆，为了增加主梁横向刚度，并且减小吊杆对钢梁边腹板的局部弯矩，边腹板应贴近吊杆布置，主梁横向布置如图5.1-1所示。

(1)主梁腹板布置比较。

该桥为轨道交通专用桥，桥梁承受的活荷载为轨道交通荷载和人群荷载，人群对桥面板体系的荷载效应和疲劳效应较小，而轨道交通荷载对桥面板体系的荷载效应和疲劳效应较大，为了优化钢梁桥面板体系受力状况，在每条钢轨下设置腹板或小纵梁。

该桥为超大跨径自锚式悬索桥，主梁中轴力产生的应力占总应力的65%左右，弯矩产生的应力占总应力的35%左右。设计方案对以上两种腹板布置形式的主梁受力状况进行了详细的研究分析(图5.1-2、图5.1-3)。

①有效分布宽度的比较。

有效分布宽度的计算方法采用《公路钢结构桥梁设计规范》(JTG/T D64—2015)和英国标准《钢桥、混凝土桥和结合桥》(BS5400，以下简称BS5400)中的公式。以跨中中点为坐标原点，大里程桩号方向为正。计算结果如表5.1-1、表5.1-2、图5.1-4、图5.1-5所示。

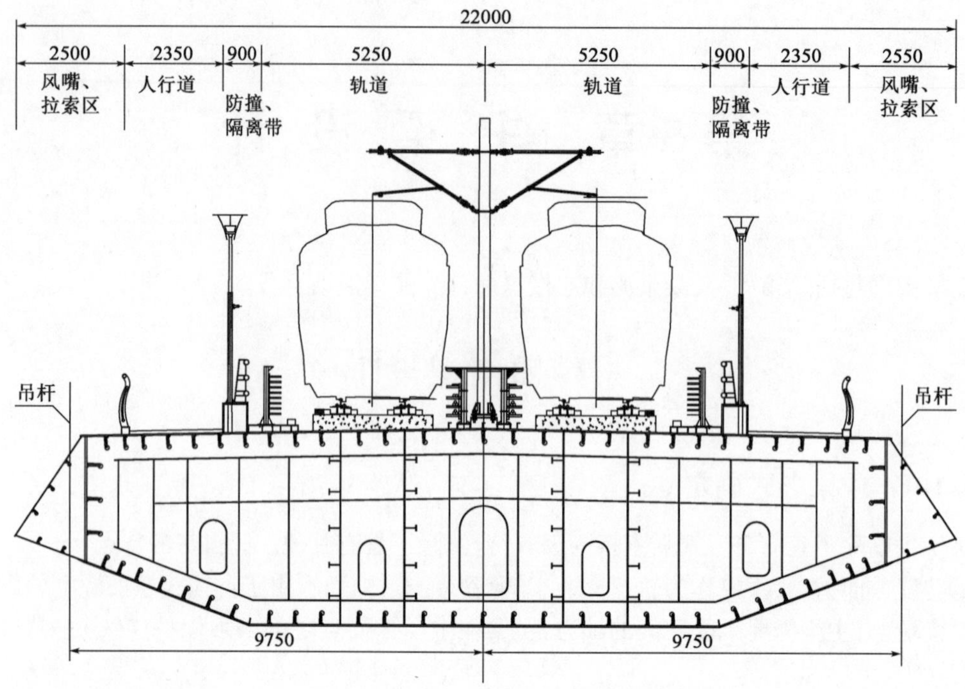

图 5.1-1　主梁构造示意图(尺寸单位:mm)

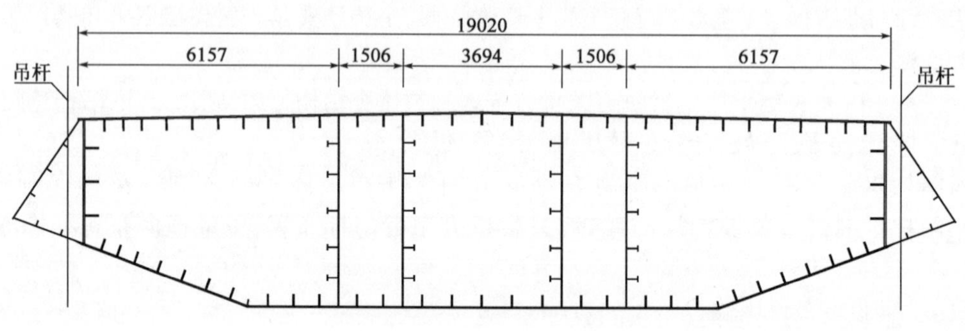

图 5.1-2　主梁腹板布置示意图(六腹板)(尺寸单位:mm)

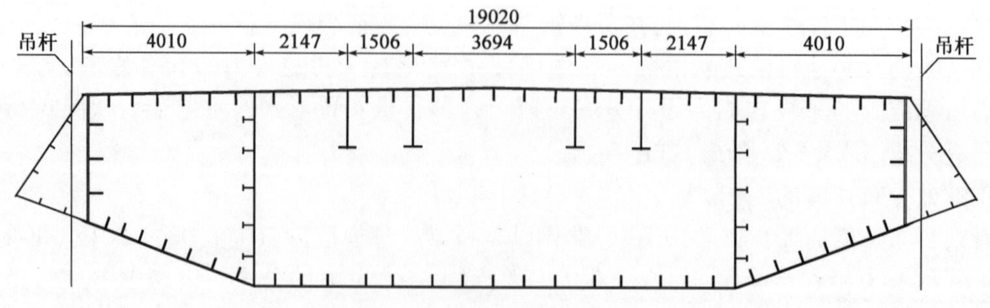

图 5.1-3　主梁腹板布置示意图(四腹板)(尺寸单位:mm)

按《公路钢结构桥梁设计规范》(JTG/T D64—2015)计算的有效分布宽度　　表5.1-1

位　置	截面全宽(m)	有效分布宽度(m)		有效分布宽度系数	
		六腹板	四腹板	六腹板	四腹板
-510	19.02	19.02	19.020	1.000	1.000
-342	19.02	19.02	19.020	1.000	1.000
-300	19.02	19.02	17.882	1.000	0.940
-180	19.02	19.02	19.020	1.000	1.000
180	19.02	19.02	19.020	1.000	1.000
300	19.02	19.02	17.882	1.000	0.940
342	19.02	19.02	19.020	1.000	1.000
510	19.02	19.02	19.020	1.000	1.000

按BS5400计算的有效分布宽度　　表5.1-2

位　置	截面全宽(m)	有效分布宽度(m)		有效分布宽度系数	
		六腹板	四腹板	六腹板	四腹板
-510	19.02	18.222	17.719	0.96	0.93
-457.5	19.02	18.243	17.754	0.97	0.93
-405	19.02	18.782	18.633	0.99	0.98
-352.5	19.02	18.243	17.754	0.97	0.93
-300	19.02	17.688	16.849	0.95	0.89
-150	19.02	18.748	18.577	0.99	0.98
0	19.02	18.937	18.884	1.00	0.99
150	19.02	18.748	18.577	0.99	0.98
300	19.02	17.688	16.849	0.95	0.89
352.5	19.02	18.243	17.754	0.97	0.93
405	19.02	18.782	18.633	0.99	0.98
457.5	19.02	18.243	17.754	0.97	0.93
510	19.02	18.222	17.719	0.97	0.93

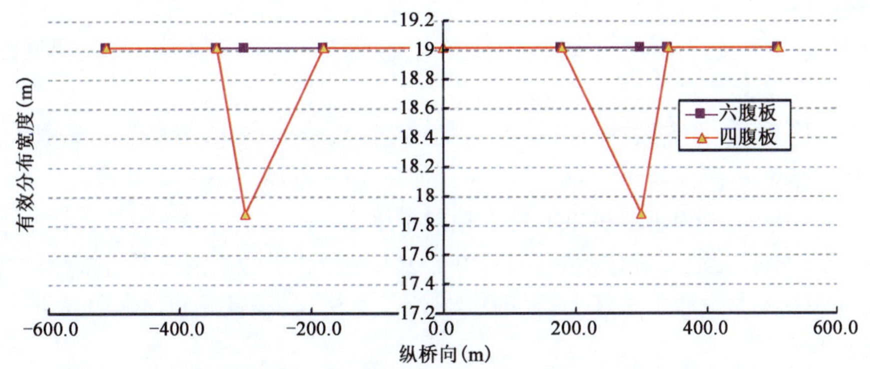

图5.1-4　按《公路钢结构桥梁设计规范》(JTG/T D64—2015)计算的有效分布宽度纵向分布图

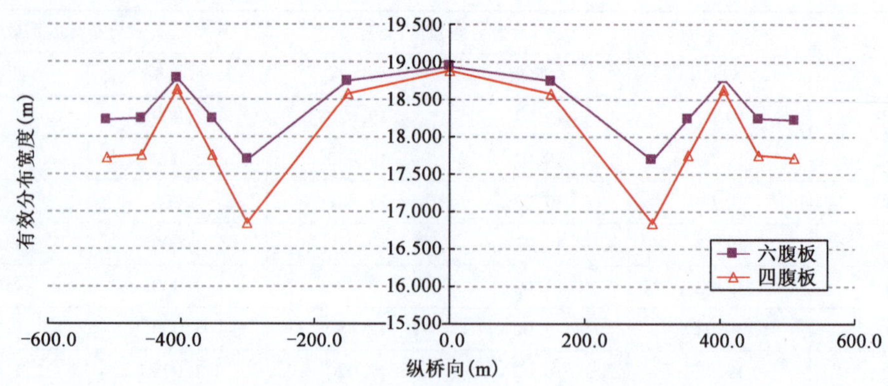

图 5.1-5　按 BS5400 计算的有效分布宽度纵向分布图

按《公路钢结构桥梁设计规范》(JTG/T D64—2015)计算时,四腹板截面在支点处有效分布宽度系数比四腹板截面小 6%;按 BS5400 计算时,四腹板截面在支点处有效分布宽度系数比四腹板截面小 6%,其余位置小 1% ~4%。四腹板截面主梁应力比六腹板截面大 1 ~4MPa。

②桥面板体系受力的比较。

六腹板截面轨道交通荷载直接通过腹板传递到主梁截面,无桥面板体系受力。

四腹板截面轨道交通荷载通过小纵梁传递到横隔板,在传递到主梁截面,桥面板体系有局部荷载效应,主梁应力为桥面板体系应力 + 主梁整体应力。经计算,桥面板体系局部荷载效应为:横隔板处桥面板中产生 5MPa 拉应力,两横隔板中间桥面板中产生 3MPa 压应力。

③主缆内力在梁中传递的比较。

六腹板截面钢腹板与锚固区腹板可一一对应,有利于主缆内力在主梁中传递。

四腹板截面小纵梁与锚固区腹板无法对应,为了传递主缆内力,应增加四道腹板的板厚,并且经过一段距离以后,桥面板中轴压应力才能传递到小纵梁中,轴力传递不直接。

六腹板截面更利于主缆内力在主梁中传递,更经济合理。

④小结。

六腹板截面有效分布宽度大,无桥面板体系受力,更利于主缆内力在主梁中传递,在同应力状况下,钢材用量较四腹板截面约节省 3%,故采用六腹板截面。

(2)钢材选用。

进入 21 世纪以来,随着桥梁向大跨径、长寿命、注重造型等方面发展,高强钢材以其优越的技术经济性能成为桥梁创新设计的发展方向。

当前,发达国家大量使用 500MPa 级别的高强度、高性能桥梁钢,如美国大量使用 HPS485W、HPS485W 等高性能桥梁钢,日本大量使用 BHS500W、BHS700W 等高性能桥梁钢,欧洲大量使用 S460ML、S460QL、S690QL 等高性能桥梁钢。

目前,我国桥梁钢主要采用 Q345q 和 Q370q,Q370q 钢已成为我国铁路桥梁建设的主力钢种。而 Q420q 钢在南京大胜关长江大桥、韩家沱长江大桥、合福铁路铜陵长江大桥等少部分桥梁中也有采用。

经综合比选,该桥纵向受力钢板均采用 Q420qD 钢板,横向受力构件采用 Q345qD。

(3)梁高比较。

该桥为自锚式悬索桥,主梁中应力以轴压应力为主,主梁全截面受压。梁高的确定应考虑钢材用量、结构刚度、景观效果等多种因素,设计方案对4.5m和5.5m梁高进行了比较分析,材料用量及刚度见表5.1-3。

不同梁高材料用量和刚度比较表　　表5.1-3

梁高(m)	每米钢材用量(t)	竖向刚度(挠跨比)
4.5	24.4	1/517
5.5	26.5	1/602

由表5.1-3可知,5.5m梁高的竖向刚度达到1/602,但材料数量比4.5m梁高增加10%左右。4.5m梁高的竖向刚度为1/517,国外的几座大跨径公铁两用悬索桥竖向刚度的情况见表5.1-4。该桥的桥梁响应按规范要求通过风-车-桥耦合振动分析的结果确定,分析显示,该桥桥梁结构的横向挠跨比、竖向加速度、单侧梁端竖向转角、单侧梁端水平折角等指标均满足相应的要求;动车及拖车的脱轨系数、轮重减载率、横向及竖向加速度均满足要求,横向及竖向Sperling指标(舒适性评价指标)评价均为"优秀"。

国外已建部分悬索桥的竖向刚度　　表5.1-4

桥　　名	用　　途	主跨(m)	最大竖向刚度	
			δ_V(m)	δ_V/L(m)
大鸣门大桥	公铁两用	876	2.90	1/302
下津井大桥	公铁两用	940	2.43	1/387
北备赞大桥	公铁两用	990	2.60	1/381
南备赞大桥	公铁两用	1100	3.02	1/364

综合考虑材料用量及竖向刚度,并与既有桥协调,设计推荐采用4.5m梁高。

(4)加劲肋选用。

钢梁顶底板加劲肋常采用I肋和U肋,考虑到以下因素:

①疲劳效应,该桥为自锚式悬索桥,主梁中应力以轴压应力为主,主梁全截面受压,并且每条轨道下均设置腹板,轨道交通荷载下桥面板体系不受力,主梁体系直接受力,而人群在桥面板中产生的应力小,故桥面板疲劳效应小。

②施工、养护,I肋便于施工、通风、检查和养护。

③主缆锚固区内力的传递,采用I肋可与钢-混结合段的加劲肋一一对应,便于锚固区内力向钢梁截面的传递。

因此,该桥钢梁顶底板加劲肋常采用I肋,I肋板厚与顶底板相适应。

中腹板从节省材料的角度考虑,采用T形加劲肋。

5.1.2 主梁设计要点

(1)横断面。

采用带风嘴的扁平流线型截面,梁顶宽19.02m(不计风嘴),底板宽11m,总宽22m,梁高4.5m(图5.1-6)。箱梁内设置4道实腹式中腹板,位置与轨道对应。斜底板同时兼底板、腹板的功能，吊杆锚固于边腹板之外。

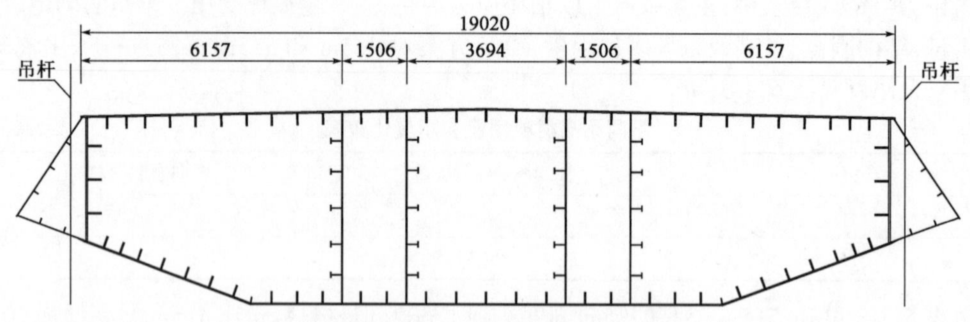

图 5.1-6 典型横断面图(横梁间)(尺寸单位:mm)

(2)梁段划分。

根据其构造，同时考虑施工性能，全桥标准段钢箱梁划分为 A ~ F 共 6 种类型、65 个梁段。其中，A、C 为主塔附近梁段；B 梁段长度 15m，E 梁段长度 7.5m，D 梁段（边跨合龙段）长度 10m，F 梁段（中跨合龙段）长度 8.6m，采用桥面吊机吊装，最大起吊质量约 408.4t。在边墩主缆混凝土锚固梁段和标准钢梁之间设置钢混结合段。

风嘴在 A 梁段区域不设置。

(3)结构构造。

①顶板。

根据受力需要，顶板厚度为 32 ~ 4mm。不同厚度顶板对接时，顶板上缘保持齐平。当板件厚度不等对接时，应在两者接缝处将厚板按 1 : 8 的坡度加工成与薄板相同。顶板采用 I 肋加劲肋，厚度为 25 ~ 32mm、高度为 260 ~ 320mm。

顶板及其加劲肋采用 Q420qE 钢材。

②底板。

该桥底板特指水平底板。根据受力需要，底板厚度为 32 ~ 44mm。不同厚度底板对接时，底板下缘保持齐平。当板件厚度不等对接时，应在两者接缝处将厚板按 1 : 8 的坡度加工成与薄板相同。底板采用 I 肋加劲肋，厚度为 25 ~ 34mm、高度为 260 ~ 350mm。

底板及其加劲肋采用 Q420qE 钢材。

③斜底板。

根据受力需要，斜底板厚度为 32 ~ 44mm。不同厚度斜底板对接时，斜底板外缘保持齐平。当板件厚度不等对接时，应在两者接缝处将厚板按 1 : 8 的坡度加工成与薄板相同。斜底板采用 I 肋加劲肋，厚度为 25 ~ 34mm、高度为 260 ~ 350mm。

斜底板及其加劲肋采用 Q420qE 钢材。

④中腹板。

中腹板板厚 20mm，中腹板上布置 5 道 T 形加劲。T 形加劲腹板厚 10mm、高 250mm，翼缘厚 14mm、宽 120mm。除支座附近梁段外，每个梁段设置中腹板人洞，人洞高 1000mm、宽 700mm，中腹板人洞错开设置。根据通风要求，设置送风孔。

在中腹板与横隔、横肋相交处，有如下关系：

a. 中腹板与横肋：中腹板连续、横肋中断并焊接在中腹板上。

b. 中腹板与横隔板：中腹板连续、横隔板中断并焊接在中腹板上。

c. 中腹板加劲肋与横隔、横肋：横隔、横肋上开孔，中腹板加劲肋连续并焊接在横隔、横肋上。

⑤边腹板。

边腹板厚度为40mm，采用310mm×30mm的板式加劲肋。在锚箱附近增设两道纵向加劲肋。

⑥横隔板及横肋板。

横向支撑包括横隔板、横肋板，标准间距2.5m。横隔板、横肋板基本为相邻交替布置，支座处有所加强。横隔板、横肋板的编号采用类似于“HGX”的方式，其中X表示类别；横隔板分为普通横隔板、支座(包括临时支座)横隔板两类。普通横隔板厚度为14mm，支座横隔板厚度为25mm和20mm。

横肋板厚度为10mm。

⑦吊杆锚固构造。

锚箱安装在主梁边腹板上。根据吊杆力大小的不同，锚箱构造分成了M1～M4共四种类型。吊杆锚头下采用较厚的垫板与较薄的承压板的组合。

⑧风嘴。

风嘴宽约1600mm，高约2940mm，由腹板、底板、横隔板组成。腹板厚10mm，设置3道120×10mm的板式加劲肋；底板厚10mm，设置2道120×10mm的板式加劲肋。风嘴横隔板间距原则上按5m且与梁内横肋对应布置。A梁段无风嘴，钢-混结合段和主缆混凝土锚固梁段设置风嘴。

节段间风嘴在结构上断开，其缝隙宽5～10mm，采用航空密封胶填塞。

5.1.3 钢主梁验算

(1)有效分布宽度计算。

有效分布宽度的计算方法采用《公路钢结构桥梁设计规范》(JTG/T D64—2015)和BS5400中的公式。以跨中中点为坐标原点，大里程桩号方向为正。

根据计算结果，按《公路钢结构桥梁设计规范》(JTG/T D64—2015)计算的有效分布宽度为主梁全宽，按BS5400计算的有效分布宽度接近全宽，并且该桥为自锚式悬索桥，主梁中轴力产生的应力占总应力的65%左右，弯矩产生的应力占总应力的35%左右，主梁截面验算时保守采用按BS5400计算的有效分布宽度。

(2)板件局部稳定计算。

主梁中轴力较大，主梁全截面受压，主梁中轴力产生的应力占总应力的65%左右，故纵向受力板件(包括腹板)的局部稳定均按顶底板局部稳定设计，加劲肋均按刚性加劲肋设计。经验算，加劲肋尺寸和间距均满足刚性加劲肋的要求。

(3)自由长度的计算。

根据压杆整体稳定欧拉弯曲失稳临界力 $P_{cr}=\dfrac{\pi^2\times E\times I}{L^2}$，式中，$E$ 为弹模、I 为抗弯惯矩、

L为自由长度。欧拉弯曲失稳临界力P_{cr}由全桥整体稳定计算提供,经计算主梁竖弯和侧弯自由长度见表5.1-5、表5.1-6。

WT0节段(截面抗弯惯性矩最大的节段) 表5.1-5

项目	面内	面外
P_{cr}(kN)	3561070	4221096
E(MPa)	206000	206000
I(m^4)	9.649	93.737
L(m)	74.2	212.5

WS9节段(截面抗弯惯性矩最小的节段) 表5.1-6

项目	面内	面外
P_{cr}(kN)	3561070	4221096
E(MPa)	206000	206000
I(m^4)	7.531	76.651
L(m)	65.6	192.1

因此,主梁竖弯自由长度取74.2m,主梁侧弯自由长度取212.5m。

(4)主梁截面计算。

根据总体计算结果,按主梁受力情况将主梁分为不同类型。计算时取各区段的最大内力,按《铁路桥梁钢结构设计规范》(TB 10002.2—2005)第4.2条中强度和稳定的计算公式对主梁进行验算,强度验算公式编号为4.2.1-5,稳定验算公式编号为4.2.2-3,附加组合容许应力提高系数按3.2.8条取用(提高系数取1.2)。

①主力组合。

主力荷载为:轴力+竖向最大正弯矩,轴力+竖向最大负弯矩,最大轴力+竖向正弯矩(轴力最大时,竖向弯矩为正弯矩)。在轴力+竖向最大正弯矩荷载作用下验算截面上缘、在轴力+竖向最大负弯矩荷载作用下验算截面下缘、在最大轴力+竖向正弯矩荷载作用下验算截面上缘,验算结果见表5.1-7~表5.1-9。

在轴力+竖向最大正弯矩荷载作用下验算截面上缘验算结果 表5.1-7

梁段编号	主力荷载组合(轴力+竖向最大正弯矩)下主梁上缘验算					
	双向压弯强度验算		竖向稳定验算		横向稳定验算	
	需求(MPa)	能力(MPa)	需求(MPa)	能力(MPa)	需求(MPa)	能力(MPa)
W(E)S11	149	230	149	189	122	195
W(E)S10	143	230	143	189	127	195
W(E)S9	143	230	143	189	123	195
W(E)S8	152	230	152	189	121	195
W(E)S7	150	230	149	189	115	195
W(E)S6	153	230	152	189	112	194
W(E)S5	146	230	145	190	108	194
W(E)S4	144	230	143	189	110	194

续上表

梁段编号	主力荷载组合(轴力+竖向最大正弯矩)下主梁上缘验算					
	双向压弯强度验算		竖向稳定验算		横向稳定验算	
	需求(MPa)	能力(MPa)	需求(MPa)	能力(MPa)	需求(MPa)	能力(MPa)
W(E)S3	139	230	139	190	111	194
W(E)S2	133	230	132	190	106	194
W(E)S1	140	230	138	190	106	194
WT0	138	230	137	190	105	194
W(E)M1	144	230	143	190	109	194
W(E)M2	137	230	137	190	113	194
W(E)M3	137	230	137	189	117	194
W(E)M4	151	230	151	189	118	195
W(E)M5	160	230	160	189	118	195
W(E)M6	162	230	162	189	115	194
W(E)M7	163	230	162	189	111	194
W(E)M8	167	230	166	189	110	194
W(E)M9	167	230	166	189	109	194
W(E)M10	164	230	163	190	106	194
W(E)M11	165	230	163	190	106	194
W(E)M12	166	230	164	190	106	194
W(E)M13	165	230	163	190	107	194
W(E)M14	164	230	163	190	107	194
W(E)M15	163	230	162	189	110	194
W(E)M16	166	230	165	189	113	194
W(E)M17	169	230	168	189	114	194
W(E)M18	163	230	163	189	115	194
W(E)M19	164	230	163	189	118	194
W(E)M20	163	230	163	189	118	194
MCL	163	230	162	189	118	194

在轴力+竖向最大负弯矩荷载作用下验算截面下缘验算结果 表5.1-8

梁段编号	主力荷载组合(轴力+竖向最大负弯矩)下主梁下缘验算					
	双向压弯强度验算		竖向稳定验算		横向稳定验算	
	需求(MPa)	能力(MPa)	需求(MPa)	能力(MPa)	需求(MPa)	能力(MPa)
W(E)S11	155	230	154	189	117	195
W(E)S10	158	230	158	189	130	195
W(E)S9	158	230	159	189	133	195

续上表

梁段编号	主力荷载组合(轴力+竖向最大负弯矩)下主梁下缘验算					
	双向压弯强度验算		竖向稳定验算		横向稳定验算	
	需求(MPa)	能力(MPa)	需求(MPa)	能力(MPa)	需求(MPa)	能力(MPa)
W(E)S8	160	230	161	189	131	195
W(E)S7	160	230	159	189	123	195
W(E)S6	155	230	154	189	118	194
W(E)S5	160	230	160	189	118	194
W(E)S4	168	230	167	189	115	194
W(E)S3	166	230	165	190	111	194
W(E)S2	163	230	161	190	105	194
W(E)S1	169	230	167	190	105	194
WT0	170	230	167	190	103	194
W(E)M1	164	230	163	190	108	194
W(E)M2	159	230	158	190	113	194
W(E)M3	153	230	153	189	120	194
W(E)M4	154	230	154	189	125	195
W(E)M5	159	230	159	189	125	195
W(E)M6	162	230	161	189	121	194
W(E)M7	157	230	156	189	115	194
W(E)M8	159	230	158	189	113	194
W(E)M9	160	230	159	189	112	194
W(E)M10	155	230	153	190	108	194
W(E)M11	155	230	154	190	108	194
W(E)M12	155	230	153	190	107	194
W(E)M13	152	230	151	190	107	194
W(E)M14	149	230	148	190	107	194
W(E)M15	152	230	151	189	109	194
W(E)M16	149	230	148	189	111	194
W(E)M17	143	230	142	189	112	194
W(E)M18	144	230	144	189	113	194
W(E)M19	144	230	144	189	115	194
W(E)M20	138	230	137	189	114	194
MCL	134	230	134	189	114	194

在最大轴力+竖向正弯矩荷载作用下验算截面上缘验算结果 表5.1-9

梁段编号	主力荷载组合(最大轴力+竖向正弯矩)下主梁上缘验算					
	双向压弯强度验算		竖向稳定验算		横向稳定验算	
	需求(MPa)	能力(MPa)	需求(MPa)	能力(MPa)	需求(MPa)	能力(MPa)
W(E)S11	136	230	136	189	126	195
W(E)S10	144	230	144	189	132	195
W(E)S9	152	230	152	189	133	195
W(E)S8	151	230	151	189	131	195
W(E)S7	147	230	147	189	125	195
W(E)S6	140	230	140	189	121	194
W(E)S5	134	230	133	190	116	194
W(E)S4	138	230	138	189	119	194
W(E)S3	129	230	129	190	115	194
W(E)S2	118	230	118	190	109	194
W(E)S1	113	230	113	190	109	194
WT0	112	230	112	190	108	194
W(E)M1	116	230	116	190	111	194
W(E)M2	124	230	124	190	116	194
W(E)M3	133	230	133	189	121	194
W(E)M4	142	230	142	189	125	195
W(E)M5	146	230	146	189	125	195
W(E)M6	143	230	143	189	121	194
W(E)M7	135	230	134	189	116	194
W(E)M8	133	230	133	189	115	194
W(E)M9	129	230	129	189	113	194
W(E)M10	121	230	121	190	110	194
W(E)M11	118	230	118	190	110	194
W(E)M12	112	230	112	190	110	194
W(E)M13	120	230	120	190	110	194
W(E)M14	127	230	127	190	110	194
W(E)M15	135	230	134	189	112	194
W(E)M16	147	230	147	189	114	194
W(E)M17	154	230	154	189	116	194
W(E)M18	156	230	155	189	117	194
W(E)M19	159	230	159	189	119	194
W(E)M20	160	230	159	189	119	194
MCL	160	230	159	189	119	194

②附加组合。

附加荷载为:轴力+竖向最大正弯矩+横向弯矩,轴力+竖向最大负弯矩+横向弯矩、最大轴力+竖向正弯矩+横向弯矩(轴力最大时,竖向弯矩为正弯矩)。在轴力+竖向最大正弯矩+横向弯矩荷载作用下验算截面上缘、在轴力+竖向最大负弯矩+横向弯矩荷载作用下验算截面下缘、在最大轴力+竖向正弯矩+横向弯矩荷载作用下验算截面上缘,验算结果见表5.1-10~表5.1-12。

轴力+竖向最大正弯矩+横向弯矩荷载作用下截面上缘验算结果 表5.1-10

梁段编号	附加荷载组合(轴力+竖向最大正弯矩+横向弯矩)下主梁上缘验算					
	双向压弯强度验算		竖向稳定验算		横向稳定验算	
	需求(MPa)	能力(MPa)	需求(MPa)	能力(MPa)	需求(MPa)	能力(MPa)
W(E)S11	188	276	185	227	138	233
W(E)S10	181	276	180	226	143	234
W(E)S9	179	276	178	226	136	234
W(E)S8	190	276	188	227	134	234
W(E)S7	188	276	185	227	129	233
W(E)S6	193	276	189	227	126	233
W(E)S5	193	276	189	227	127	233
W(E)S4	186	276	181	227	127	233
W(E)S3	184	276	179	227	129	233
W(E)S2	181	276	176	228	124	233
W(E)S1	191	276	185	228	125	233
WT0	193	276	186	228	124	233
W(E)M1	198	276	192	227	128	233
W(E)M2	189	276	184	227	133	233
W(E)M3	187	276	181	227	138	233
W(E)M4	200	276	194	227	140	233
W(E)M5	207	276	200	227	141	233
W(E)M6	207	276	200	227	137	233
W(E)M7	206	276	198	227	132	233
W(E)M8	210	276	202	227	132	233
W(E)M9	208	276	200	227	129	233
W(E)M10	204	276	196	228	125	233
W(E)M11	206	276	197	228	126	233
W(E)M12	206	276	198	228	126	233
W(E)M13	206	276	198	228	127	233
W(E)M14	206	276	197	228	127	233
W(E)M15	205	276	197	227	130	233

续上表

梁段编号	附加荷载组合(轴力+竖向最大正弯矩+横向弯矩)下主梁上缘验算					
	双向压弯强度验算		竖向稳定验算		横向稳定验算	
	需求(MPa)	能力(MPa)	需求(MPa)	能力(MPa)	需求(MPa)	能力(MPa)
W(E)M16	209	276	201	227	133	233
W(E)M17	213	276	205	227	135	233
W(E)M18	207	276	199	227	136	233
W(E)M19	208	276	200	226	139	233
W(E)M20	207	276	200	226	139	233
MCL	207	276	199	226	139	233

轴力+竖向最大负弯矩+横向弯矩荷载作用下截面下缘验算结果 表5.1-11

梁段编号	附加荷载组合(轴力+竖向最大负弯矩+横向弯矩)下主梁下缘验算					
	双向压弯强度验算		竖向稳定验算		横向稳定验算	
	需求(MPa)	能力(MPa)	需求(MPa)	能力(MPa)	需求(MPa)	能力(MPa)
W(E)S11	162	276	158	227	115	233
W(E)S10	166	276	164	226	129	234
W(E)S9	166	276	165	226	132	234
W(E)S8	169	276	167	227	129	234
W(E)S7	168	276	165	227	121	233
W(E)S6	163	276	160	227	117	233
W(E)S5	170	276	166	227	117	233
W(E)S4	179	276	173	227	115	233
W(E)S3	177	276	171	227	109	233
W(E)S2	176	276	168	228	104	233
W(E)S1	184	276	176	228	104	233
WT0	186	276	177	228	103	233
W(E)M1	181	276	172	227	107	233
W(E)M2	175	276	167	227	113	233
W(E)M3	168	276	161	227	120	233
W(E)M4	168	276	161	227	126	233
W(E)M5	171	276	164	227	126	233
W(E)M6	172	276	165	227	122	233
W(E)M7	166	276	158	227	116	233
W(E)M8	170	276	162	227	117	233
W(E)M9	172	276	164	227	115	233
W(E)M10	167	276	159	228	111	233
W(E)M11	169	276	160	228	111	233

续上表

梁段编号	附加荷载组合(轴力+竖向最大负弯矩+横向弯矩)下主梁下缘验算					
	双向压弯强度验算		竖向稳定验算		横向稳定验算	
	需求(MPa)	能力(MPa)	需求(MPa)	能力(MPa)	需求(MPa)	能力(MPa)
W(E)M12	168	276	160	228	111	233
W(E)M13	167	276	158	228	111	233
W(E)M14	164	276	155	228	111	233
W(E)M15	168	276	160	227	113	233
W(E)M16	166	276	158	227	115	233
W(E)M17	161	276	153	227	117	233
W(E)M18	163	276	155	227	117	233
W(E)M19	164	276	156	226	120	233
W(E)M20	157	276	149	226	119	233
MCL	154	276	147	226	119	233

最大轴力+竖向正弯矩+横向弯矩荷载作用下截面上缘验算结果 表5.1-12

梁段编号	附加荷载组合(最大轴力+竖向正弯矩+横向弯矩)下主梁上缘验算					
	双向压弯强度验算		竖向稳定验算		横向稳定验算	
	需求(MPa)	能力(MPa)	需求(MPa)	能力(MPa)	需求(MPa)	能力(MPa)
W(E)S11	173	276	171	227	143	233
W(E)S10	169	276	168	226	149	234
W(E)S9	159	276	159	226	149	234
W(E)S8	152	276	152	227	147	234
W(E)S7	143	276	142	227	141	233
W(E)S6	145	276	143	227	138	233
W(E)S5	142	276	140	228	132	233
W(E)S4	146	276	144	227	137	233
W(E)S3	151	276	148	227	133	233
W(E)S2	154	276	150	228	127	233
W(E)S1	162	276	157	228	128	233
WT0	163	276	159	228	126	233
W(E)M1	169	276	164	227	130	233
W(E)M2	165	276	160	227	136	233
W(E)M3	164	276	160	227	142	233
W(E)M4	160	276	156	227	147	233
W(E)M5	154	276	149	227	147	233
W(E)M6	147	276	141	227	144	233
W(E)M7	142	276	137	227	138	233

续上表

梁段编号	附加荷载组合(最大轴力+竖向正弯矩+横向弯矩)下主梁上缘验算					
	双向压弯强度验算		竖向稳定验算		横向稳定验算	
	需求(MPa)	能力(MPa)	需求(MPa)	能力(MPa)	需求(MPa)	能力(MPa)
W(E)M8	142	276	137	227	137	233
W(E)M9	140	276	135	227	136	233
W(E)M10	140	276	135	228	132	233
W(E)M11	144	276	139	228	132	233
W(E)M12	148	276	143	228	132	233
W(E)M13	156	276	151	228	132	233
W(E)M14	163	276	157	228	132	233
W(E)M15	170	276	164	227	134	233
W(E)M16	182	276	176	227	137	233
W(E)M17	190	276	183	227	139	233
W(E)M18	190	276	183	227	140	233
W(E)M19	193	276	187	226	143	233
W(E)M20	194	276	188	226	143	233
MCL	194	276	188	226	143	233

计算结果表明,钢主梁截面强度和稳定均满足规范要求。

(5)横梁计算。

有效分布宽度:按《公路钢结构桥梁设计规范》(JTG/T D64—2015)计算为5.88m,按BS5400计算为4.7m,有效宽度取小值4.7m。经计算,横梁上缘压应力为27.81MPa、横梁下缘拉应力为27.81MPa,横梁受力满足要求。

(6)疲劳计算。

按《铁路桥梁钢结构设计规范》(TB 10002.2—2005)第4.3条对钢梁进行疲劳验算。由于主梁纵向正应力均为压应力,故主梁纵向不进行疲劳检算。横梁下缘在自重和活载作用下为拉-拉疲劳构件,故对横梁下缘进行疲劳检算。吊点处横梁横受力最大,对其进行验算,计算模式为:纵梁为简支梁,支撑在吊点横梁上,纵梁跨径为15m(即吊点间距);横梁为简支梁,跨径为19.5m。经计算,疲劳应力 $r_{drn}(\sigma_{max}-\sigma_{min}) = 1 \times 1.02 \times 9.84 = 10\text{MPa} < r_t[\sigma] = 0.94 \times 121.7 = 114\text{MPa}$,故横梁疲劳满足要求。

5.2 钢混结合段结构设计

5.2.1 钢混结合段比选

(1)结合段构造类型比较。

钢混结合段可分为有格室与无格室两大构造类型。与无格室相比,有格室构造增强了结合段的整体性,改善了混凝土的抗裂性。随着对混合梁结合段研究的深入,有格室构造在我国得到了更多重视,并成功应用于鄂东长江大桥。有格室的结合段构造类型,又可以依据承压板的位置分为前承压板、后承压板及前后承压板三种,如图 5.2-1 所示。三种构造方式的特点如下。

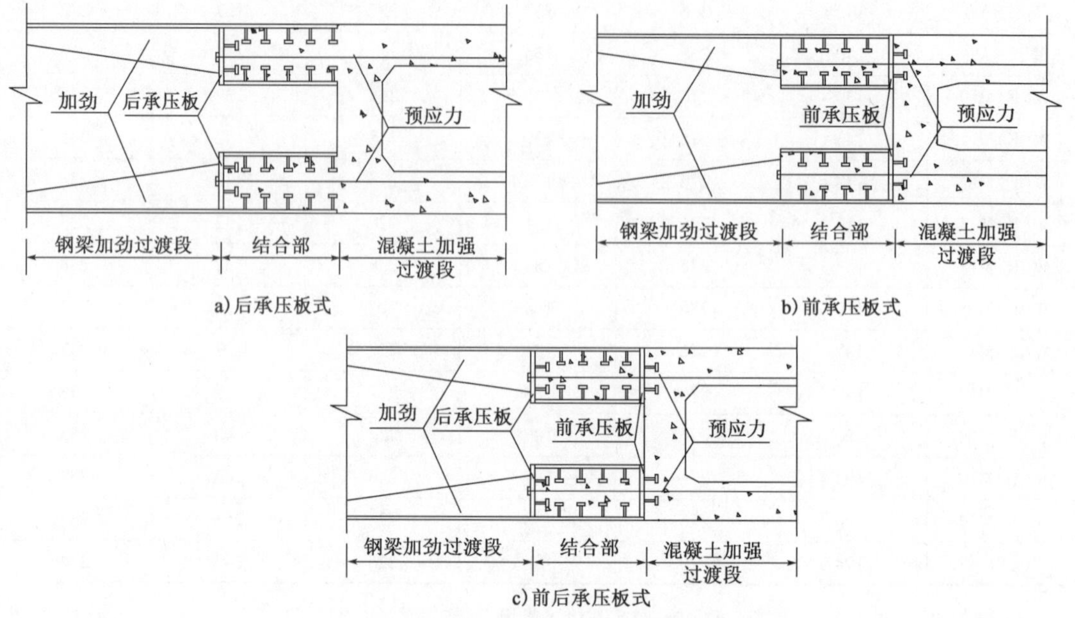

图 5.2-1 有格室钢混结合段典型构造设计

①有格室前承压板方式,轴力及弯矩从结合部梁段的连接件和前承压板传递到钢梁上,剪力及扭矩从前承压板上的连接件传递到钢梁上。德国 Düsseldorf-Flehe 桥采用了这种方案。

②有格室后承压板方式,轴力及弯矩从结合部梁段的连接件和后承压板传递到钢梁上,剪力及扭矩从后承压板上的连接件传递到钢梁上。瑞典的 Tjörn 桥、日本生口桥(Ikuchi Bridge)、多多罗桥(Tatara Bridge)、德国 Wesel 桥均采用此方案。

③有格室前后承压板方式,轴力及弯矩从结合部梁段的连接件和前后承压板传递到钢梁上,剪力及扭矩从前承压板的连接件传递到钢梁上。日本木曾川桥(Kiso River Bridge)和揖斐川桥(Ibi River Bridge)采用了此方案。

根据日本修建生口桥时所做的试验与有限元分析研究,以上三种有格室的钢混结合段中,后承压板的构造方式能充分发挥连接件的作用、传力明确,结合面的应力集中较小,格室与主梁的混凝土形成连续构造,有利于混凝土浇筑施工、连接件根部混凝土不易离析。虽然后承压板式钢梁节段焊接施工会稍微复杂,但其受力性能较好、传力平顺,在工程应用中也最为广泛。鹅公岩轨道大桥选用有格室后承压板的构造形式。

(2)连接件类型比较。

钢混结合段常用连接件主要有:

①焊钉连接件(图 5.2-2a),焊钉连接件力学性能不具方向性,具有较强的抗分离能力,是常用的连接件之一。

②开孔板连接件(图5.2-2b),在格室顶底板上焊接条形钢板,并在钢板上开圆孔,圆孔中可以根据需要布置贯通钢筋,以增大抗剪能力。孔内混凝土和钢筋还具有防止混凝土和钢板分离的作用。这种连接件的德文名称是 Perfobond Leiste,故一般简称为 PBL 键。国内斜拉桥混合梁结合段中,开孔板连接件首先在鄂东长江大桥和荆岳长江大桥中得到应用。

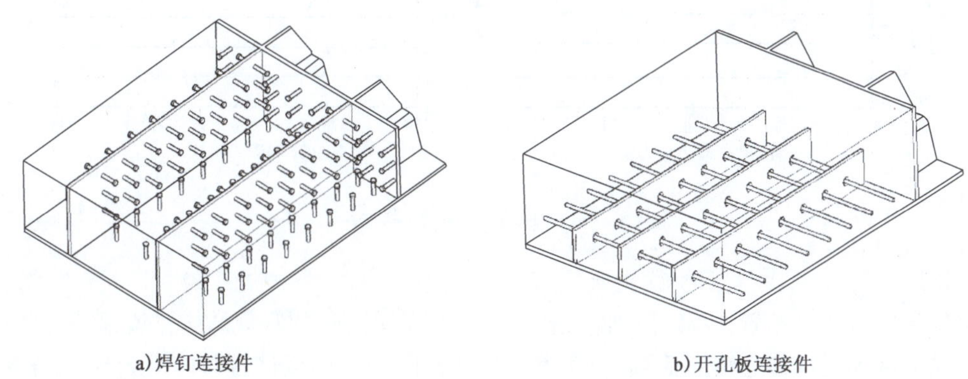

图5.2-2 焊钉与开孔板连接件示意图

③方钢连接件,将该连接件的钢板焊接于结合部承压板,钢筋及小钢板嵌入混凝土,以钢筋抵抗拉拔力,以钢板抵抗剪力作用,香港昂船洲大桥(Stonecutters Bridge)采用了该连接构造。

④钢筋连接件,法国 Normandy 桥将 U 形筋双肢焊接在承压板上,与焊钉连接件共同抵抗钢与混凝土间的滑移和剥离。

方钢连接件和钢筋连接件在国内工程中应用较少,焊钉连接件较为常用,但其刚度较小。开孔板连接件在鄂东长江大桥得到成功应用后,因其具备刚度大、承载力高的优点而得到迅速推广。实际工程中,为了提高结构的安全储备,往往将开孔板连接件和焊钉连接件混合使用,鄂东长江大桥即是如此,该桥钢混结合段布置如图5.2-3所示。鹅公岩轨道大桥选用开孔板和焊钉连接件混合使用的形式,其中开孔板提供主要的抗剪能力,剪力钉用于增加安全储备并可加强钢板与混凝土的结合。

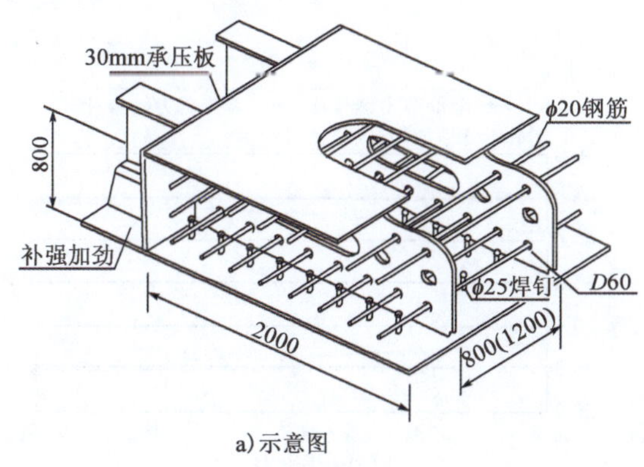

图5.2-3 鄂东长江大桥连接件格室构造(尺寸单位:mm)

(3)开孔板连接件排数布置影响分析(图5.2-4)。

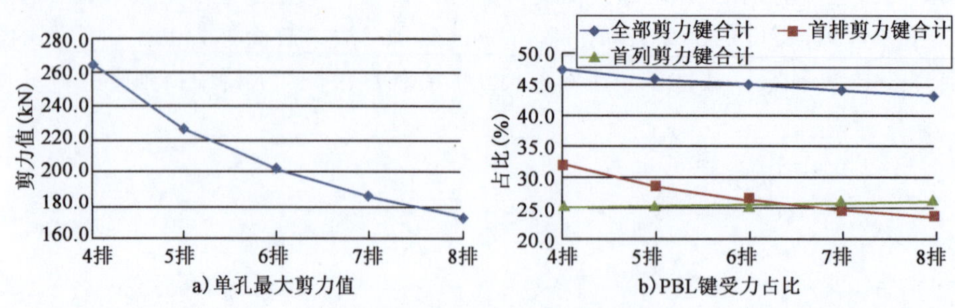

图5.2-4　不同排数PBL键受力分析

根据以往工程经验,大型桥梁主梁钢混结合段钢格室高度一般在80～100cm之间,开孔板连接件高度方向多布置3～4排。但本桥结合段承受轴力远超常规结构桥梁,高度方向仅布置4排连接件不足以传递轴向荷载,应考虑在高度方向增设连接件排数并分析格室高度增加后对钢混结合段传力的影响。兼顾结构尺寸的合理布置,对比分析结合段钢格室高度方向分别设4排、5排、6排、7排连接件时的传力效果。布置7排时钢格室高度约为1.4m。

根据格室模型分析结果,开孔板连接件剪力在每排以及每列间均有较大的不均匀性。每排开孔板连接件中,首列(靠近混凝土横梁)剪力较大,其余列呈递减趋势;每列开孔板连接件中,首排(靠近钢箱梁顶、底板)剪力较大,其余排呈递减趋势。

分析表明,单个连接件剪力最大值随排数增加明显减小,但减小的效果递减,每增加一排开孔板连接件,剪力最大值减小约13%。最大值均出现在首排首列。同时随着排数增加,开孔板连接件承担的总剪力减小,这是因为钢格室高度增加后,承压板面积增大,使得承压板承担的比例更大。此外,排数的变化对每列开孔板连接件剪力占比影响不大,但对首排剪力占比影响较大,随着排数的增加首排剪力占比下降效果明显。

以上对比分析表明,增加开孔板连接件的排数可有效降低单孔剪力最大值,但减小的效果递减。设计时并非选取开孔板连接件排数越多越好,而应根据实际需要选取高度合适的钢格室构造尺寸,以免给结合段的施工带来不必要的麻烦。对于该桥,7排开孔板连接件已能满足结构需求。

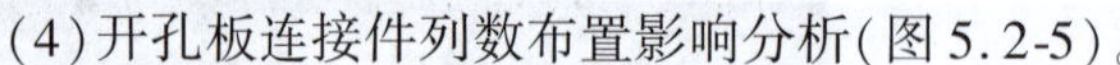

(4)开孔板连接件列数布置影响分析(图5.2-5)。

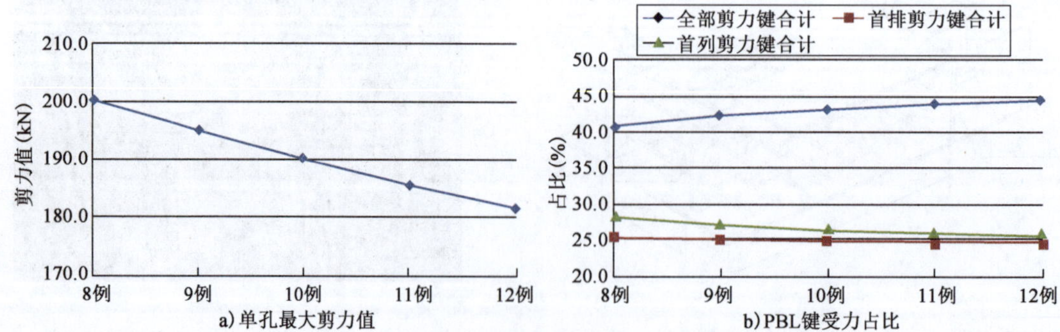

图5.2-5　不同列数PBL键受力分析

根据以往工程经验,钢混结合段钢格室长度一般取高度的 2 倍,以充分发挥每个开孔板连接件的传力效果。该桥由于钢格室高度较高,其合适长度是否与以往工程经验相符合应进行分析论证。兼顾结构尺寸的布置,对比分析结合段钢格室长度方向分别设 8 列、9 列、10 列、11 列连接件时的传力效果。布置 11 列时钢格室长度约为 3.5m。

分析表明,单个连接件剪力最大值均出现在首排首列,且其数值仅随列数增加略有减小,每增加一列开孔板连接件,剪力最大值减小约 3%。同时,列数增加导致开孔板连接件承担的总剪力增加。这是因为钢格室长度增加后,承压板面积不变但开孔板连接件数量增多,使得连接件承担的比例增大。此外,列数的变化对首行及首列开孔板连接件剪力占比影响不大。

以上对比分析表明,增加开孔板连接件的列数对减小剪力最大值的效果一般。设计时钢格室的尺寸并非越长越好,而应根据开孔板连接件的有效范围,确定合理的格室高宽比。对于本桥,11 列开孔板连接件已能满足结构需求。

(5)格室腹板开孔影响分析(表 5.2-1)。

开孔板连接件剪力表(单位:kN) 表 5.2-1

<table>
<tr><th>项目</th><th>Col1</th><th>Col2</th><th>Col3</th><th>Col4</th><th>Col5</th><th>Col6</th><th>Col7</th><th>Col8</th><th>Col9</th><th>Col10</th><th>Col11</th></tr>
<tr><td>Row1</td><td>189</td><td>140</td><td>108</td><td>88</td><td>74</td><td>65</td><td>58</td><td>52</td><td>47</td><td>42</td><td>33</td></tr>
<tr><td>Row2</td><td>143</td><td>101</td><td>76</td><td>66</td><td>62</td><td>58</td><td>54</td><td>47</td><td>40</td><td>34</td><td>29</td></tr>
<tr><td>Row3</td><td>115</td><td>76</td><td>52</td><td rowspan="3" colspan="5">混凝土流通孔</td><td>18</td><td>21</td><td>23</td></tr>
<tr><td>Row4</td><td>99</td><td>61</td><td>35</td><td>14</td><td>18</td><td>21</td></tr>
<tr><td>Row5</td><td>91</td><td>55</td><td>31</td><td>12</td><td>15</td><td>19</td></tr>
<tr><td>Row6</td><td>91</td><td>58</td><td>37</td><td>25</td><td>16</td><td>11</td><td>11</td><td>13</td><td>15</td><td>17</td><td>19</td></tr>
<tr><td>Row7</td><td>103</td><td>72</td><td>50</td><td>35</td><td>22</td><td>15</td><td>11</td><td>10</td><td>10</td><td>12</td><td>15</td></tr>
</table>

注:Col1 ~ Col11 表示第 1 ~ 11 列开孔板连接件,Row1 ~ Row7 表示第 1 ~ 7 排开孔板连接件。

根据前述分析,最终确定在钢格室中布置 7 排 11 列的开孔板剪力键。此时,在最不利荷载工况下,该桥 PBL 剪力键共承担 40.98% 的外荷载,其中首排承担了全部荷载的10.97%,剩余外荷载由承压板传递至混凝土梁段。单孔剪力最大值 186kN,出现在钢格室的首排首列。

实际工程中,为了保证钢混结合段混凝土施工的密实性,往往在格室腹板上开设混凝土流通孔。通过格室模型中对开孔后的连接件受力进行研究,并与开孔前结果进行对比。表5.2-1表明,除混凝土流通孔边部分连接件剪力有所增大外,开孔后开孔板连接件剪力空间分布规律变化不大。开孔板连接件承担总剪力为3140kN,减小约 2.2%;由于开孔导致的剪力连接件数量的减少,连接件平均剪力增大到 52kN,增大约 21.2%;单个开孔板连接件剪力最大值为189kN,增大约 1.6%,出现位置不变。

对比结果表明,格室腹板开设混凝土流通孔对开孔板连接件受力影响不大。设计时应根据实际需要进行预留,以保证混凝土浇筑的密实性。

5.2.2 钢混结合段设计

全桥于主跨两侧各设置一个钢混结合段(图5.2-6),单侧长约12m,梁高4.5m,选用有格室后承压板的构造形式。具体自锚固端向跨中可分别划为混凝土横梁段、钢格室段(图5.2-7)、钢梁加劲变高段(图5.2-8)和钢梁加劲等高段等4部分。其中,钢混结合段混凝土横梁厚1.5m,采用钢筋混凝土结构。钢格室段全长3.5m,钢格室段在钢箱梁顶板、底板、边腹板设置高1.4m的钢格室。钢格室隔板与钢梁标准段纵向加劲肋位置相对应,上开设ϕ75mm圆孔,穿过直径28mm的HRB400级钢筋,格室内灌注C55混凝土。钢格室中部分混凝土进入到圆孔中,与开孔板和钢筋一起形成开孔板连接件传递主梁内力。每片格室隔板布置了7排11列的PBL剪力键。钢格室与加劲变高段间设置后承压板,纵向预应力束穿过钢格室后锚固于后承压板上。钢梁加劲变高段全长6.42m,纵向加劲在该段范围内由1.42m高过渡至0.31m,并最终通过长约1.8m的钢梁加劲等高段与钢梁标准段相连接。

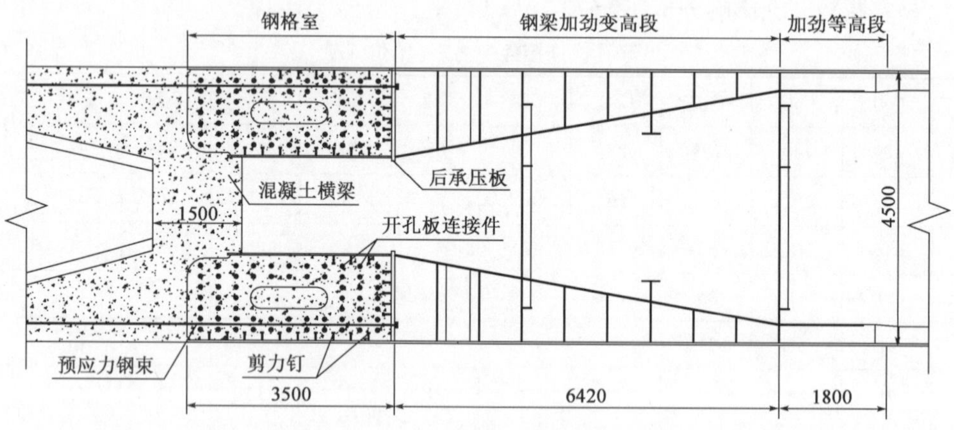

图5.2-6 钢混结合段构造(尺寸单位:mm)

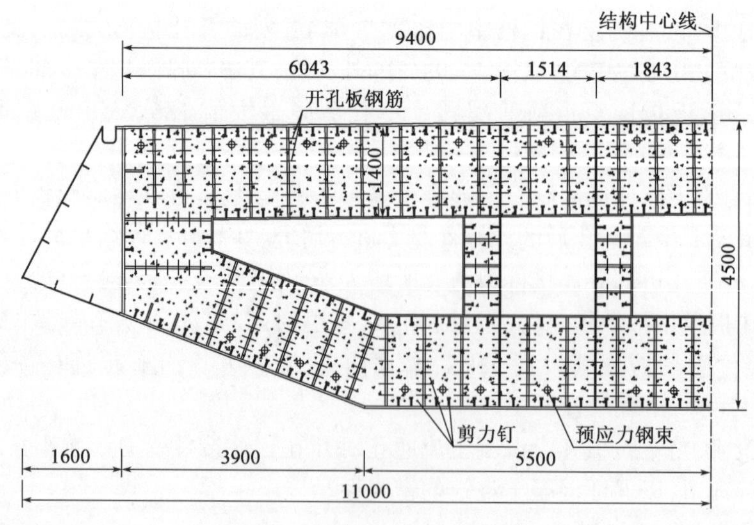

图5.2-7 钢格室断面(尺寸单位:mm)

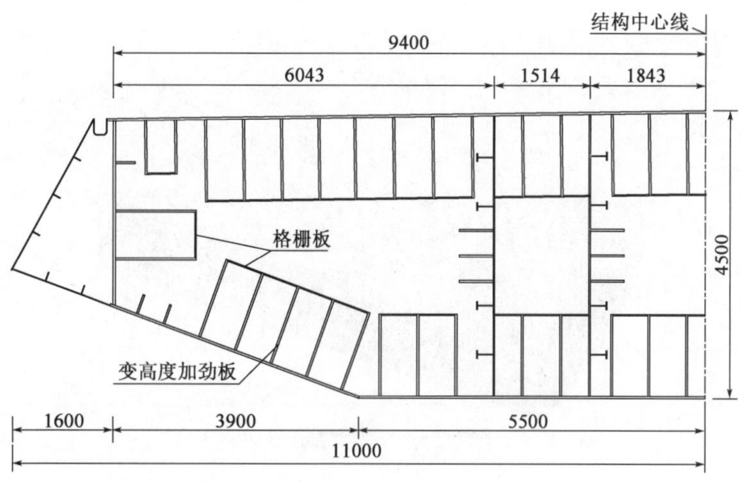

图 5.2-8 钢梁加劲变高段断面(尺寸单位:mm)

具体构造参数及板厚参见表 5.2-2。

钢混结合段钢箱梁主要构造参数(mm) 表 5.2-2

梁宽	22000	变高加劲厚度	32
梁高	4500	等高加劲厚度	28/30
横隔板厚度	14	钢格室隔板	32
顶板厚度	36	钢格室盖板	25
底板厚度	34	承压板	60
中腹板厚度	20	竖向加劲	10
边腹板厚度	40	格栅板	20

5.2.3 钢混结合段验算

(1)钢结构验算(图 5.2-9、图 5.2-10)。

结合段钢梁的顶(底)板最大压应力约 180MPa,此时加劲变化段及板厚变化段存在应力集中,最大压应力约 210MPa。可知钢梁应力均小于 230MPa 的应力限值,满足要求。

对于钢梁加劲变高段,纵向加劲肋高度大于钢梁标准段,存在发生局部失稳的可能。考虑竖向加劲及格栅板的贡献,按格构式构件对纵向变高加劲做局部稳定验算。计算结果表明,对于高厚比最大的承压板侧加劲,安全系数 K 大于 2.5,满足要求。

(2)混凝土结构验算(图 5.2-11 ~ 图 5.2-14)。

结合段混凝土的纵向最大压应力位于承压板下格室内(约 11MPa),纵向最小压应力位于底板处(约 0.5MPa),满足要求。

最不利荷载作用下,格室、横梁内混凝土存在约 4MPa 的横、竖向拉应力。为控制格室内混凝土裂缝,于承压板侧 1m 范围内,布置间距 100mm 的 16@100 钢筋网,钢筋应力约 130MPa,控制裂缝大小在 0.1mm 左右。同样为控制横梁混凝土裂缝,于横梁内布置钢筋网,可将裂缝大小控制在 0.1mm 左右,满足要求。

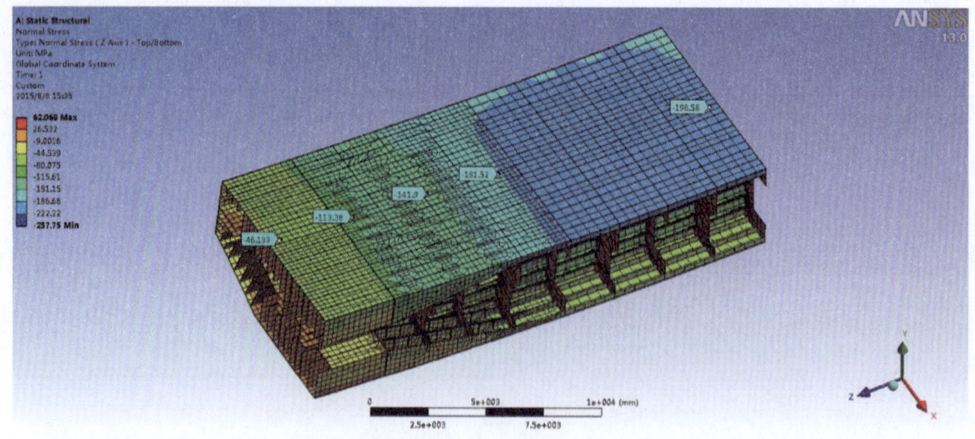

图 5.2-9　顶板最大压应力

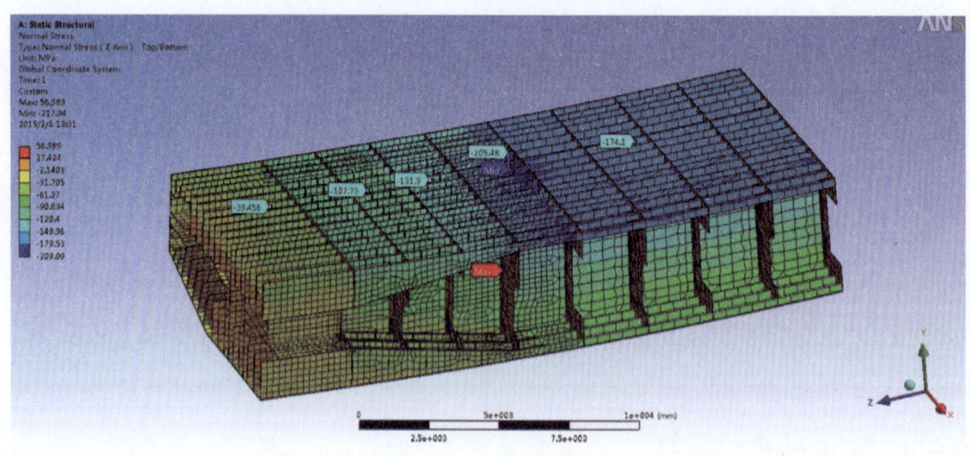

图 5.2-10　加劲最大压应力

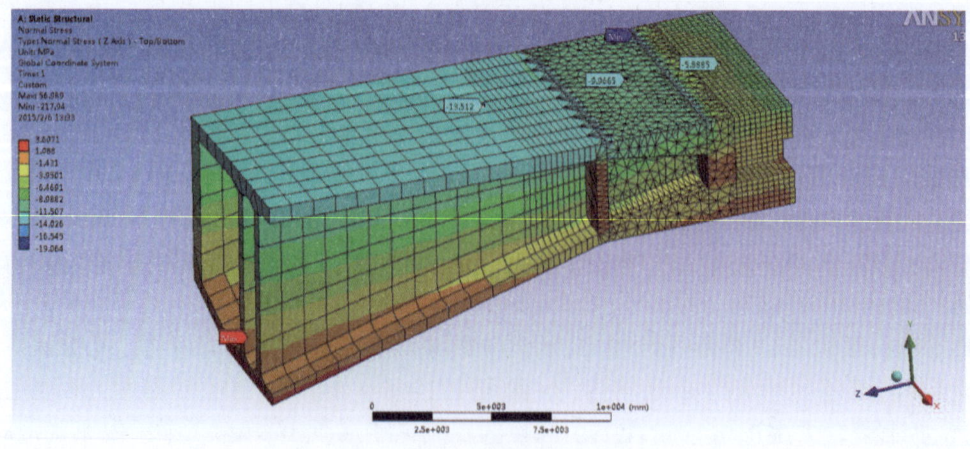

图 5.2-11　混凝土纵向最大压应力

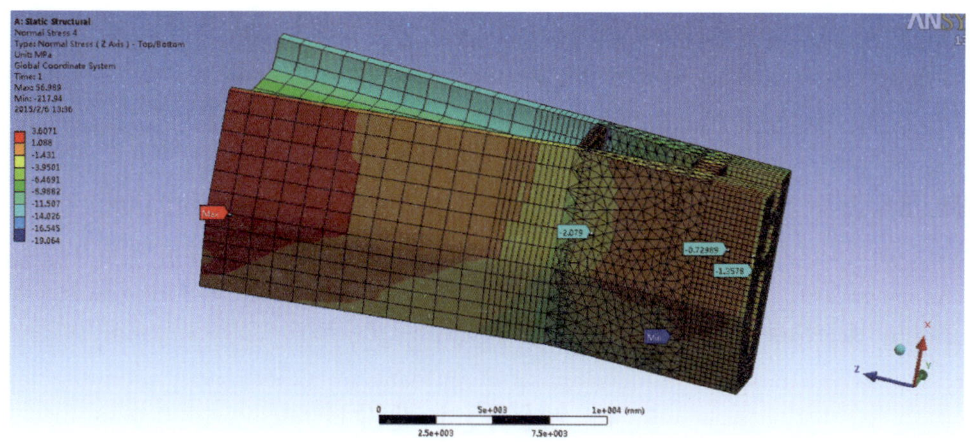

图 5.2-12 混凝土纵向最小压应力

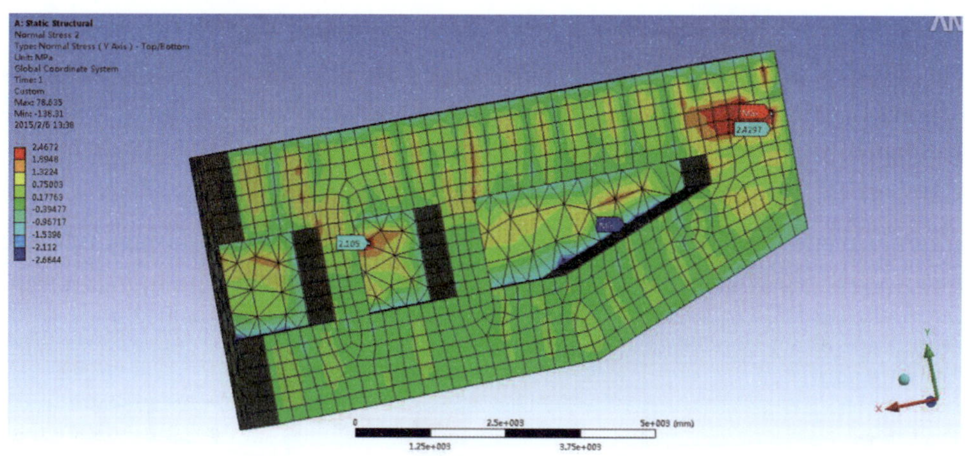

图 5.2-13 混凝土竖向最大拉应力

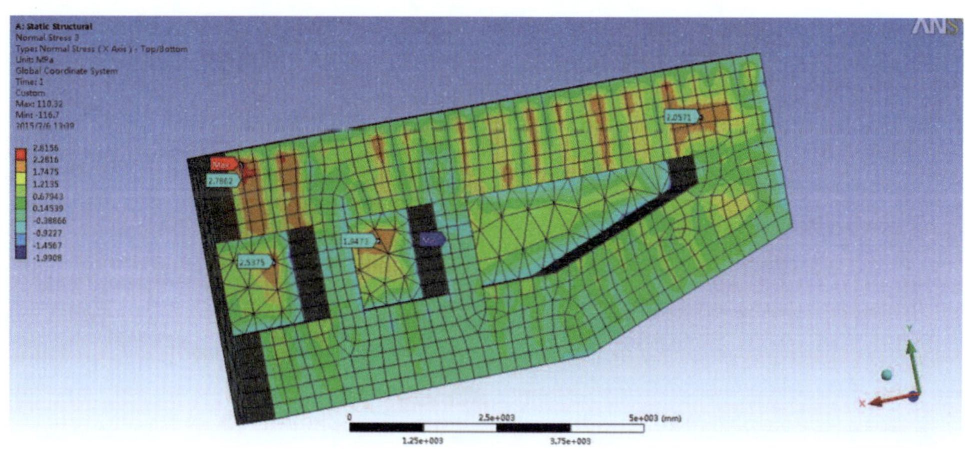

图 5.2-14 混凝土横向最大拉应力

(3)抗剪连接件验算。

针对钢格室及抗剪连接件的研究表明:

①PBL 剪力键共承担 40.98% 的外荷载,其余由承压板承担。

②首排 PBL 剪力键承担总荷载的 10.97%。

③最不利 PBL 剪力键位于首排下缘,承担总荷载的 2.41%。

即标准组合下,PBL 剪力键单孔最不利荷载 17.6t,对应极限状态下约 23.4t。

根据《钢-混凝土组合桥梁设计规范》(GB 50917—2013)规定的单孔抗剪能力设计值,取钢筋直径 28mm、开孔直径 75mm 代入得单孔抗剪能力设计值为 32.2t,大于单孔最不利荷载 23.4t,即 PBL 剪力键受力满足要求。

5.3 锚跨段主梁设计

锚跨梁受力复杂,设计时应综合考虑主桥整体受力、主缆锚固、锚固端压重以及锚跨自身受力等因素。该桥钢结构标准段加劲梁梁高为 4.5m,锚固端锚固横梁高 10m。锚跨立面布置兼顾梁高变化衔接需要与受力的合理性,梁高取 4.5m 变化到 10m。锚跨跨径总长 50m,近边墩处有约 9m 长范围的等高段,其余为梁高曲线变化段,曲线段范围内梁高按 1.8 次抛物线过渡。锚跨立面布置示意如图 5.3-1a)所示。锚跨平面布置采用锚跨箱室外腹板与锚固横梁竖隔板平面位置相对齐的方案,主缆一部分索股可以在锚跨箱室内部进行施工操作,另一部分索股在箱室外部进行操作,此时主缆所有索股施工操作空间均能满足,且锚跨箱梁平面总宽度变化较缓和,箱梁构造布置及受力均较为合理,锚跨平面布置示意如图 5.3-1b)所示。在锚跨平面宽度变化的位置设 50cm 厚横隔板,外腹板折角处产生的面外分力由隔板平衡。

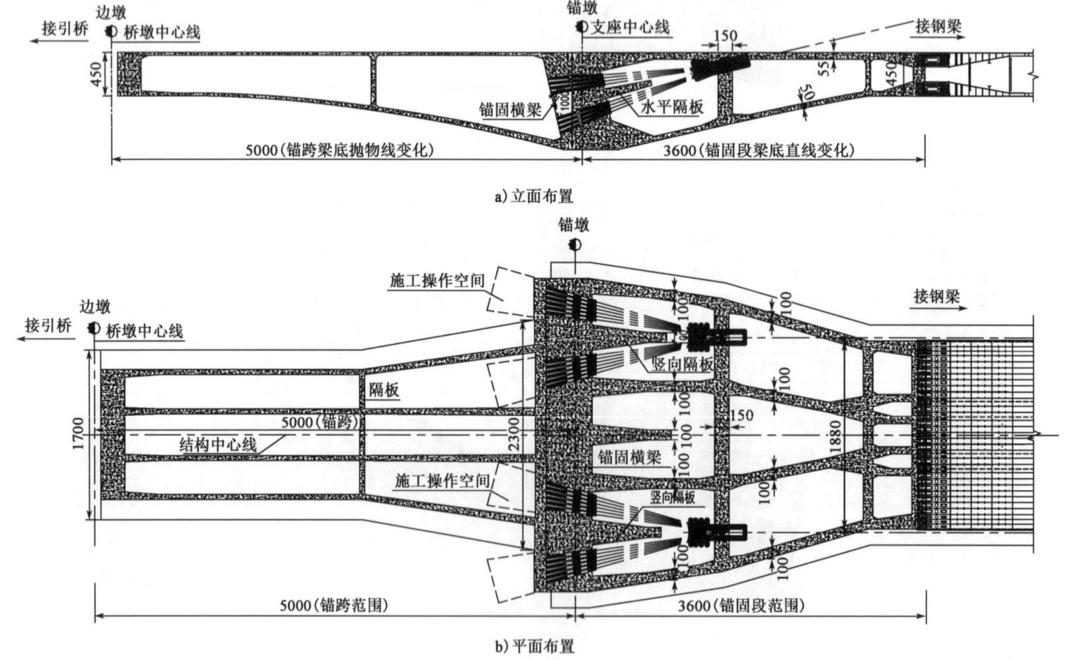

图 5.3-1　锚跨构造布置示意图(尺寸单位:cm)

综上所述，锚跨采用变宽、变高单箱三室预应力混凝土箱梁结构。根据受力需要，锚跨顶板厚度取30cm，底板厚度取30～70cm变厚，腹板厚度取50～75cm变厚。锚跨设计按整体计算需要，配置三向预应力体系。

第 6 章　缆索系统设计

缆索系统包括主缆、吊索、索夹、主索鞍和散索鞍等部分组成。

6.1　主缆结构设计

6.1.1　缆索系统总体布置

本桥主缆由 3 跨组成，边跨理论跨径 210m，主跨理论跨径 600m，主跨的理论垂跨比 1∶10。

主缆为悬索桥的主要承重构件。本桥主缆在横断面上布置为平行双缆面，中心距为 19.5m。塔顶设主索鞍，主缆通过索鞍绕至边跨，边跨主缆通过散索鞍分散锚固在主梁上，全桥满跨设吊索，主缆线型为分段悬链线。

主跨顺桥向设 61 个吊索吊点，边跨 11 个，主跨 39 个。顺桥向相邻两吊点标准间距为 15m，全桥共 122 个吊索吊点，同一吊点设单根吊索，共计 122 根吊索。

6.1.2　主缆构造

主缆采用悬索桥主缆的常规设计方法，即中跨、边跨连续主缆，主塔顶部设置主索鞍，主缆通过主索鞍转向并经散索鞍发散后直接锚固于主梁端部的混凝土实体上。主缆共 2 根，每根主缆由 92 束索股组成，每束索股含 127ϕ5.3mm 锌铝合金镀层高强钢丝，热铸锚具。

主缆采用较为成熟的 PPWS 法施工，工厂预制平行钢丝索股，现场在猫道上逐股安装架设。自锚式悬索桥主缆索股应尽可能组成正六边形，以方便紧缆挤圆；根据上述原则，同时考虑主缆索股制作、安装架设和锚固构造等因素，每根主缆由 92 个索股组成，每股含 127ϕ5.3mm 的锌铝合金镀层高强钢丝，共 11684 丝，这样索股竖向排列成近似尖顶的正六边形，紧缆后主缆为圆形。

主缆抗拉强度 1860MPa，弹性模量 $E = 2.0 \times 10^5$MPa，安全系数 $K > 2.5$。紧缆后主缆为圆形，索夹处直径为 617.3mm（空隙率 18%），索夹间直径为 625.0mm（空隙率 20%）。

主缆横断面布置如图 6.1-1 所示。

主缆采用热铸锚，经散索鞍发散后，直接锚固于主梁锚固段的混凝土实体上。由于本桥主缆水平力较大，索股应尽量散开锚固，以减少应力集中，改善锚固横梁受力。经比较分析，每根主缆分成 4 个锚固区域，每个锚固区域锚固 23 根索股，4 排 6 列分散锚固，标准间距 500mm。

主缆锚固端布置如图 6.1-2 所示。

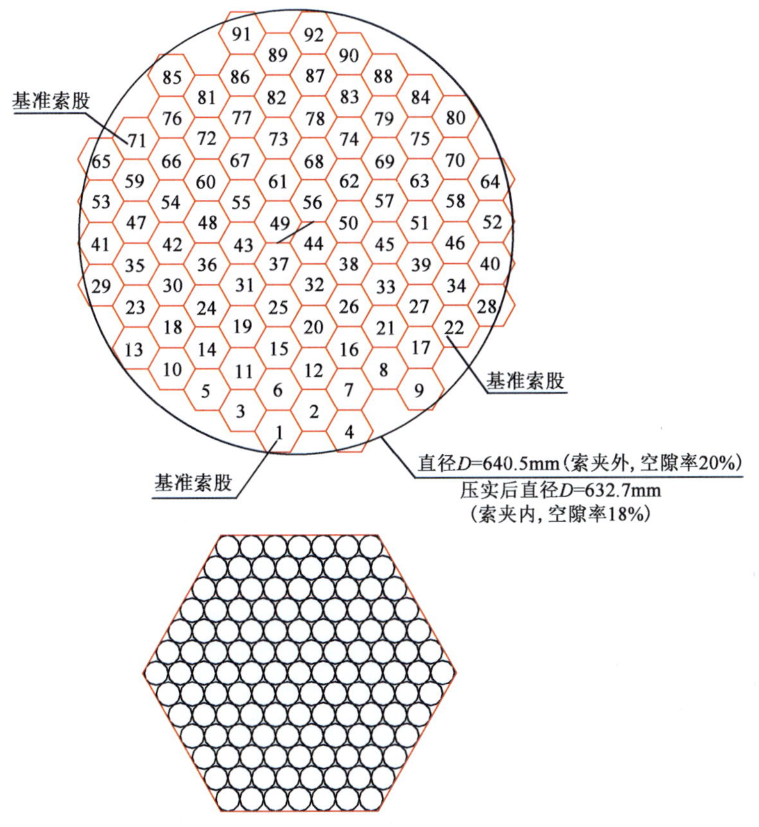

图 6.1-1　主缆横断面布置图

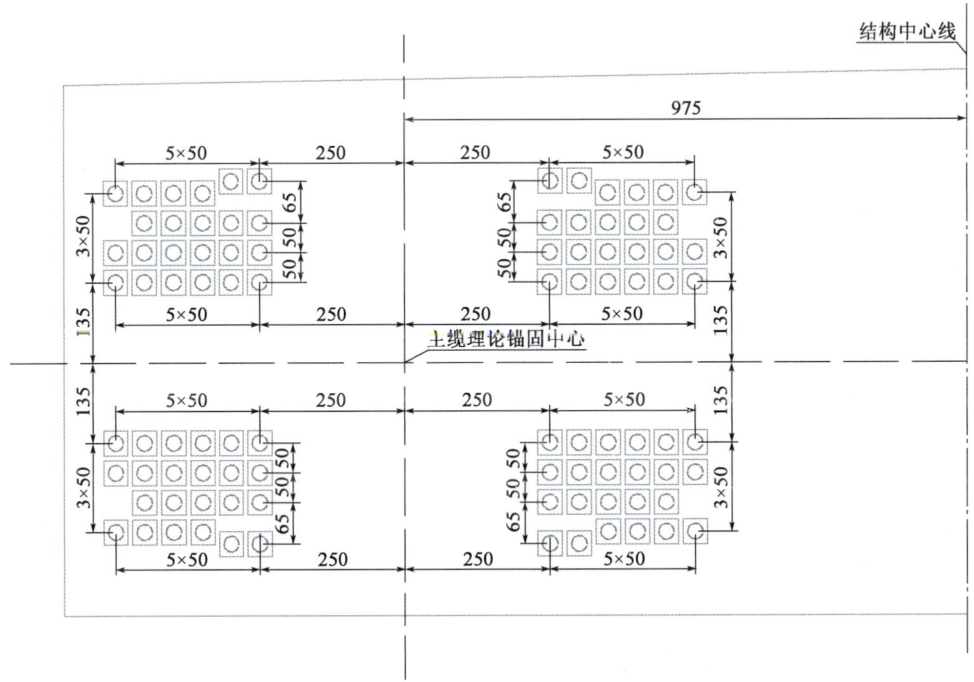

图 6.1-2　主缆锚固端布置图(尺寸单位:cm)

6.2 主缆锚固段设计

6.2.1 锚固段结构设计

常用自锚式悬索桥主缆锚固结构大致可以分为直接锚固方式、分散锚固方式和环形锚固方式三种。这三种锚固方式中,分散锚固方式在实际工程中应用较多,但不管采取哪种方式,主缆锚固结构设计均应满足以下几个原则。

(1)满足索股锚固需求:锚固横梁构造应满足索股锚固局部受力及施工操作要求。

(2)满足受力可靠需求:锚固横梁必须能承受主缆产生的巨大剪力和局部弯矩,并把主缆力均匀分散到锚固段箱梁全截面上。

(3)满足压重平衡需求:压重布置需要平衡主缆竖向分力,同时应尽量减小其对标准段主梁产生的附加弯矩。

(4)满足施工方便需求:应尽量减小尺寸,以便于锚固端结构的施工操作及施工期间结构的养护。

(5)满足经济美观需求:在满足以上要求的前提下,尽量减小锚固端尺寸,达到经济、美观的效果。

本桥采用分散式锚固结构方案。从经济性角度考虑,主梁锚固段与锚跨均采用混凝土结构,锚固段和标准段钢箱梁之间通过钢混结合段进行连接与传力。这种锚固结构方式的常规做法是在梁端局部加高主梁,通过设置强大端横梁承受主缆锚固力并将其分散传递到主梁箱梁截面上。图 6.2-1 为一大跨径自锚式悬索桥锚固方案示意图。标准段箱梁高 320cm,锚固端横梁局部加高到 764cm,厚度 600cm,锚固段范围长度约 30m。主缆力水平向分力经过强大端横梁与 30m 长锚固段分配后,较为均匀地传递到标准段箱梁截面上。

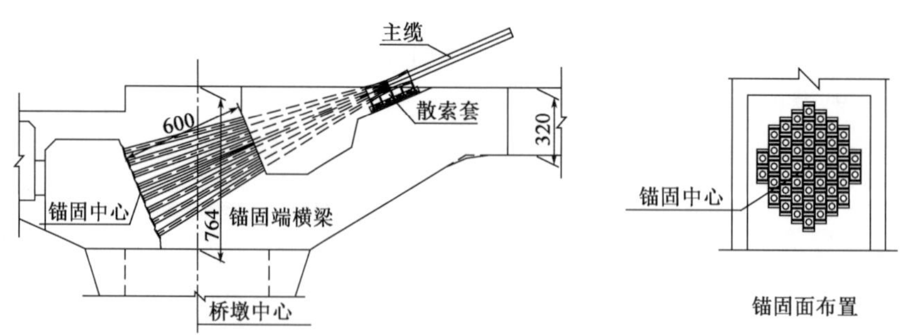

图 6.2-1 常规分散式混凝土锚固结构方案示意图(尺寸单位:cm)

本桥锚固结构方案设计如采用常规做法,则端横梁厚度需要至少约 800cm、高度约 1000cm。端横梁尺寸过大将给设计、施工带来极大挑战。在此情况下,本桥设计考虑对常规锚固横梁设计进行优化和创新,使锚固横梁受力与传力更为合理。构造上采取在锚固横梁上增设竖向隔板和水平隔板等措施优化传力构造,即为分舱室的分散式锚固方案。舱室锚固方案对比如图 6.2-2 所示。

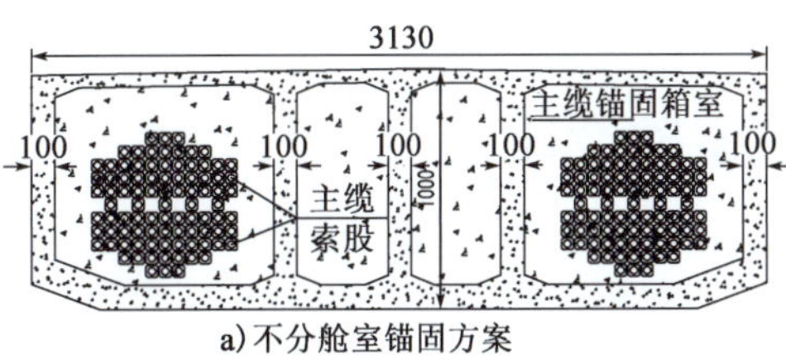

a)不分舱室锚固方案

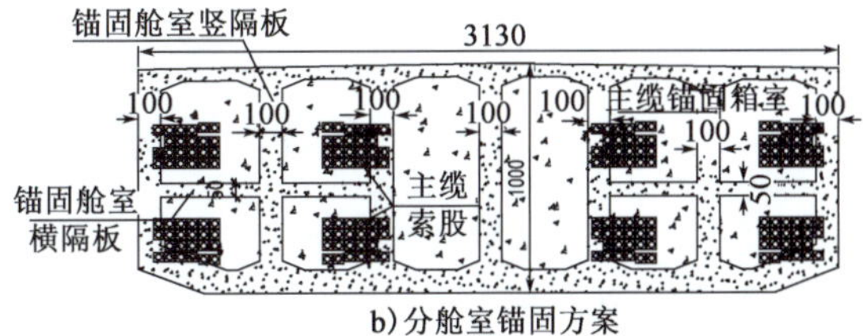

b)分舱室锚固方案

图6.2-2　舱室锚固方案对比(尺寸单位:cm)

分舱室对锚固构造进行了优化,通过增设的竖隔板和水平隔板能帮助锚固横梁传力,可以大幅改善锚固横梁的受力。本桥将锚固箱室分成四个小舱室后,锚固横梁厚度可以减小到550cm,且局部应力水平更低。

6.2.2　锚固横梁受力分析

锚固横梁受力分析采用ANSYS空间有限元程序,混凝土用实体单元模拟,材料参数均按规范取值,施加空间静定边界条件,按总体模型计算结果施加荷载边界条件。比较锚固横梁800cm厚不分舱室A方案和550cm厚分四舱室B方案主要计算结果,如图6.2-3所示。A方案前锚面最不利主缆力荷载工况下,横桥向拉应力最大值约为2.4MPa,竖向拉应力最大值约为1.5MPa。B方案横桥向拉应力最大值约为1.8MPa,竖向拉应力最大值约为1.35MPa(为了应力云图清晰,B方案竖隔板及横隔板均未示出)。

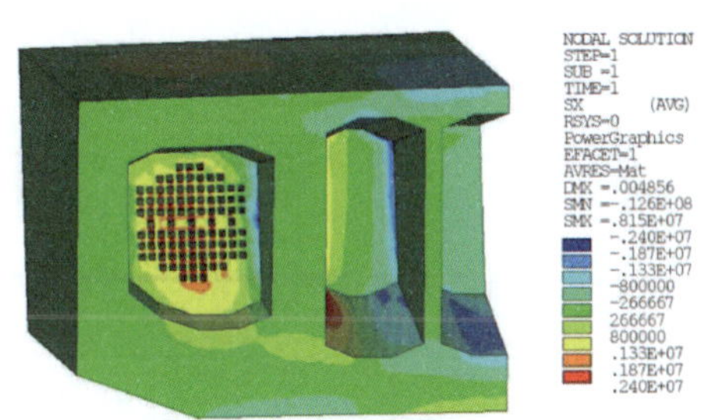

a)A方案前锚面横桥向正应力分布云图

b)A方案前锚面竖向正应力分布云图

c)B方案前锚面横桥向正应力分布云图

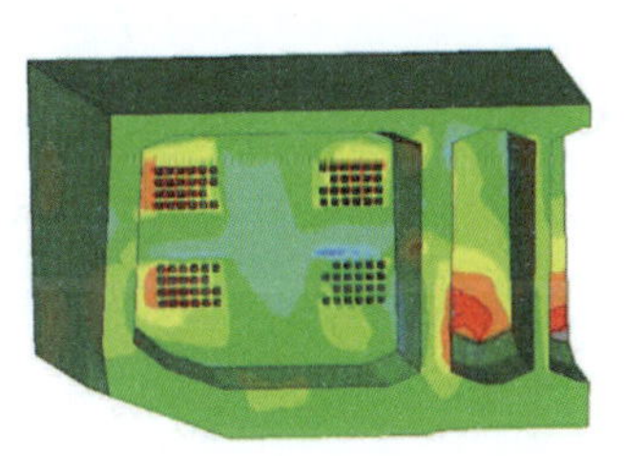
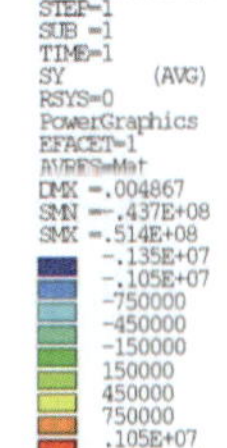

d)B方案前锚面竖向正应力分布云图

图6.2-3　锚固横梁应力分布对比图(单位:MPa)

对A、B方案锚固横梁局部受力的主要计算结果进行对比分析,可以发现:①虽然锚固横梁厚度由8m减小到5.5m,但由于增设隔板的有利作用,B方案横桥向正应力仍比A方案减小25%,竖向正应力减小10%;②B方案竖向剪应力亦有所减小,但幅度没有正应力大。以上分析结果表明,增设竖向隔板及水平隔板对锚固横梁局部受力改善效果非常明显。

6.3 主索鞍与散索鞍设计

6.3.1 主索鞍

主索鞍采用全铸式结构,由铸钢 ZG270-480H 铸造而成,主塔为钢筋混凝土结构,主索鞍为间接传力的肋传力结构。

主索鞍安装时需向边跨预偏,塔顶设置座板,一方面使混凝土受力均匀,另一方面与鞍座底板联合设置滑动副,便于鞍座顶推施工,以适应施工过程中的相对位移。座板顶面中央设有纵向导向肋,保证鞍座顶推不发生偏转。

塔顶座板用锚栓与塔顶锚固在一起,鞍座顶推到位后,用锁定板将鞍体与座板锁死。为顶推鞍座设置的反力架,用预应力钢绞线紧紧锚固在塔顶,并通过角钢与垫块支撑在塔壁上,施工完成后,将反力架拆除。

为便于主缆索股架设,鞍槽内设竖向隔板,采用 5mm 的碳素钢板。在索股架设完成后,顶部用锌块填平,鞍头上采用 M42 螺杆夹紧,螺杆材料采用 40CrNiMoA。为减轻铸造、吊装及运输质量,鞍体纵向分两半制造,吊至塔顶后用高强螺栓拼接起来,鞍体单件吊装质量不超过 50t。主索鞍结构如图 6.3-1 所示。

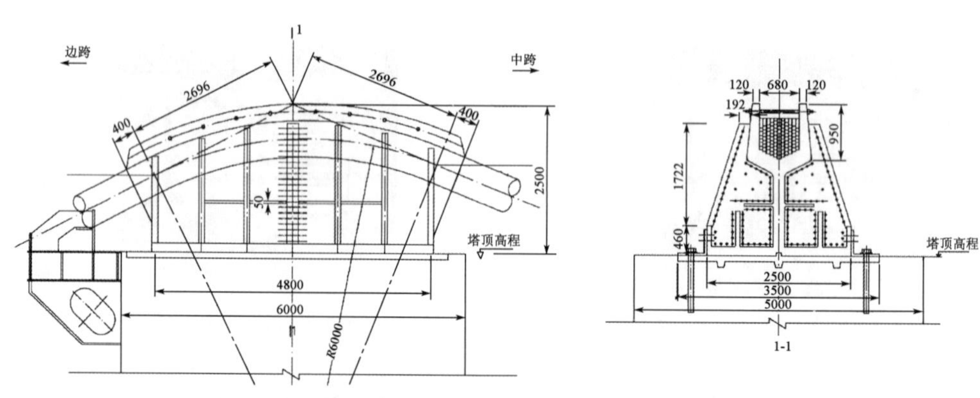

图 6.3-1 主索鞍总成图(尺寸单位:cm)

鞍槽中主缆抗滑验算,如图 6.3-2 所示。

鞍槽内主缆抗滑安全系数:

$$K = \frac{\mu \alpha_s}{\ln(F_{ct}/F_{cl})} \geqslant 2 \quad (6.3\text{-}1)$$

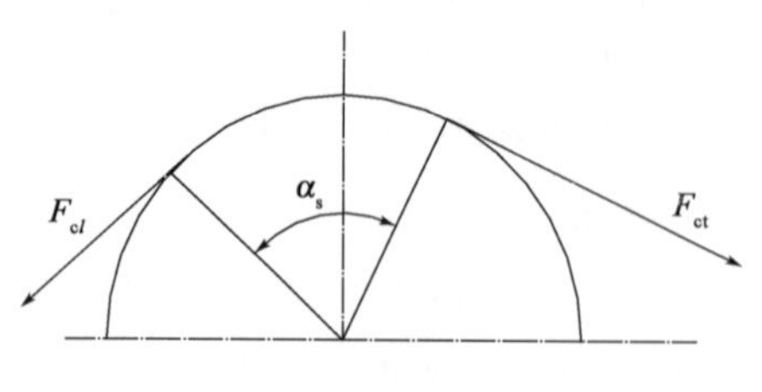

图 6.3-2 主缆抗滑验算示意图

式中:μ——主缆与槽底或隔板间的摩擦系数,一般取 $\mu = 0.15$;

α_s——主缆在鞍槽上的包角(弧度);

F_{ct}——主缆紧边拉力(kN);

F_{cl}——主缆松边拉力(kN)。

本桥谢家湾站侧主塔鞍座主缆包角约为48.3°(0.843弧度),紧边最大拉力166669kN,松边最大拉力160838kN,摩擦系数取0.15,计算得到的抗滑安全系数为3.55,满足规范要求。海峡路站侧鞍座主缆包角约为48.5°(0.846弧度),计算得到的抗滑安全系数为3.57,满足规范要求。

6.3.2 散索鞍

主缆锚固需要在主梁端部设置散索鞍(图6.3-3),主缆经散索鞍发散后锚固在锚固段主梁上。散索鞍由两部分组成:鞍体和底座,由于本桥主缆只发散不转向,鞍体相当于半径渐变的索夹,采用上下对合结构,底座则固定在主梁的支撑横梁上。底座和支撑横梁之间垫设置单向滑动支座,限制了主缆与主梁的沿主缆径向的相对位移(支座主受力方向),以及主缆与主梁的横桥向相对位移(单向滑动支座的固定方向),可以减少风致振动引起的索股疲劳。

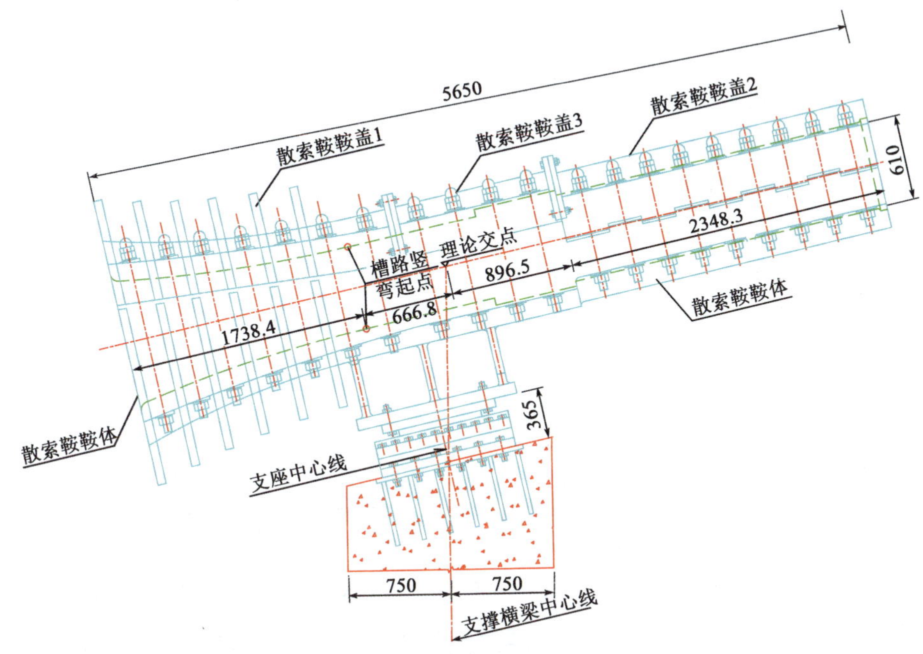

图6.3-3 散索鞍总成图(尺寸单位:cm)

使得鞍体和主梁之间可以沿主缆切线方向相对滑动(单向滑动支座的滑动方向),且可以相对转动,以适应主缆在施工过程及成桥运营阶段因轴力和线形变化引起的散索鞍滑动和转动。鞍体在主缆入口也略呈喇叭状,以适应主缆的转角变化。

散索鞍为铸焊结合结构,鞍体采用ZG35SiMnMo铸钢,底座采用焊接钢板,紧固件采用M42高强度螺栓,螺杆采用42CrMo。

6.4 吊索及索夹

6.4.1 吊索

本自锚式悬索桥全桥共设122个吊点,顺桥向间距15m。由于自锚式悬索桥采用先梁后缆的施工顺序,在体系转换过程中需要多次张拉吊索才能形成悬索体系(图6.4-1),所以吊索必须具备张拉条件。

吊索采用PPWS钢丝,上端与主缆索夹采用销铰式连接,下端与主梁采用锚箱承压方式连接,张拉端位于主梁箱体内;安全系数 $K>3.0$,吊索上端设销铰,下端设冷铸锚具。

6.4.2 索夹

索夹结构形式有安装吊索的索夹、不安装吊索的索夹及紧邻索鞍的锥形封闭索夹等。索夹采用铸钢结构,上、下对合,用高强螺栓连接。

索夹材料采用ZG35SiMnMo,索夹的左、右两边应配套加工。为使吊索索夹紧固螺杆受力均衡,销孔中心及索夹中心均位于吊索中心线的延长线上。在索夹的预紧螺栓需架设防水帽,索夹上、下部分接缝处嵌橡胶防水条防水。

主缆索夹如图6.4-2所示。

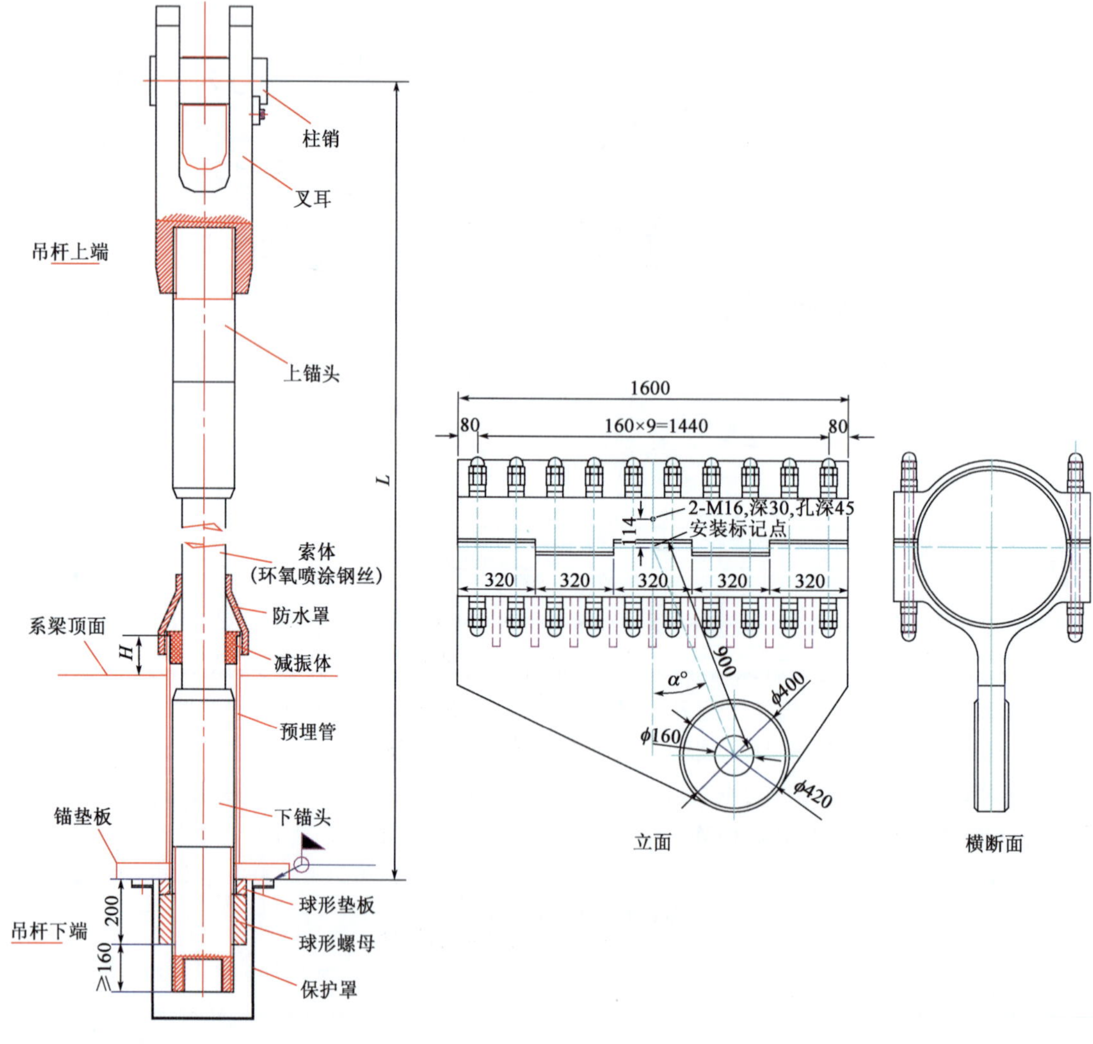

图6.4-1　吊索构造图(尺寸单位:mm)

图6.4-2　主缆索夹(尺寸单位:mm)

有吊索的索夹紧固计算：

对于有吊索的索夹，由于吊索拉力及主缆倾角不同，所需夹紧力不同，索夹长度和螺杆数量均不相同。

吊索索夹应进行抗滑设计验算，其抗滑安全系数为：

$$K_{fc} = F_{fc}/N_c \geqslant 3 \tag{6.4-1}$$

式中：N_c——主缆上索夹的下滑力(kN)，$N_c = N_h \sin\varphi$；

N_h——吊索拉力(kN)；

φ——索夹在主缆上的安装倾角(°)；

F_{fc}——索夹抗滑摩阻力(kN)，$F_{fc} = k\mu p_{tot}$；

k——紧固及压力分布不均匀系数，$k=2.8$；

μ——摩擦系数，$\mu=0.15$。

p_{tot}为索夹上螺杆总的设计夹紧力，$p_{tot} = n_{cb}p_b^c$；n_{cb}为索夹上安装的螺杆总根数；p_b^c为索夹上单根螺杆的设计夹紧力。

根据吊索索力，通过以上公式计算出每个吊索索夹需要的螺杆根数，然后进行归类。本桥分为六类，M39 高强螺杆的数量变化为 8～20 根，螺杆材料采用 42CrMo。

6.5　吊索与加劲梁锚固设计

6.5.1　吊杆钢锚箱结构设计

自锚式悬索桥一般通过张拉吊杆进行体系转换，因此索梁的连接不能像传统地锚悬索桥一样采用销接，而一般参照斜拉桥中拉索与主梁的连接构造。

钢箱梁常见的索梁连接形式有锚箱式、耳板式、锚管式和锚拉板式。

从传力途径上看，锚箱式连接是通过拉索将巨大的索力传递到锚箱底板，底板将力分别传递给承压板(锚箱侧板)和腹板；承压板上的力通过侧焊缝传递给腹板；腹板上的力通过横隔板、顶板和底板，传递到整个截面。而耳板式连接是将拉索传递来的巨大索力经过耳板，由高强螺栓以剪力的形式直接传递到钢箱梁的腹板。锚管式连接则是通过锚管与腹板间的焊缝，直接将索力传递给主梁腹板。锚拉板式连接是通过锚管与锚拉板间的焊缝，将索力传递到锚拉板，再由锚拉板与钢箱梁翼缘顶面间的焊缝，将索力传递给钢箱梁。

从构造材料上看，锚箱式连接板件较多，耳板式连接构造最简单，锚管式与锚拉板连接介于两者之间。锚箱式连接的构造包括锚垫板、底板、连接板、两连接板之间 U 形加劲板、连接板外侧加劲肋等(图 6.5-1)；耳板式连接只需用高强螺栓将耳板与钢箱梁的腹板相连接；锚管式连接是将锚管嵌入钢箱梁边腹板，并焊为整体；锚拉板连接采用锚拉板将锚管与主梁上翼缘相连接，其构件包括锚拉板、锚管以及锚拉板两侧的加劲板。锚箱式、锚管式、锚拉板连接均不需要特殊钢材，对钢材的性能也没特别的要求；而耳板式连接中，由于耳板在销孔附近局部应力极大，因此要求钢材具有很高的屈服强度，实际桥梁设计中耳板厚度可达 80mm，这在制造工艺上是较困难的。

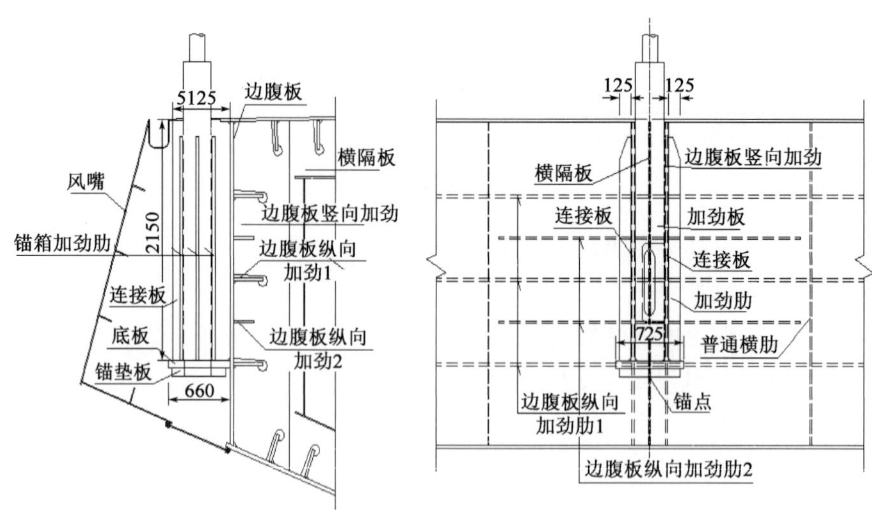

图 6.5-1 钢箱梁锚固形式示意图(尺寸单位:mm)

这四种连接形式各有优缺点。耳板式和锚拉板式根据其传力特点,均需设置于主梁顶板处,耳板或锚拉板与腹板对齐。根据该桥的断面形式,若另专门增加两道腹板已不经济,又考虑到锚固装置设置于主梁体内更为安全和美观,故不考虑耳板式和锚拉板式。而相比于锚管式,钢锚箱式的索梁连接形式在国内外得到了大量使用,尤其是大跨径桥梁,日本的六甲大桥、柜石岛大桥、多多罗大桥,我国南京长江二桥、桃花峪黄河大桥等都采用了这种锚固形式,并且这种锚固方式构造简单,传力直接,安全可靠,制造难度低,便于节段的标准化生产。故采用锚箱式结构,吊杆采用箱内(风嘴)锚固方式,钢锚箱块位于钢主梁的外腹板外侧,并与腹板焊接在一起。

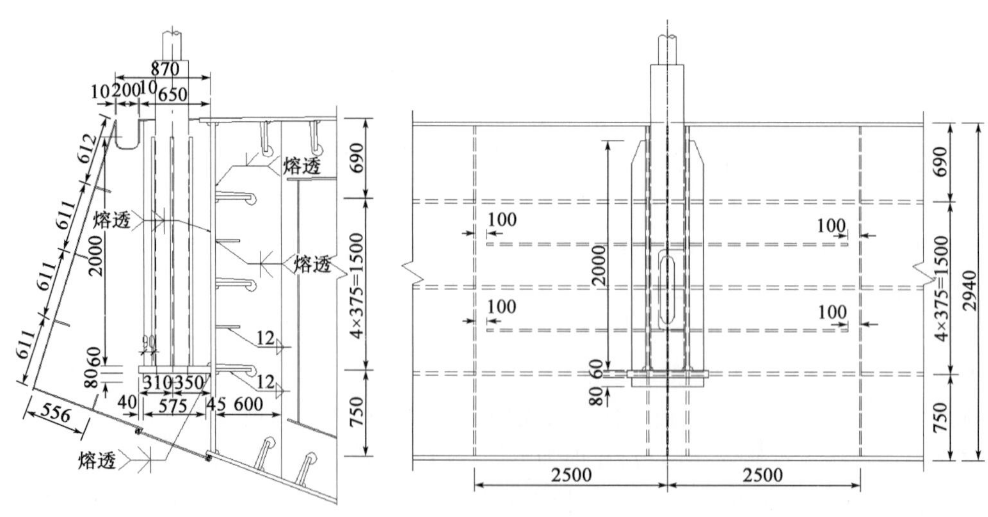

图 6.5-2 钢锚箱断面和侧面(尺寸单位:mm)

钢锚箱(图 6.5-2、图 6.5-3)设置于主桥钢箱梁边腹板外侧,风嘴内部,纵桥向对应主梁的横隔板位置。钢锚箱由锚垫板、底板、连接板(承压板)、两连接板之间的加劲板、连接板外侧加劲肋等构成。在钢锚箱对应的边腹板内侧通长的纵向加劲肋之间设置局部纵向加劲肋。加劲板中间开圆端形孔,以便于人工进行锚箱体内的焊接等操作。锚箱高度考虑风嘴内部锚头的吊索张拉空间,横向位置综合考虑张拉空间、主要板件受力和 U 形排水通道的布置。底板、连接板与边腹板的主要传力焊缝采用全熔透焊。

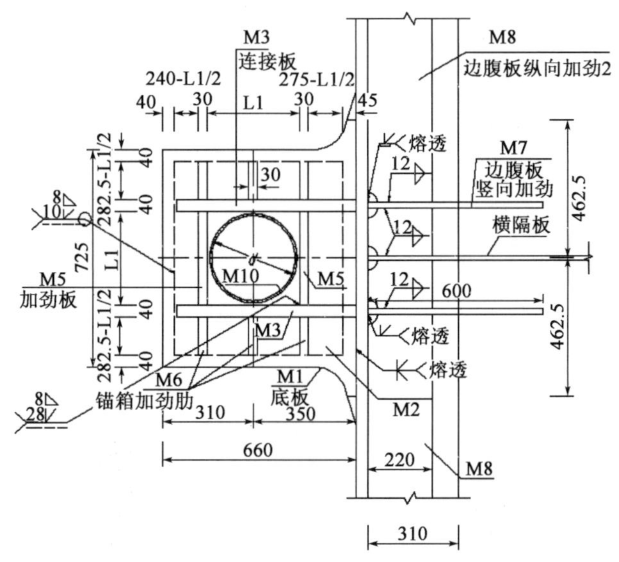

图 6.5-3　钢锚箱平面(尺寸单位:mm)

全桥吊杆根据受力大小可分为四种类型:LMLPES7-187、LMLPES7-163、LMLPES7-151、LMLPES7-139,钢锚箱的连接板、边腹板竖向加劲等板件的厚度也相应变化。

钢锚箱各个板件基本尺寸见表 6.5-1。

钢锚箱各个板件基本尺寸表(mm)　　表 6.5-1

板件名称	纵向尺寸	横向尺寸	厚度
底板	725	660	60
加劲板	2000	355	30
连接板	2150	612.5	40(36)
锚箱竖向加劲肋	2000	125	30
边腹板	5000	3000	40
边腹板竖向加劲	311.4	600	25(20)
边腹板纵向加劲 1	5000	320	30
边腹板纵向加劲 2	4786	220	20

注:括号外数字用于 LMLPES7-187、LMLPES7-163 型号吊杆处的钢锚箱,括号内数字用于 LMLPES7-151、LMLPES7-139 型号吊杆处的钢锚箱。

6.5.2　吊杆钢锚箱验算

为确保结构各部位足够安全,结构的计算模型必须反映结构在运营中的最不利受力状况。选取鹅公岩大桥在各种荷载(恒载、列车荷载、风载、温度)工况组合下对钢锚箱受力最不利的钢梁节段，即使某吊杆受力最大的荷载工况下的钢箱梁节段。最不利工况下总体计算得到节段端部弯矩(1000kN · m)和轴力(323329kN)；最不利工况下的最大吊杆力为3930kN。

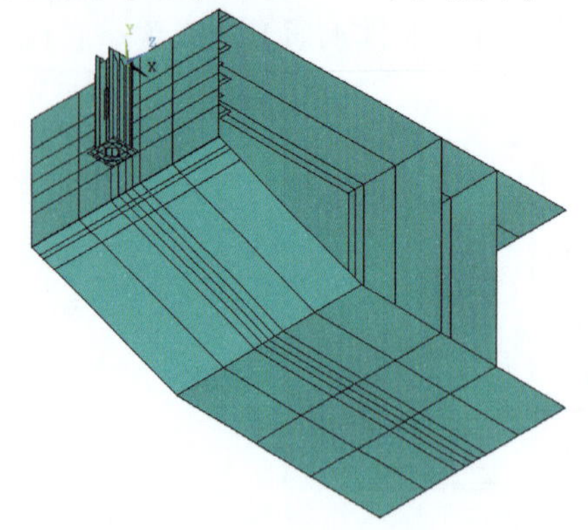

图6.5-4　有限元模型

计算模型取截面半结构，纵向钢箱梁节段长度为5m。钢锚箱的基本网格尺寸为2cm，局部为1cm。

有限元模型如图6.5-4所示。

钢锚箱验算主要分为两部分，一是与钢锚箱相关各板件应力，包括处于箱体内的边腹板加劲；二是焊缝应力，主要是锚箱连接板与边腹板的两条竖向焊缝，以及锚箱底板与边腹板的一条水平方向焊缝。为便于计算结果表述，并根据建模坐标系，规定 Z 向是桥梁主梁纵轴向方向(纵向)，Y 向是重力的反方向(竖向)，X 向是水平方向，并可根据右手法则确定(横向)。

(1)板件应力验算(图6.5-5)。

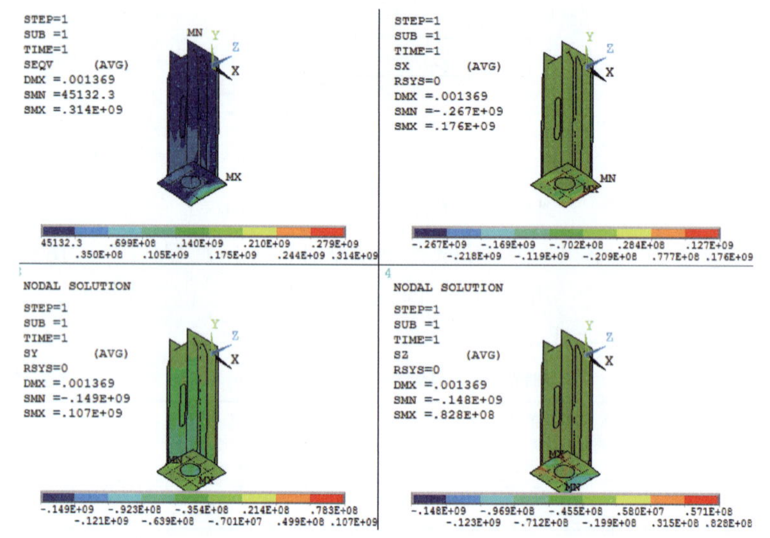

图6.5-5　钢锚箱整体应力图(单位：Pa)

钢锚箱板件最大Mises(米塞斯)应力为267MPa，发生在底板、连接板和边腹板三向交叉位置附近；最大横向拉应力为161MPa，发生在底板和边腹板的焊缝中间位置；最小横向应力为197MPa，也发生在三板交叉位置；最大竖向拉应力为198MPa，发生在边腹板靠近锚箱底板位置；纵向应力相对较小。由表6.5-2可知，底板和边腹板的各项应力相对较大，尤其是Mises应力和横向拉应力。

各个板件应力表(MPa)　　表6.5-2

板件名称	$\sigma_{eqv\ max}$	$\sigma_{x\ min}$	$\sigma_{x\ max}$	$\sigma_{y\ min}$	$\sigma_{y\ max}$	$\sigma_{xy\ min}$	$\sigma_{xy\ max}$
底板	234	-197	161	-244	82.8	-94	93
加劲板	124	-140	10.9	-74.1	29.4	-23.6	23.6
连接板	147	-149	113	-82	90	-54	6.3

续上表

板件名称	$\sigma_{eqv\ max}$	$\sigma_{x\ min}$	$\sigma_{x\ max}$	$\sigma_{y\ min}$	$\sigma_{y\ max}$	$\sigma_{xy\ min}$	$\sigma_{xy\ max}$
锚箱竖向加劲肋	64.4	-66	37	-23	9.3	-13.4	13.5
边腹板	267	-140	198	-266	-51.7	-70.6	71.2
边腹板竖向加劲	112	-32.3	118	-24.4	101	-37.8	27.4

底板、连接板和边腹板三向交叉位置和底板与边腹板焊缝位置均存在较大的拉应力，各个板件受力满足规范要求。

(2)焊缝应力验算。

除了板件应力应满足强度要求外，板件之间的焊缝也是保证结构安全的重要部分。主梁所受各类荷载主要通过其与钢锚箱的连接焊缝(以下简称“连接焊缝”)传递到钢锚箱，进而传到吊杆，反过来也可以说钢锚箱主要通过其与钢箱梁边腹板的焊缝将吊杆力传到主梁。这里主要通过锚箱连接板与边腹板的两条竖向焊缝、锚箱底板与边腹板的一条水平方向焊缝来传递荷载。前者是传递竖向剪力的主要焊缝，后者可分担由吊杆力与边腹板偏心引起的弯矩引起的横向拉力。这两条焊缝采用全熔透焊。

边腹板的竖向焊缝计算结果如图6.5-6、图6.5-7所示。图6.5-6中较短的板件为锚箱连接板，较长的为边腹板内侧的竖向加劲肋。图6.5-7中横坐标为沿焊缝路径，纵坐标为应力值；MYSX1为x方向(横向)应力，MYSXY1为板件平面内的竖向剪应力，MYEQV1为Mises应力(下同)。图中坐标0点为连接板底部与边腹板焊接部位，其应力集中现象明显，应力值在路径中都达到了最大，Mises应力为179MPa，横向拉应力135MPa，竖向剪应力为43.3MPa。离开应力集中区(1～2cm范围)后，Mises应力和横向拉应力迅速降低。在边腹板内侧水平纵向加劲肋处稍有应力突变，其横向应力基本保持在23～45MPa，在边腹板与顶板交界处达到最低。竖向剪应力也是沿整条路径降低。

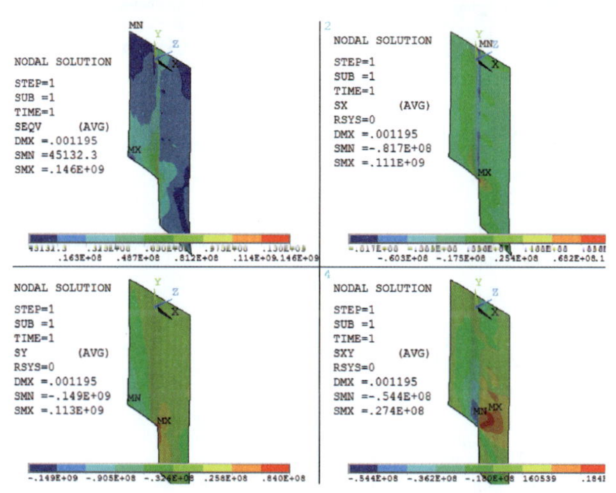

图6.5-6　连接板和加劲板竖向加劲应力图(单位:Pa)

锚箱底板边腹板的水平方向焊缝计算结果如图6.5-8、图6.5-9所示。图6.5-8所示方形开孔的板件为锚箱连接板，稍长为边腹板内侧的水平横向加劲肋。图6.5-9中横坐标为沿焊缝路径，纵坐标为应力值。最大 Mises 应力为 209MPa，发生在路径中间和其与连接板交接处；横向拉应力最大为 161MPa，发生在焊缝路径中间，在其与连接板交接处出现小峰值；竖向剪应力在整条路径中水平较低，只在其与连接板交接处有所增大。

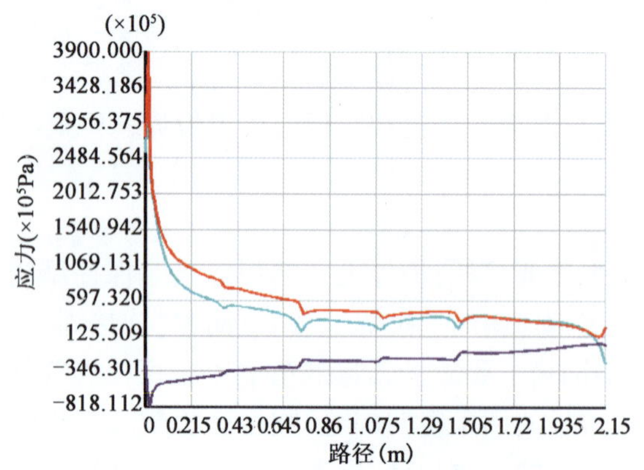

图 6.5-7　连接板和边腹板竖向焊缝应力图

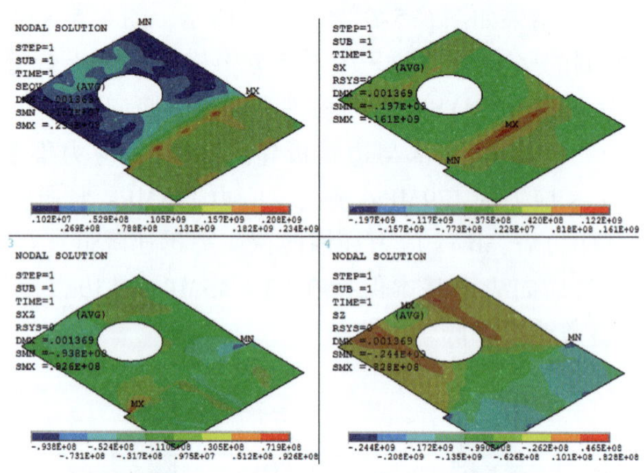

图 6.5-8　底板与边腹板水平纵向加劲应力图(单位：Pa)

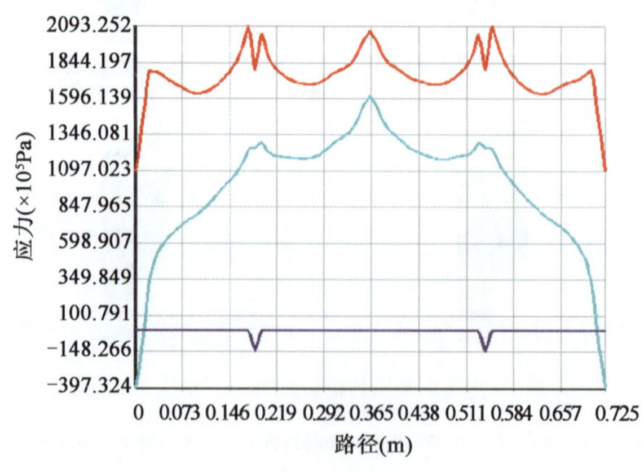

图 6.5-9　底板与边腹板纵向焊缝应力图

由上述焊缝验算结果可知，锚箱连接板与边腹板的竖向焊缝和锚箱底板与边腹板的水平横向焊缝均满足强度要求，但在连接板、底板与边腹板三向交接处以及底板与边腹板水平焊缝中间位置都有较大的横向拉应力(图6.5-10)，有可能导致边腹板的层状撕裂，故边腹板采用Z向性能板，并要求Z向抗拉屈服强度不低于420MPa。

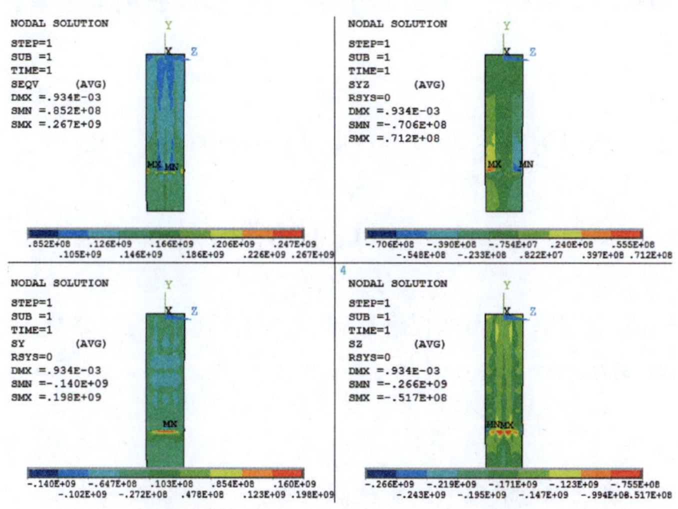

图6.5-10　边腹板应力图(单位:Pa)

第 7 章　临时斜拉系统设计

临时斜拉系统包括临时钢扣塔、临时斜拉索以及中间的锚固结构。

7.1　临时钢扣塔设计

临时钢塔位于主塔上横梁顶，由两根塔柱和塔柱间连接系组成，塔高 42.15m，两塔柱中心距 11.7m。塔柱沿高度方向分为 9 节，各节段高度自下向上依次为 1.7m、3.6m、3.2m、6.6m、6.4m、6.2m、6.1m、4m、4.3m，塔柱第一、二、三节之间采用焊接，第三～九节之间采用高强螺栓连接。

塔柱截面为箱形，从塔底至塔顶采用等截面布置，塔柱截面顺桥向高 5.6m，横桥向宽 3m，塔柱翼缘板厚 40mm，腹板厚 30mm，横隔板间距为 1.6～2.9m，在翼缘板和腹板上沿高度方向焊有竖向加劲肋，横隔板与翼缘板加劲肋厚度均为 24mm，腹板加劲肋的厚度为 28mm。翼缘板和腹板加劲肋原则上沿扣塔高度方向应连续通长布置，在节段拼接缝处采用坡口熔透焊焊接。

塔柱第一～五节采用 Q420 钢材，其余节段均采用 Q345 钢材。

除塔柱第一、二、三节为整节段外，其余各节段在纵桥向分成两个块件，两块件之间采用高强螺栓连接，塔柱单个节段或块件最大吊装质量为 23.4t。

在塔柱内设牛腿，用于支撑斜拉索锚梁并将斜拉索索力传递至塔柱，塔柱内牛腿与塔柱翼缘板、腹板、横隔板焊接。安装完一个塔柱节段，再安装该节段内的锚梁，并将锚梁与相对应的牛腿焊接。

两塔柱间设三组连接系，每组连接系由上、下两道平面框架和框架间斜撑组成。上、下平面框架分别由两根弦杆和弦杆间平联组成，弦杆采用 HW400×400 型钢，上、下弦杆连接在塔柱横隔板位置，与塔柱之间采用 M30 高强螺栓连接。框架间斜撑杆采用 φ426×8mm 钢管，斜撑杆与上、下弦杆之间采用销接。

临时钢扣塔立面布置如图 7.1-1 所示，临时扣塔节段构造如图 7.1-2 所示。

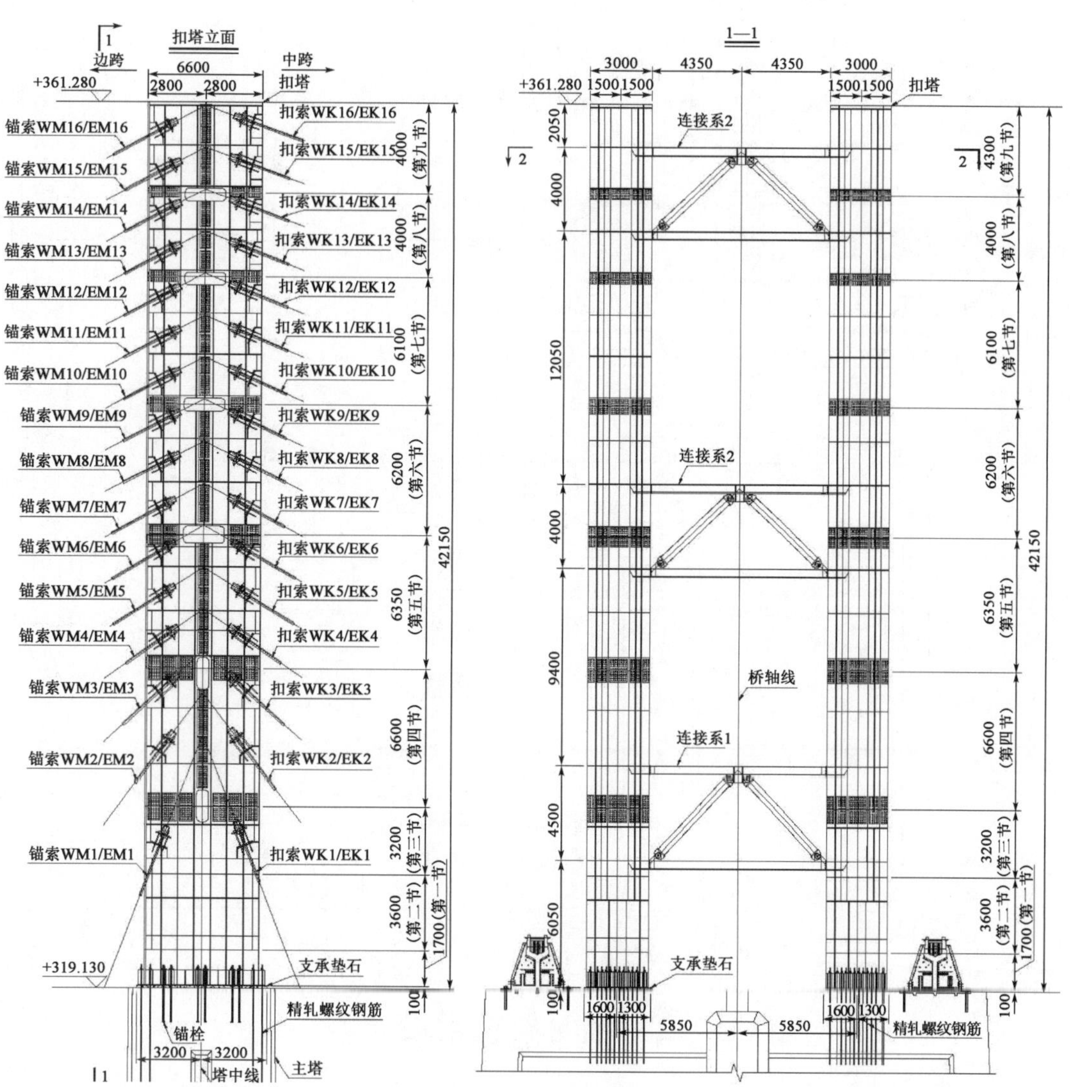

图 7.1-1　临时扣塔立面构造图

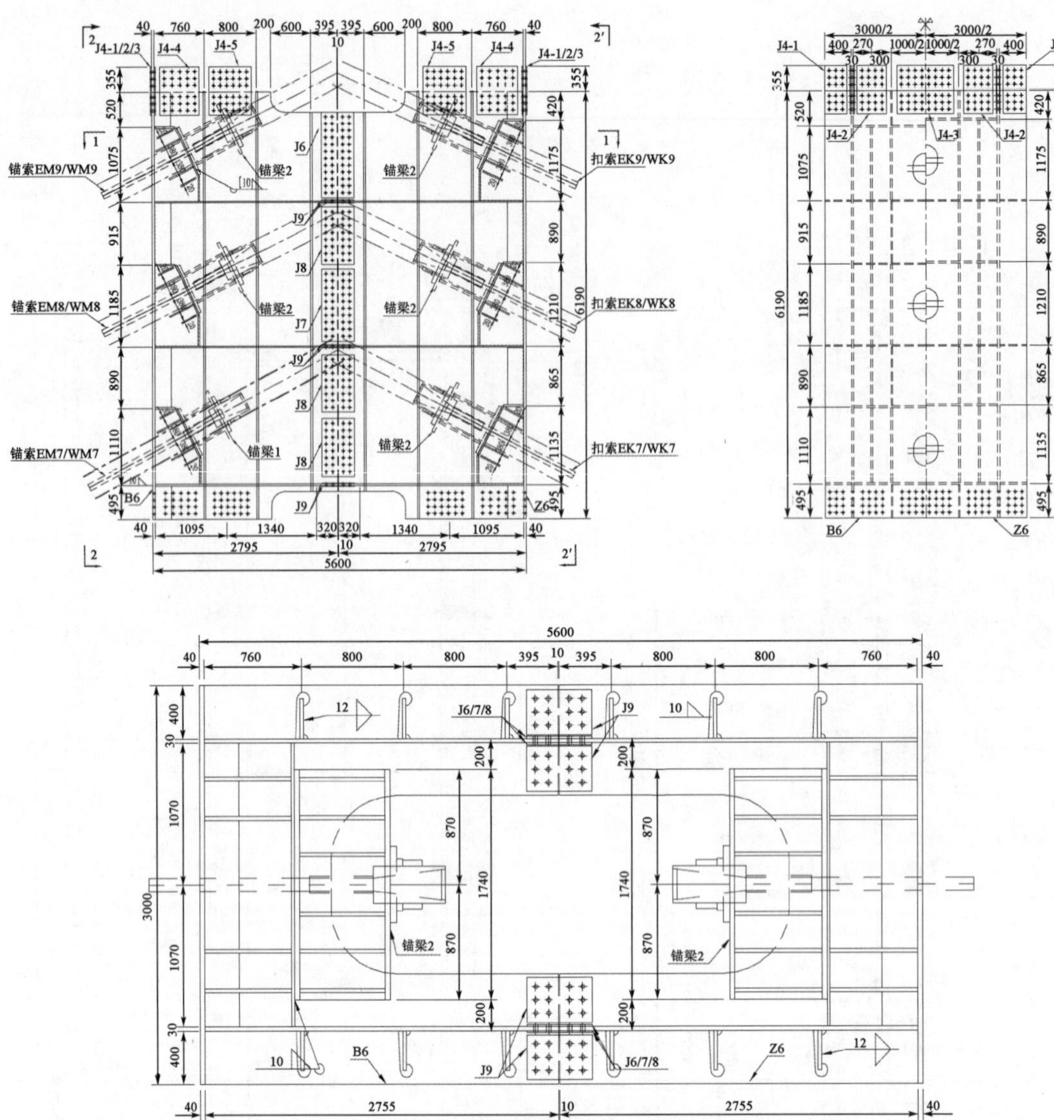

图 7.1-2 临时扣塔分节段构造图(尺寸单位:mm)

7.2 临时斜拉索设计

临时斜拉索采用公称直径为 15.2mm 的镀锌钢绞线,强度等级为 $f_{ptk}=1860\text{MPa}$。根据施工过程斜拉索所受力的不同,共分为六种类型:15-31、15-37、15-43、15-55、15-61、15-73。临时斜拉索施工过程中的安全系数不应小于 2.0,最大应力控制在 $0.5f_{ptk}$ 以内。

临时斜拉索的服役年限为钢箱梁开始架设至悬索桥成桥,整个过程时间跨径比较短,因此,其防腐要求比常规的斜拉索要低得多,从经济性考虑,其构造也应比常规斜拉桥简单得多。边跨锚索 EM8 ~ EM16、WM8 ~ WM16 为空间索,其余斜拉索均为平行索。斜拉索塔端为张拉端、梁端为锚固端。

7.3　斜拉索与加劲梁锚固设计

在钢箱梁范围内的斜拉索，其锚固端通过锚箱与钢箱梁上锚点连接，钢箱梁锚点采用锚拉板结构，双耳板布置，两耳板之间设竖向加劲板，锚点耳板利用防撞护栏基座腹板进行加高加厚处理，在斜拉索拆除后，割掉防撞护栏顶面以上多余部分，打磨平整后，补焊防撞护栏顶板，如图 7.3-1 和图 7.3-2 所示。

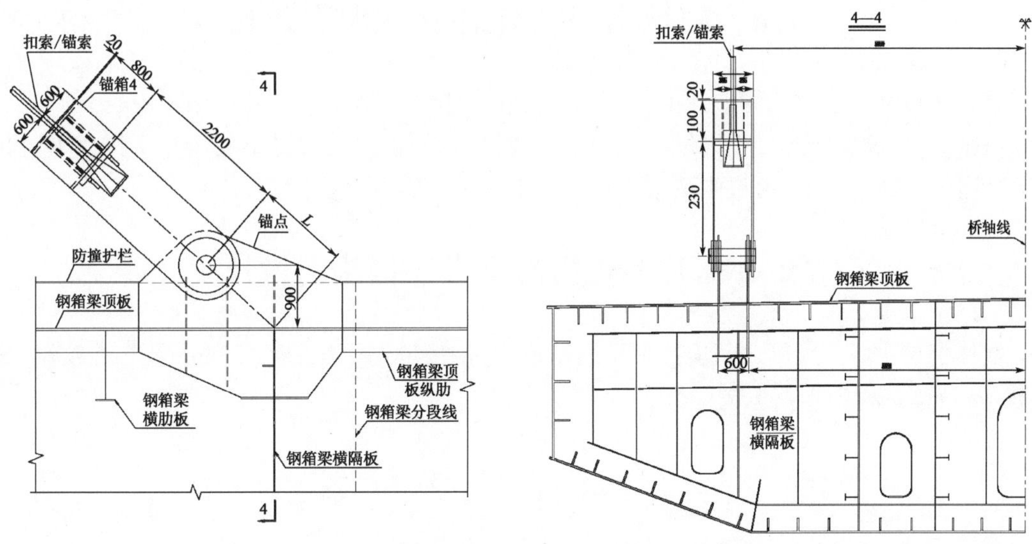

图 7.3-1　临时扣索梁上锚固方式(尺寸单位：mm)

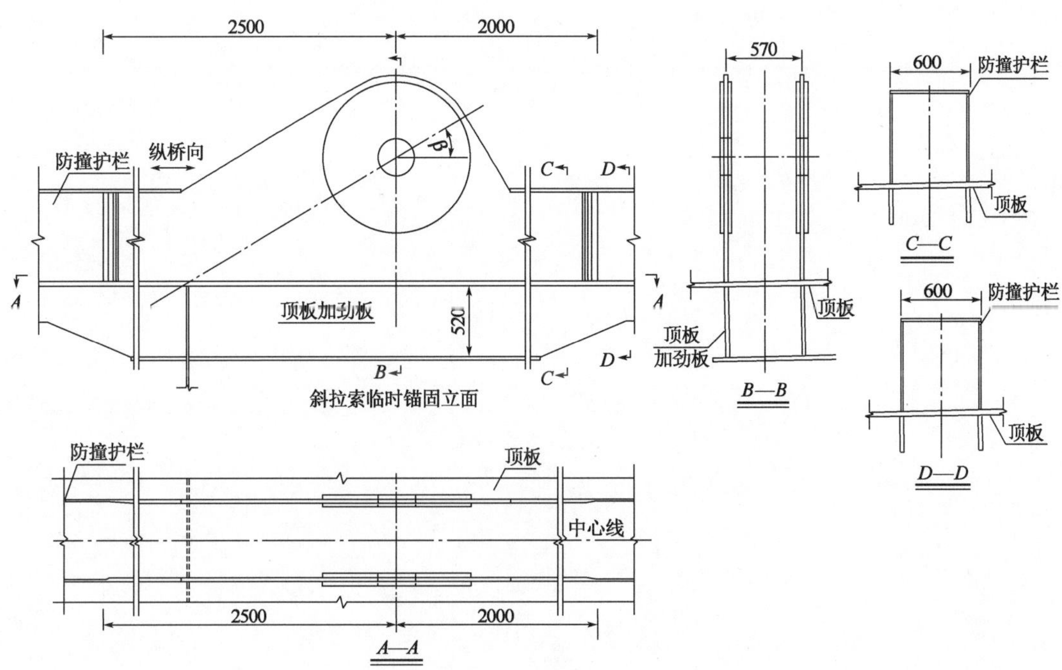

图 7.3-2　临时拉索梁上锚固构造图(尺寸单位：mm)

锚点耳板厚30mm,根据耳板安装位置和尺寸,在钢箱梁顶板和横隔板相应位置开槽,再将耳板装入后与顶板和横隔板焊接。

锚箱采用钢板组焊而成,根据拉索索力不同分四种类型,锚箱一端通过销轴与钢箱梁锚点相连,另一端与斜拉索锚固端相连。

边跨锚索 EM8 ~ EM16、WM8 ~ WM16 锚固在主缆锚固段上,在锚固段箱内顶板和腹板相应位置按斜拉索设计角度埋设索导管,斜拉索穿过索导管后直接锚固在锚固横梁侧面。

7.4 斜拉索与临时钢扣塔锚固设计

临时斜拉索塔上锚固构造是由锚梁和牛腿底座组成。斜拉索锚固于锚梁上,锚梁支承在牛腿底座上,牛腿底座焊接于塔壁和横隔板上,斜拉索的索力通过锚垫板传递于锚梁上,再由锚梁传递于牛腿支座上,通过牛腿支座传递到塔壁和横隔板上。

7.5 临时钢扣塔与主塔连接构造设计

钢扣塔与主塔上横梁之间连接采用固结形式,每根塔柱用 48 根 ϕ32mm 精轧螺纹钢筋和 12 根 ϕ64mm 锚栓锚固在上横梁上。

第8章　耐久性设计

耐久性设计主要包括混凝土结构、钢结构、缆吊系统以及非永久性构件。

8.1　混凝土结构耐久性设计

(1)结构设计使用年限。

不可更换构件按使用100年进行设计。

(2)耐久性要求的混凝土原材料品质配合比参数的限制及耐久性指标的要求。

①水泥熟料中铝酸三钙的含量≤8%水泥质量。

②桥梁下部结构混凝土中氯离子含量≤0.1%胶凝材料总量，梁体结构混凝土中氯离子含量不超过胶凝材料的0.06%。

③水泥中碱含量不超过水泥质量的0.6%且混凝土中总的碱含量不超过3.0kg/m^3。

④桥梁下部结构胶凝材料用量不高于400kg/m^3，梁体混凝土不宜高于500kg/m^3。

⑤矿物掺合料不宜小于胶凝材料总量的20%，也不宜超过30%。

⑥该桥的混凝土耐久性环境类别为I类一般环境。

(3)结构耐久性要求的构造措施及结构施工有关的控制要求。

①在满足其他要求的前提下，适当加大梁高，以降低结构的应力幅，同时方便维修人员进入梁内检查。

②采用塑料波纹管，孔道压浆采用真空压浆技术。

③混凝土保护层厚度35mm，施工不得出现负误差。

④桥梁墩台、钻孔桩混凝土强度等级不低于C30。

⑤封锚混凝土宜采用钢纤维防水混凝土。

⑥后张预应力波纹管外缘至混凝土表面的距离，顶面和侧面不应小于管道直径和60mm。

⑦预应力混凝土灌浆材料宜采用低碱硅酸盐水泥并掺入优质粉煤灰和适量外加剂配制，不得加入铝粉或含有氯盐、硝酸盐等有害成分的外加剂。孔道压浆宜在终张拉完成后48h以内进行。

(4)预应力封锚端防腐。

锚头与垫板接触处采用防水涂料进行防水处理，对锚具进行防锈处理；封锚要求灌注微膨胀混凝土，强度等级不低于主体混凝土。在封锚端及封锚范围内采用防水涂料进行防水处理。

(5)混凝土涂装防护技术的应用。

结合景观设计的要求，对主塔、混凝土主梁外表面进行涂装，对混凝土表面进行修补和保护，可提高混凝土耐久性。

(6)与结构耐久性有关的跟踪和检测要求。

定期对结构进行维护;除设置线路综合检查车外,建议配置无动力式桥梁检查车,对桥梁的工作状态进行监测;建成运营后每5年对结构进行全面的检查。

8.2 钢结构耐久性设计

大气环境及大气污染会对金属结构造成腐蚀,而腐蚀是金属结构的大敌。钢箱主梁在自锚式悬索桥结构中属主要受力结构,更要高度重视防腐问题。防腐设计是延长桥梁使用寿命、节约维护费用和优化桥梁景观的重要途径。

防腐措施可以针对钢箱梁的不同部位,选择不同的方法。对于封闭加劲钢箱梁,梁体可以分三部分进行防护:

(1)对于轨道部分混凝土下及人行道铺装下的钢桥面,涂刷长效环氧富锌底漆。

(2)对于钢箱梁除钢桥面以外的外表面,金属喷涂重防腐或重油漆涂装防腐均可采用。金属喷涂利于工厂化施工,而油漆涂装利于现场操作和后期的维修养护。由于金属喷涂养护(重喷)困难,如果采用金属喷涂防腐,设计使用年限必须达到30年。

(3)钢箱梁内壁构造复杂,表面积大,箱体密闭,空气不流通,如用油漆防腐,则在大修时除锈重涂油漆十分困难。设计考虑采用除湿防腐,使箱内空气相对湿度保持在50%以下,钢结构表面长期处于干燥空气环境中,防止钢板表面锈蚀。该方法应着重控制好内部除湿的效果,局部湿度不可差别大,造成局部腐蚀,另外除湿设备布置应该利于检修、更换。

主通航孔自锚式悬索桥钢箱主梁采用重油漆涂装,设计使用年限为15~20年,各部位油漆种类及干膜厚度见表8.2-1、表8.2-2。

钢梁外表面涂装体系 表8.2-1

涂层	涂料品种	道数/最低干膜厚(μm)
底涂层	水性无机富锌漆	3/120
封闭涂层	环氧封闭漆	1/25
中间涂层	环氧云铁中间漆	2/80
面涂层(第一道)	脂肪族聚氨酯面漆	1/40
面涂层(第二道)	脂肪族聚氨酯面漆	1/40
总干膜厚度		305

钢梁内表面涂装体系(封闭环境,配除湿机) 表8.2-2

涂层	涂料品种	道数/最低干膜厚(μm)
底漆层	水性无机富锌漆	1/40
面漆层	耐磨环氧厚浆漆	1/200
总干膜厚度		240

钢箱梁内部设置4台除湿机进行通风干燥,钢箱梁底设置三台养护行车,便于运营期间检查和维护以及施工期间梁底作业。

8.3 缆吊系统耐久性设计

(1)主缆防腐。

主缆是悬索桥的主要承重构件,是悬索桥的生命线,它长期暴露在大气环境中,经受着各种不利环境的侵蚀。悬索桥主缆在桥梁设计生命周期内是不可更换的,即使局部损坏,进行修复也是极其困难的,因此主缆的寿命直接影响甚至决定着悬索桥的使用年限。

根据目前主缆防护技术的发展趋势,结合该工程的气候条件和结构特点,设计采用缠包带和除湿干燥双重防护系统。

①缠丝涂装防护。

主缆缠丝涂装防护是传统的防腐技术,包括临时防护和永久防护。

临时防腐是为了保护钢丝在运输、制索、架索、调索和紧缆过程中不至于锈蚀,在高强钢丝表面热镀锌铝合金。

永久性防腐采用多层防护系统,并且根据不同的部位采取针对性的防护措施。对于主缆一般性外露部分,采取 7 层保护措施见表 8.3-1。

保护措施　　表 8.3-1

工　序	防护层	工　序	防护层
第一层	环氧富锌底漆,干膜厚度 75μm	第五层	聚氨酯防水面漆,干膜厚度 640μm
第二层	平均厚 2mm 的密封泥子	第六层	聚氨酯防紫外线面漆,干膜厚度 250μm
第三层	ϕ4.0mm 镀锌钢丝缠丝	第七层	硫化橡胶防护带缠包
第四层	密封泥子,填满缠绕钢丝间凹缝		

在散索锚固段,锚室和钢箱梁连通,形成封闭环境后除湿防护;同时,单个索股均设 PE 护套防护。

②除湿防护。

主缆除湿防护技术在日本明石大桥、韩国永宗大桥和国内的润扬大桥等悬索桥主缆防护中得到应用,重庆在建的寸滩长江大桥也采用了该项技术。除湿机将干燥空气送入主缆,通过送入空气与主缆内空气之间的气压差,使干空气在主缆内流动,降低主缆内空气湿度,在主缆内形成不使钢丝产生锈蚀的环境。主缆除湿的关键是尽量防止空气泄漏,在主缆防护系统中必须要有很高的缠丝质量。

该桥规模不大,主缆可以和塔顶主鞍座共用除湿机,通过填充索股将干燥空气由塔顶向两侧送入主缆,同时在索夹处留有出口将主缆内凝结的水分排出。

(2)吊索、索鞍的防腐。

对于主索鞍、散索鞍采用磷化底漆、环氧底漆加聚氨酯面漆的涂层体系,在鞍槽内采用喷锌处理,保持光洁度,并且在主索鞍、散索鞍鞍室内采用除湿机干燥。

吊索采用平行钢丝、销接式连接,设 PE 护套防护。

8.4 桥梁非永久性构件耐久性设计

桥梁非永久性构件主要有支座、伸缩缝、吊索、阻尼器、桥面铺装、交通监控设施、检修和维护设施。这些装置应确定合理的更换周期，以减少对运营期交通的影响。

(1)支座：支座的钢材、四氟板及内部的橡胶应保证有相应的寿命期，还应确保使用功能的有效，比如支座纵横向可移动的功能，确保密封装置的有效期。支座的更换一般不需要封闭交通，其设计寿命一般在20~50年。在设计中，考虑预留更换支座时临时千斤顶的位置。

(2)伸缩缝：原则上是可更换的，但伸缩缝置换往往影响交通，因而对于大位移量的伸缩缝装置可以选择耐候钢等材料，尽量延长其使用寿命，减少设计基准期内置换次数。通过正确设计和精心施工，把伸缩缝积、漏水通病消灭在源头。

(3)桥梁纵向阻尼器：该阻尼器一般仅在车辆突然制动、阵风、地震等突然纵向位移发生时锁定梁体，并承担纵向荷载，但对温度荷载却无约束作用，同时必须保证其在温度变化时能自由位移。该工程自锚式悬索桥塔梁之间设置阻尼器装置。

(4)桥面铺装：人行道桥面铺装采用3cm厚沥青砂。

(5)桥梁健康监控设施：对设施的技术性能、设施材料进行综合比较，并综合考虑未来监控设施技术的发展情况。吸取国际上许多桥梁监控系统过于复杂，实际采集数据过多，计算机处理跟不上，而造成的数据浪费，不能及时得到真正有用的信息的教训，科学、合理、经济地设计桥梁健康监控系统。

(6)检修和维护设施：桥梁寿命期内应对结构进行定期的检修和维护管理。检修和维护通道就是确保这一工作能够得以开展的基本保证，这些都需要在桥梁设计时，进行统一考虑，确定其设置的原则并反映在施工图上。检测一般可分为人工检查和仪器自动监测两部分。人工检查的设施可以采用固定在结构内部的永久设施，譬如钢梁底的检修行车等；而一些仪器设备的配置及数量则需要结合桥梁交通和健康监控系统统一考虑。钢箱梁底设置三台养护行车，该设施需进行定期养护。主缆的检修道、鞍罩、锚罩等结构，也需进行定期检查和维护。

第9章　轨道设计

9.1　轨道结构选型

(1)特大跨径钢桥对轨道结构的特殊要求。

特大跨径钢桥对轨道结构提出了更高的要求。特大跨径钢桥与普通梁跨、混凝土桥不同。首先,钢梁与道床应良好结合,才能保证整体结构的稳定性;其次,这种高次超静定结构为柔性体系,横向刚度较小,其桥跨又较大,因此对轨道二期荷载的控制有着严格的要求。

特大跨径钢桥轨道结构在满足安全性、可靠性、平稳性的同时,还需满足以下几方面的特殊要求。

①钢梁面与道床面间需保证有效可靠的连接性,以确保整个结构体系的整体性和安全性。

②桥梁二期荷载的大小影响到桥梁下部及其他结构的造价,特别是柔性体系桥梁,要求尽量减小轨道荷载,以降低桥梁结构的设计难度及综合造价。

③与混凝土桥相比,无道砟的桥面振动噪声更加突出一些。因钢桥构件自重及二期恒载较混凝土桥小,当列车通过时受到的振动激励响应比混凝土桥大得多,因此辐射噪声也比较大。故此要求轨道结构须具有良好的减振降噪性能。

特大跨径桥梁,特别是柔性体系大桥,对于行车荷载、风荷载及地震荷载等更为敏感,其垂向及横向动态变形较大,要求轨道结构具有良好的变形适应及调整能力,以此来满足大跨径钢桥垂向及横向动态变形、梁端伸缩量及转角等要求。

(2)轨道结构选型分析。

目前,特大跨径钢桥轨道结构形式主要分为有砟轨道和无砟轨道两种类型。特大跨径钢桥轨道结构采用有砟道床还是无砟道床,需根据桥梁的特点及对轨道结构的要求而定。碎石道砟道床,具有较好的减振降噪性能,在铁路轨道中应用较多。但碎石道砟不稳定,在列车荷载的反复作用下,轨道会产生垂向及横向的动态弹性变形和残余累积变形,导致轨道几何形位变形大,影响列车运行的平稳性,甚至是安全性。

无砟轨道是采用钢筋混凝土整体道床轨道结构,避免了道砟飞溅,降低了粉尘,能保持桥面整洁干净,美化环境;养护维修量少,维护费用较低,综合造价与有砟轨道相比也大大降低。减振降噪性能可通过在桥梁上设置质量弹簧装置、添加桥梁阻尼夹层或建立声屏障等措施达到要求。

鹅公岩轨道大桥结构形式比较见表9.1-1。

由表9.1-1可知,钢桥面有砟轨道结构造价较低、调整方便、对钢桥面的影响较小,但轨道结构高度大、二期恒载较大、使用寿命较短且不利于环保;减振垫浮置板无砟轨道减振效果较好、对桥面影响小、使用寿命长、存在应用案例,但调整性较差,维修不太容易。

鹅公岩轨道大桥结构形式比选表　　表 9.1-1

序号	评价因素	轨道形式	
		有砟轨道	减振垫浮置板无砟轨道
1	轨道与桥梁的连接	可靠,但需定期进行维护	可靠,道床设限位装置与梁面栓接
2	轨道结构高度(mm)	约 730	约 540
3	轨道荷载(t/单线每延米)	4	1.8~2.5
4	减振性能(dB)	降低 6~8	降低 10~15
5	环保方面	较差	好
6	适应变形能力及调整能力	扣件和道砟均可调整	依赖道床板和扣件的调整能力
7	轨道及桥梁的养护量	较大	较小
8	应用情况	日本钢桥应用较多,国内无应用案例	国内已有大跨钢桥应用案例
9	初期投入综合造价	400 万元/单线每公里, 桥梁需增加 3000 万元	轨道结构 870 万元/单线每公里

从桥梁二期恒载的要求及经济性、环保性等方面考虑,鹅公岩轨道大桥轨道结构较适宜采用减振垫浮置板无砟轨道。

9.2　轨道结构设计

(1)主要设计原则。

①轨道结构的选型,尽量采用先进、成熟、合理的技术、材料和施工工艺,以满足功能要求,提高轨道性价比。

②轨道结构应具有足够的强度和稳定性、耐久性、绝缘性及适量的弹性,符合质量均衡、弹性连续、结构等强、合理匹配的原则,以确保列车运行平稳、安全和乘客舒适,并尽量减少养护维修工作量。

③轨道结构应与桥梁具有可靠的连接方式,确保轨道结构的整体性与稳定性。

④高架桥上进行无缝线路计算,合理选取梁轨相互作用力,必要时设置钢轨伸缩调节器,确保行车安全。

⑤轨道设计应考虑减振降噪要求,采取合适的减振降噪措施,以经济合理地减少列车运营对沿线环境的干扰,使振动和噪声符合国家环保的要求。

(2)主要设计标准。

①车辆:As 型车,7 节编组,轴重≤15t,接触网供电。

②运行速度:100km/h。

③轨距:1435mm。

④钢轨:60kg/m U71Mn 热轧钢轨,区间无缝线路。

⑤轨底坡:1∶40。

⑥扣件:DTⅦ2 型扣件,扣件高度 42mm。

⑦轨枕:钢筋混凝土短轨枕。

⑧轨枕间距:一般为555mm。

⑨轨道结构高度:540mm。

⑩无缝线路:区间无缝线路。

(3)道床结构设计。

鹅公岩轨道大桥钢梁地段采用现浇隔离式减振垫整体道床,线路中心线位置轨道结构高度为540mm,道床板宽2300mm,采用C40混凝土,道床内设双层钢筋,钢筋采用HRB400级螺纹钢筋,钢筋混凝土保护层厚度不小于40mm,道床横断面如图9.2-1所示。减振垫置于道床板下直铺于梁面。

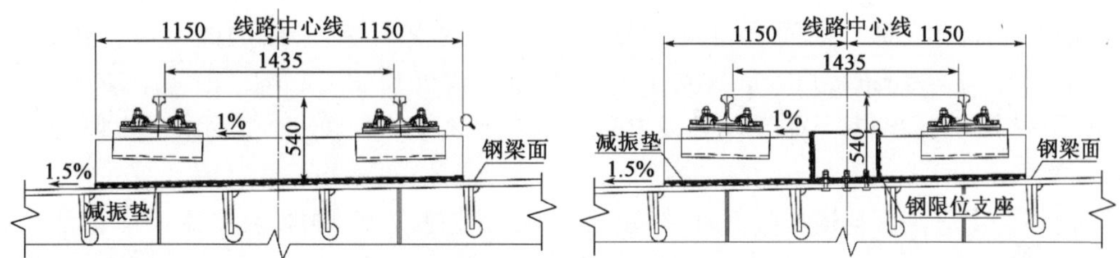

图9.2-1 道床横断面布置图(尺寸单位:mm)

道床采用单元块式结构,道床块分为标准道床块和非标准道床块两种。标准道床长度5m(板长4.9m,含9对轨枕),轨枕间距555mm,如图9.2-2所示;桥梁两端非标准道床长度4.92m(板长4.82m,含8对轨枕),轨枕间距615mm;轨枕均匀布置。板与板之间设置100mm宽板缝。板缝处设置钢限位支座进行限位。钢梁桥总长949.84m,共设190块道床板,桥梁两端部各设1块4.92m非标准道床块,中间设188块5m标准道床块。

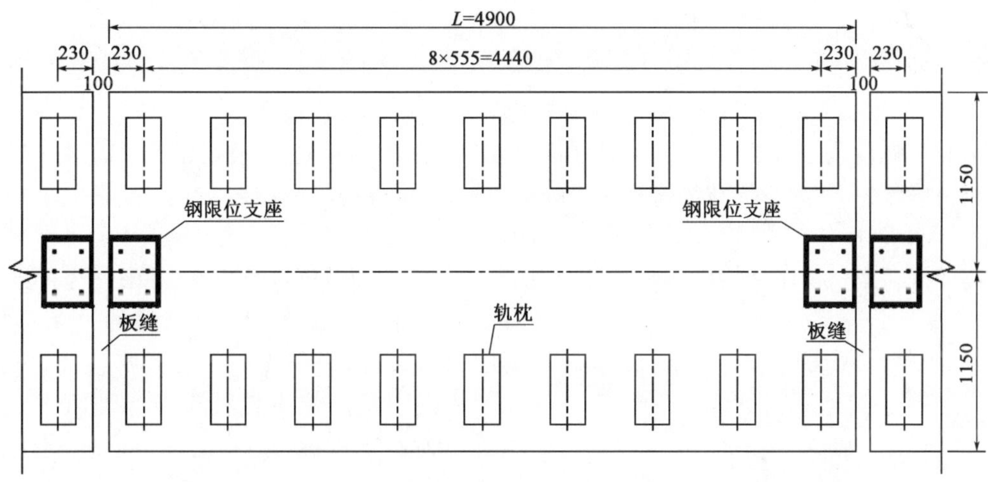

图9.2-2 5m长标准道床块平面布置图(mm)

(4)道床限位措施。

道床限位采用钢限位支座,如图9.2-1所示,在道床板两端居中位置设置钢限位支座,加强道床与桥梁的连接性,保证道床板的横纵向稳定。

①钢限位支座结构形式。

钢限位支座由20mm厚45钢板焊接而成,焊接形式为坡口满焊,焊接等级为Ⅱ级。外形尺寸为(长)440mm×(宽)330mm×(高)295mm。钢限位支座的高度以调线调坡后的数据为准,安装后高于道床面20mm。盖板采用M6-18mm螺栓连接,顶面设与M6螺栓匹配的螺纹盲孔,深15mm,盖板上对应设置ϕ8mm的通孔。

钢限位支座、钢限位支座盖板、M6螺栓、M20高强螺栓及配套平垫圈、弹簧垫圈做镀锌防腐处理,应有良好的抗腐蚀性能。镀涂厚度为60~90μm,镀涂不得有漏喷、堆积,在正常运输和安装中不得出现脱落。

②钢限位支座橡胶弹性垫板。

a. 钢限位支座底部与梁面之间设10mm厚橡胶弹性垫板A,采用两面平整型弹性垫板,垫板平面尺寸为440mm×330mm×10mm,在螺栓位置处预留ϕ25mm孔洞,与限位支座孔位及大小一致。梁面凸起不平整的地方可适当削减局部垫板厚度,使得钢限位支座能够摆放平整。

b. 钢限位支座侧面与道床接触面之间设10mm厚橡胶弹性垫板B,采用一面带凸点弹性垫板,垫板尺寸为340mm×280mm×10mm(长×宽×厚)及440mm×280mm×10mm(长×宽×厚),弹性垫板安装后的高度应不低于钢限位支座的高度,现场根据实际钢限位支座高度进行裁剪切割。弹性垫板凸点朝向道床侧,平整面朝向限位支座,混凝土浇筑后,弹性垫板通过凸起点嵌入道床内。

③与桥梁连接措施。

钢限位支座采用高强螺栓与梁面进行栓接,支座底部打孔,孔位要求与梁面螺栓位置匹配,孔径为ϕ25mm。桥梁钢梁面预留与M20螺栓配套的栓接孔,孔内设置通孔螺纹,孔径为ϕ22mm。螺栓采用10.9级M20高强螺栓,螺栓长度根据梁面厚度而定,应保证螺栓露出梁面长度不小于80mm。螺母采用防松双螺母,螺母下方依次垫弹簧垫圈和平垫圈。

螺栓的数量应根据无缝线路计算结果而定,考虑梁端部钢限位支座所受压力较大,为提高安全储备,在梁端部的钢限位支座与钢梁采用焊接形式,加强连接性。

为避免螺栓孔与桥梁结构冲突,且保证钢限位支座的顺利安装,桥梁钻孔时需对螺栓孔位置进行精确定位,同时螺栓孔需避开桥梁隔板位置,以方便螺栓的安装。

④排水设计。

高架线桥梁轨道不做特殊排水设计,直接利用桥梁梁面坡度进行汇水,并最终经过梁面地漏排出。桥梁面设置双向1.5%的人字形排水坡度,道床顶面设置1%的排水坡,方向与梁面坡度相同。减振垫直接铺设于钢梁面上,垫子与梁面为凸点接触,凸点之间的孔隙利于桥面排水。

为了防止梁面杂物灰尘进入减振垫底部,减振垫侧边采用土工布包裹,橡胶密封条一端与减振垫采用码钉固定,另一端搭在梁面上,与梁面间无须密封,以方便排水,如图9.2-3所示。

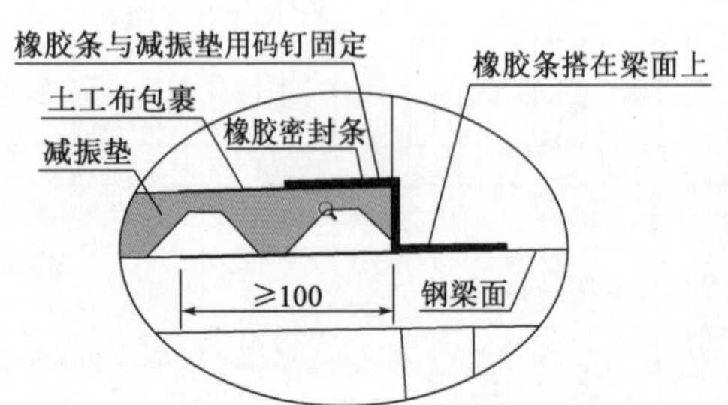

图9.2-3　减振垫边缘密封大样图

9.3 轨道减振降噪设计

特大跨径钢桥对轨道结构具有一定的减振降噪要求,该工程钢桥地段采用了隔离式减振垫整体道床,为降低桥梁二期荷载,减小轨道结构高度,道床采用了减振垫直铺于钢桥面的形式,取消了减振垫下方的混凝土垫层,如图 9.2-2 所示。

减振垫为经特殊工艺加工的橡胶弹性体材料,由覆盖层、编织层、夹层及阻尼层四部分组成,主要通过下部的阻尼层提供弹性。减振垫的静力地基模量为 0.019N/mm^3,厚度为 30mm,动静刚度比≤1.3。其设计使用寿命不小于 60 年,减振效果为 8dB 以上。

减振垫道床两端衔接普通承轨台式整体道床,为降低不同道床衔接处的刚度差,保证列车运行的舒适性,在减振垫道床端部约 20m 范围内,采用刚度较大的减振垫进行过渡,刚度过渡减振垫的静力地基模量为 0.03N/mm^3,厚度为 27mm。

9.4 无缝线路设计

该工程采用了区间无缝线路,将标准长度钢轨焊接成长轨条,来消除钢轨接头,提高了钢轨平顺性,并延长了轨道结构和车轮的使用寿命,减少养护维修量。

无缝线路锁定后,钢轨内部产生较大的温度力,其值随温度变化而变。桥上铺设无缝线路时,除需考虑温度力作用外,还需考虑伸缩力、挠曲力、牵引力及断轨力作用。在各项纵向力组合作用下,验证钢轨、桥梁及桥墩是否满足强度、稳定性及钢轨断缝的要求。如检算不能满足规范要求,则考虑在梁缝处设置钢轨伸缩调节器。通过调节器的基本轨与尖轨之间的相对伸缩,来释放钢轨轨作用力。根据我国无缝线路设计条件,一般当无砟轨道温度跨径大于 180m 时,需考虑设置钢轨伸缩调节器。

鹅公岩轨道大桥为大跨径双塔悬索桥,为减小轨道及桥梁的无缝线路附加纵向力,确保行车安全,在大桥两端大梁缝处分别设置钢轨伸缩调节器。大梁缝位于 P11 墩及 P16 桥墩处,如图 9.4-1 所示,初始梁缝均为 800mm,缝宽变化为 200 ~ 1560mm,伸缩量 1360mm(含所有)。P11 墩梁缝位置线路为直线,P16 墩梁缝位置线路为平面曲线,曲线半径 R = 2000m。

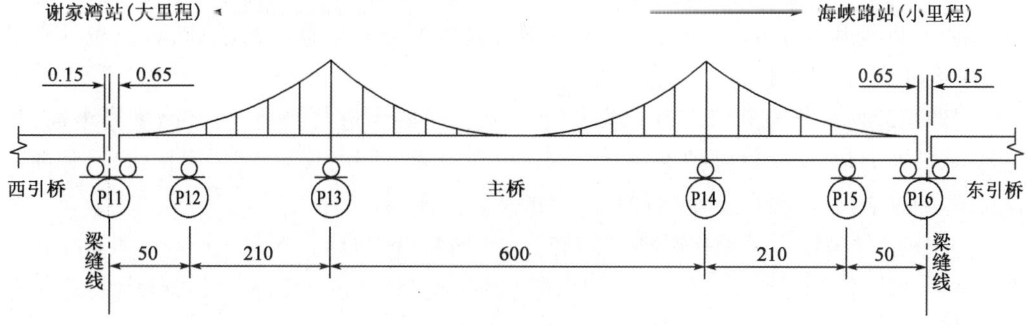

图 9.4-1 鹅公岩大桥梁缝布置图(尺寸单位:m)

(1)钢轨伸缩调节器。

P11 墩及 P16 墩分别设置了 2 组钢轨伸缩调节器(图 9.4-2),该调节器为国产自主研发,结合鹅公岩轨道大桥的结构特点,进行了优化设计。调节器全长 22.18m,基本轨长 19.335m,尖轨长 11.2m,设计伸缩量为 -600 ~ 800mm。基本轨与尖轨采用60kg/m U75V 在线热处理钢轨,与两端长轨条进行焊接。

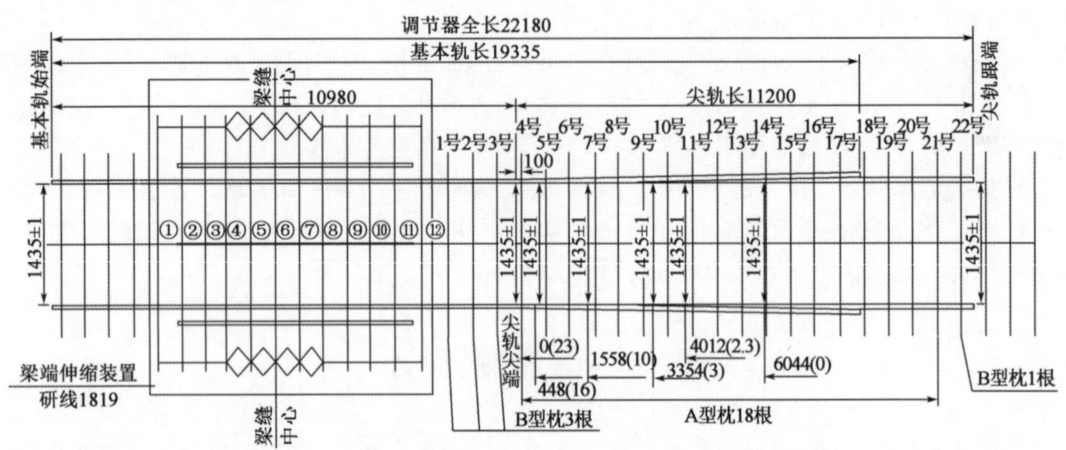

图 9.4-2　鹅公岩轨道大桥钢轨伸缩调节器(尺寸单位:mm)

调节器铺设时,尖轨与主桥进行锁定,基本轨跨越梁缝,与引桥进行锁定,尖轨尖端至梁缝范围采用了可滑动扣件。尖轨与基本轨的相对滑动功能,协调了钢轨因温度变化引起的桥梁伸缩及长钢轨伸缩的位移差,自动调节了温度力。

调节器还采用了多种先进技术:轨撑式扣件,提供了较大的支撑刚度,满足了桥梁梁端转角的要求;铁垫板采用了硫化弹性垫板,降低了铁垫板刚度,提高了轨道弹性。偏心缓冲调距块的使用提高了钢轨的调距能力,提高了在曲线地段的适应性。

钢轨伸缩调节器保证了大跨径桥上无缝线路列车运营安全性,但又是线路上的薄弱环节,因此需要加强调节器与轨道结构的一体化设计,以便既能实现调节器的设置功能,又可避免引起其他病害问题。

(2)梁端伸缩装置。

当轨道跨越大伸缩量梁缝时,为确保轨道结构的连续性及平顺性,需考虑设置梁端伸缩装置,梁端伸缩装置需具有滑动功能,以满足桥梁梁缝最大伸缩位移的需求,同时还需具有足够的竖向刚度和横向刚度,以保证能够支撑轨道结构和列车荷载,并确保轨道结构的稳定性。

梁端伸缩装置可分为上承式和下承式,下承式需与桥梁进行固定,安装高度要求高,竖向刚度大,承载能力强,但检修维护不便。上承式可在道床范围内安装,与桥梁接口少,竖向刚度相对低,养护维修量少,目前上承式伸缩装置的使用逐渐增多。

P11 墩梁缝处采用了下承式梁端伸缩装置,伸缩装置设计位移量为 -600 ~ 800mm,中间设置 2 根滑动轨枕,如图 9.4-3 所示。桥梁端部预留槽口,并埋设钢板,梁端伸缩装置与钢板进行焊接固定。

P16 墩梁缝处采用了钢轨伸缩调节器与上承式梁端伸缩装置一体化设备,该设备为国产自主研发,也是目前国内城市轨道交通中伸缩量最大的一体化国产设备。可滑动扣件的应用,使得调节器与伸缩装置能够协调配合工作,满足梁缝最大伸缩需求。一体化设备安装于轨道结构高度范围内,避免了与桥梁接口的衔接,也减少了养护维修工作量。

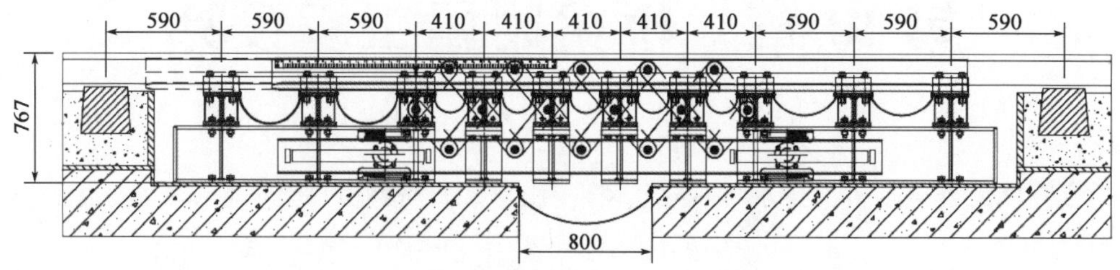

图 9.4-3 下承式梁端伸缩装置(尺寸单位:mm)

第10章　桥梁附属工程设计

桥梁附属工程包括桥面排水、伸缩缝、支座、阻尼装置、检修设施等。

10.1　桥面排水系统

主桥、引桥均采用集中排水方式。桥面横桥向设置双向1.5%的排水横坡。

主桥在钢箱梁两侧风嘴位置内嵌U形排水槽，沿桥纵向通长设置。主桥桥面中间的水通过疏散平台基础中的预埋钢管，道床块间的缝隙，钢支架平台、防撞护栏基座及人行道栏杆基座中的预埋钢管引排至桥面两侧的U形排水槽。排水槽的两端接PVC竖向泄水管，将水排入桥下地面并引入市政排水系统。

引桥排水系统由桥面泄水管、纵向收集PVC排水管，以及竖向泄水管组成。引桥桥面中间的水通过道床块间的缝隙，钢支架平台、防撞护栏基座的预埋钢管引排至人行道下面，人行道下面设置竖向泄水管，将水收集到纵向PVC泄水管，然后经梁端的竖向PVC泄水管将水排入桥下地面并引入市政排水系统。

10.2　桥梁伸缩缝

伸缩缝是桥梁的重要组成部分，其主要功能是适应梁的变形、适应曲线段梁间变化的缝宽、防止漏水。伸缩缝设计应具有结构简单、防水性能优越、伸缩性好、安装方便、便于养护维修，且在使用中具有良好的耐久性、舒适性和可靠性等特点。伸缩缝安装对桥面防水层有密闭作用。

主桥伸缩缝装置包括人行道处伸缩装置、防撞护栏和钢支架平台处伸缩装置、轨道处伸缩装置及疏散平台处伸缩装置。

主桥人行道处伸缩缝采用1360型多向变位梳齿板式伸缩装置，梁端间隙为200～1560mm，设计伸缩量为－600～760mm，梁缝两端取消钢人行道的设置，浇筑C50混凝土并预留槽口，用于伸缩缝的安装。

防撞护栏和钢支架平台处采用简易伸缩装置，以保证梁端的自由滑动。

引桥伸缩缝布置在每联箱梁两端，梁端缝隙为100mm，选用伸缩缝为TSSF-100型，安装间隙100mm±20mm，位移量0～100mm。

10.3　桥 梁 支 座

(1)支座及塔梁纵向锚固橡胶垫块应符合《桥梁球型支座》(GB/T 17955—2009)、《橡胶

支座　第4部分:普通橡胶支座》(GB 20688.4—2007)、《铁路桥梁球型支座》(TB/T 3320—2013)和《城市轨道交通桥梁球型钢支座》(CJ/T 482—2015)的要求。

(2)该桥主桥采用3类支座:竖向球型钢支座、横向支座、临时橡胶垫块,主要参数见表10.3-1～表10.3-3。

塔梁连接处支座技术参数一览表　　表10.3-1

分　类	参　数	取　值
竖向支座(纵向活动球钢支座)	竖向承载力(kN)	拉压支座,拉3500、压17500
	横向承载力(kN)	3500
	纵向位移(mm)	±500
	横向位移(mm)	±4
	转角(rad)	0.02
横向支座(双向活动橡胶支座)	横向(支座轴向)承载力(kN)	10000
	纵向位移(mm)	±500
	竖向位移(mm)	±20
	横向(支座轴向)弹性压缩位移(mm)	7
	转角(rad)	0.02
	有关说明	横向位移指支座轴向具有7mm的弹性压缩量(不留间隙),弹性刚度不大于1500kN/m,在7mm位移内,支座受力很小,大于7mm后为理论刚性受力

锚墩处支座技术参数一览表　　表10.3-2

分　类	参　数	取　值
竖向支座(纵向活动球钢支座)	竖向承载力(kN)	压60000
	横向承载力(kN)	9000
	纵向位移(mm)	±600
	横向位移(mm)	±4
	转角(rad)	0.02

过渡墩处支座技术参数一览表　　表10.3-3

分　类	参　数	取　值
竖向支座(纵向活动球钢支座)	竖向承载力(kN)	拉压支座,拉3000、压15000
	横向承载力(kN)	3000
	纵向位移(mm)	±700
	横向位移(mm)	±4
	转角(rad)	0.01

(3)支座的设计使用寿命为50年,考虑到更换的难度,支座厂家应研究更长的使用寿命。

(4)支座的摩擦系数≤0.03。

(5)横向抗风支座采用弹性抗风盆式橡胶支座,在支座内部预留一定调节空间以便于安装,此外其构造应避免四氟滑板受到直接撞击而损伤。

(6)根据该项目健康监测设计的需要,永久支座应考虑采用带有 RS485 数据接口功能,以进行支座测力,并接入本项目健康监测系统。

(7)拉压支座要求上、下抗拉块之间的净距离不大于 3mm。

(8)引桥支座采用轻轨抗震盆式橡胶支座 QKPZ 型。

10.4 阻尼装置

(1)本桥所采用的阻尼装置允许结构在静力荷载(如温度、汽车、基础沉降等)或者动力荷载的静力分量(如风荷载中的平均风部分)下的慢速变位,在动力作用(如地震、脉动风、车辆制动力等)下具有阻尼耗能作用,其阻尼力与速度之间符合 $F = CV^{\xi}$ 要求。

(2)该桥在索塔处设置纵向阻尼装置,其主要参数见表 10.4-1。

塔梁连接处带限位功能的阻尼装置技术参数一览表 表 10.4-1

分　类	参　数	取　值
动力阻尼系数	力与速度函数	$F = CV^{\xi}$
	速度指数(ξ)	0.3
	阻尼系数 C[kN/(m/s)$^{0.3}$]	5000
	最大反应速度(m/s)	0.232
	阻尼力(kN)	3300
	地震反应计算冲程(mm)	±150
静力限位参数	额定最大行程(mm)	±500
	静力限位力(kN)	3500
	两个方向的限位刚度(MN/m)	100
	限位后位移量(mm)	≤50
	温度变形速度	200mm/10h
	温度变形最大阻力(kN)	<165
阻尼系统正常使用极限状态安全系数		2.0
限位系统正常使用极限状态安全系数		1.5
阻尼装置水平转动(°)		2

(3)要求阻尼装置对各种动力激励,如脉动风、车辆制动力和车辆颠簸等引起的不同频率、速度和振幅的振动均具有良好的阻尼作用。

(4)阻尼器安装后应能够在 -5 ~ +50℃气温、100% 相对湿度的环境中工作,并能承受以下气象条件下的各种可能组合:雨、雹、雾、烟、风、臭氧、紫外线、砂、尘及盐雾。

(5)在大桥桥位处工作条件下,阻尼器的油缸服务寿命要求达到 50 年、可动构件达到 20 年;关节轴承和销子应能承受拉、压交替荷载的冲击。

(6)阻尼器的制造与检测应执行标准《桥梁用黏滞流体阻尼器》(JT/T 926—2014)。

(7)根据该项目健康监测设计的需要,阻尼装置应考虑采用带有 RS485 数据接口功能,接入该项目健康监测系统。

10.5　桥塔检修设施

主塔检修通道:桥面(中横梁)至上横梁,经由电梯到达,同时也配有爬梯以利检修;上横梁至主索鞍室经由爬梯到达;桥面以下塔柱,通过塔柱过人孔内爬梯下到下横梁顶面及中塔柱内;在桥面至下横梁的中塔柱段还设有外爬梯,以利检修人员通行。

上塔柱内布置电梯,人员可乘电梯从桥面处抵达上塔柱顶部,与电梯布置相关的预埋件由电梯供应方负责考虑。

10.6　钢箱梁定检设计

为了桥梁安全使用及维护的需要,主桥钢箱梁段必须设置可移动的检查车。主要作用为:提供一个搭载施工操作人员和其他相关设备的操作平台,定期对钢箱梁结构的连接部分和重要细节(如桥梁支座等)进行检查,以便能尽早地发现并处理钢箱梁在使用过程中出现的病害,保证结构安全。

主桥在主跨和边跨共设置 3 台检查车。检查车根据桥梁的结构形式,采用悬挂式吊车方案,即走行机构通过钢轮倒置于 I 形钢轨道上,车架与走行机构相连,在电机的驱动下运行。检修车主要部件包括行走小车、龙门架、主桁架、竖向桁架、连接平台、护栏等。检修车自带发电机,所有机构为电动驱动,各动作均设有多重安全保护装置。设备主桁架采用航空铝合金结构,龙门架为钢部件并表面热浸镀锌处理,整个检修车轻巧便捷,安全性高,防腐性好。检修车具有同步直线行走功能,可同时对梁体底部、梁体翼缘及梁体内侧面等部位检查。

检查车的轨道采用 32c 的工字钢,通过连接垫板与承重梁连接。检查车共有两条轨道,采用 M19 普通螺栓连接,轨道系统在轨道的两端均设置了限位挡块。

10.7　缆索防护及检修设施

10.7.1　主缆检修道

(1)为主缆检修人员通行,在主缆顶面设主缆检修道。

(2)在主缆两侧设由钢芯钢丝绳制成的扶手绳及栏杆绳,钢丝绳在塔顶处锚固于塔顶鞍座支架上,锚固支架通过鞍槽拉杆固定于鞍座槽壁,边跨下端锚固于主梁处散索鞍鞍座支架上,锚固支架通过螺栓固定于散索鞍上,中间则通过立柱支承于索夹上。

(3)检修道栏杆考虑的荷载主要为检修人员侧向推力以及有关竖向荷载作用。

(4)在主缆防护之后,拆除猫道之前,进行检修道安装;扶手索及栏杆索安装后通过螺杆调节长度,拉紧;最后进行检修道立柱安装。

10.7.2 主缆缆套

(1)主缆缆套及连接件是端索夹与塔顶(梁端)鞍罩之间主缆的防护装置,它将该段主缆钢丝密封起来,使之与鞍罩内的干燥空气连通,达到除湿防腐的作用。

(2)设计要求:具有良好的密闭性能,与鞍座出入口之间允许少量的伸缩移动;使主缆钢丝保持一定长度不受缠丝约束。

(3)构造形式:采用喇叭形管状钢套,缆套沿纵向分为两半,两半之间设拼接条板用螺栓连接,条板及两端接头均用橡胶层防水。

10.7.3 散索鞍鞍罩及检修爬梯

散索鞍鞍罩主体结构为型钢框架,采用地脚螺栓与主梁上预留的圈梁连接,面板为钢板,其涂装颜色与主缆颜色一致,在鞍罩的顶部设置圆形进人孔,并设置加锁的密封门,在鞍罩内设有从进人孔下到鞍室内的永久爬梯,在鞍室内还设有从散索鞍下到箱梁底板顶面的永久爬梯,以利检修人员的通行。检修爬梯采用角钢焊接而成。

10.7.4 主缆锚固钢防护罩

主缆锚头一部分位于主梁箱室内,一部分位于箱室外,均不同程度地暴露于大气中,因此主缆箱室内外锚头均设置密闭的钢防护罩,并配合除湿系统对其进行防护。钢防护罩采用型钢作为骨架,钢板作为面板,焊接于混凝土主梁预埋件上,形成密闭的空间。钢防护罩设置了爬梯和人孔,以利检修人员通行。与外部环境接触的人孔采用密封门,密封门平时应处于锁闭状态,确保防护罩内形成密闭的空间。

10.8 其他附属工程

10.8.1 钢支架平台

钢支架平台宽度1.2m,背离桥梁中心线侧高度为20cm,顶面设置向桥梁中心方向1.5%的排水坡,全桥通长设置,在伸缩缝处断开,为钢板组焊件,为消防水管、信号机、照明箱、声屏障等附属设施与主梁连接的共用平台。在钢箱梁段直接焊接于钢箱梁顶板上,在混凝土梁段焊接于预埋钢板上。

10.8.2 人行道及栏杆

(1)人行道板。

人行道板为钢结构组焊件,由矩形钢管焊接成骨架,在骨架上焊接6mm的钢板,组成人行道板,人行道板通过角钢支承于防撞护栏和人行道栏杆基座上,人行道板在工厂进行分段制作,在现场进行安装。

(2)人行道栏杆。

主、引桥人行道采用统一形式的钢质人行道护栏,全桥横桥向共设2道,均设置在人行道外侧。人行道护栏标准节段2.0m,高1.2m,由立柱、扶手、栅条及座板焊接而成。立柱采用铸钢件,扶手采用无缝钢管,栅条由两种不用规格的无缝钢管焊接组成。主桥护栏基座预焊在钢桥面板上,引桥护栏基座焊接在预埋钢板上,护栏节段在工厂预制成型后,运送至现场与人行道栏杆底座纵梁焊接。

10.8.3　防撞护栏

本桥防撞护栏均采用金属梁柱式路侧防撞护栏。为降低车辆碰撞防撞栏杆产生的能量直接对桥面板造成损伤,同时使防撞护栏与桥面周围景观协调,在防撞护栏底沿桥纵向设置通长的焊接钢箱路缘(防撞护栏基座)。

焊接钢箱路缘以上的路侧防撞护栏参照重庆市工程建设标准设计《城市桥梁防撞护栏(二)》(DJBT-049)中HJL-Ⅳ-SS型执行。

10.8.4　桥面铺装

(1)人行道铺装。

人行道铺装采用30mm厚的彩色橡胶板。

(2)混凝土主梁桥面铺装。

混凝土主梁桥面铺装采用30mm聚丙烯纤维网C40细石防水混凝土。

10.8.5　主引桥大位移伸缩缝处人孔通道爬梯

主梁各箱室内均设有人孔,以供检修人员通行。在主引桥大位移伸缩缝处,主引桥人孔存在70cm的高差,设置主引桥人孔通道爬梯,以利检修人员通行。爬梯一端铰接于引桥端横梁上,另一端设置轴承滚轮支承于主桥端横梁人孔,保证不影响主梁的自由活动。

第11章　引　桥　设　计

本工程引桥分为两部分,分别是西引桥和东引桥。均采用混凝土连续梁结构。

11.1　引桥总体布置

根据桥区地形地貌及建构筑物的特点,西岸地势平缓,道路密集,有鹅公岩立交一座,立交匝道群在本工程下方交错布置,立交主线与轨道线路十字交叉,给西桥头引桥的墩位布置带来很大的局限性。在综合调整了线路线形,净空高度、与匝道关系等多方面因素后,采用见缝插针的方式,在立交匝道的缝隙中进行墩位的布设,并使引桥跨径分配尽可能合理。

东岸桥区地势陡峭,主桥梁端已经很靠近地面,并且没有其他构筑物形成制约。

西引桥长471.5m,采用预应力钢筋混凝土连续梁箱梁桥,第一联39m+39m+39m,第二联32m+32m+32m,第三联45m+45m+45.85m,第四联41.15m+38.5m+38m。

桥型布置如图11.1-1所示。

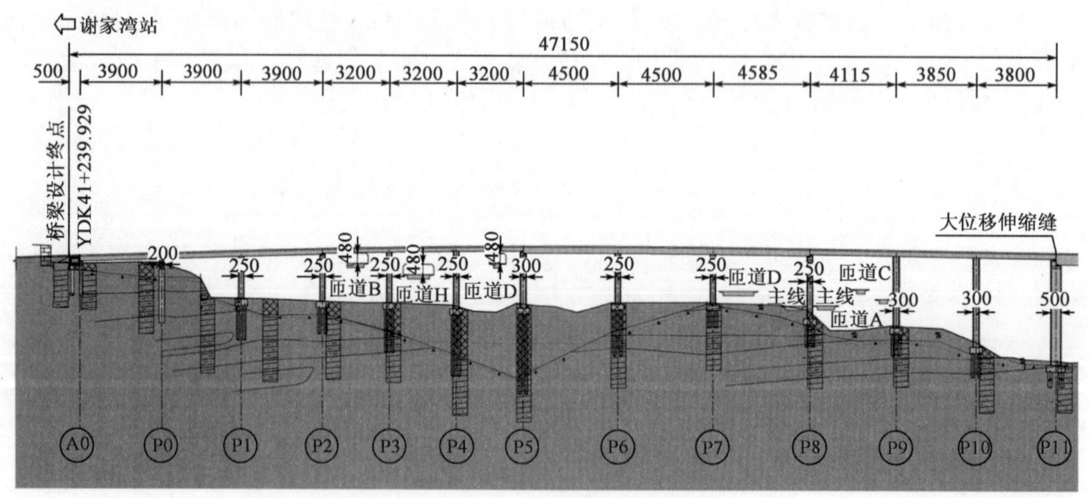

图11.1-1　西引桥桥型布置图(尺寸单位:cm)

东引桥长59m,采用预应力钢筋混凝土连续梁箱梁桥+钢筋混凝土板桥结构,跨径布置为一联40m+6.5m+6.5m+6m。

桥型布置如图11.1-2所示。

其中,引桥P3墩位于鹅公岩立交B匝道和H匝道之间,距离匝道边缘净距大于70cm;引桥上跨鹅公岩立交B匝道为净空最不利匝道,根据现场实测高程,轨道桥上跨净空大于4.8m;后期在B匝道前段设置限高门架两道;P3墩与匝道的关系如图11.1-3所示。P8墩位于嘉华南延伸段主线左右幅桥梁之间，距离桥梁边缘净距分别为27cm、23cm；P9墩位于鹅公岩立交A匝道旁边，距离匝道边缘净距为40cm；P8、P9墩与匝道关系如图11.1-4所示。

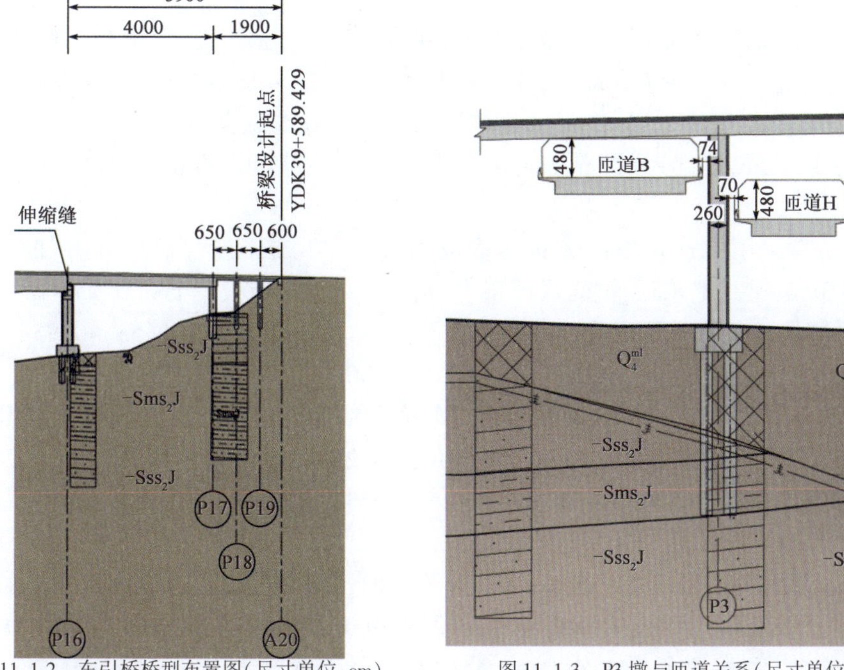

图11.1-2 东引桥桥型布置图(尺寸单位:cm)

图11.1-3 P3墩与匝道关系(尺寸单位:cm)

引桥桥面宽度布置为2.35m(人行道)+0.9m(防撞)+10.5m(轨行区)+2.35m(人行道)=17m；引桥第一联由于线间距加大，桥面宽度由17m渐变到约24m；引桥距离居住区地段设置全封闭声屏障。引桥横断面布置如图11.1-5所示。

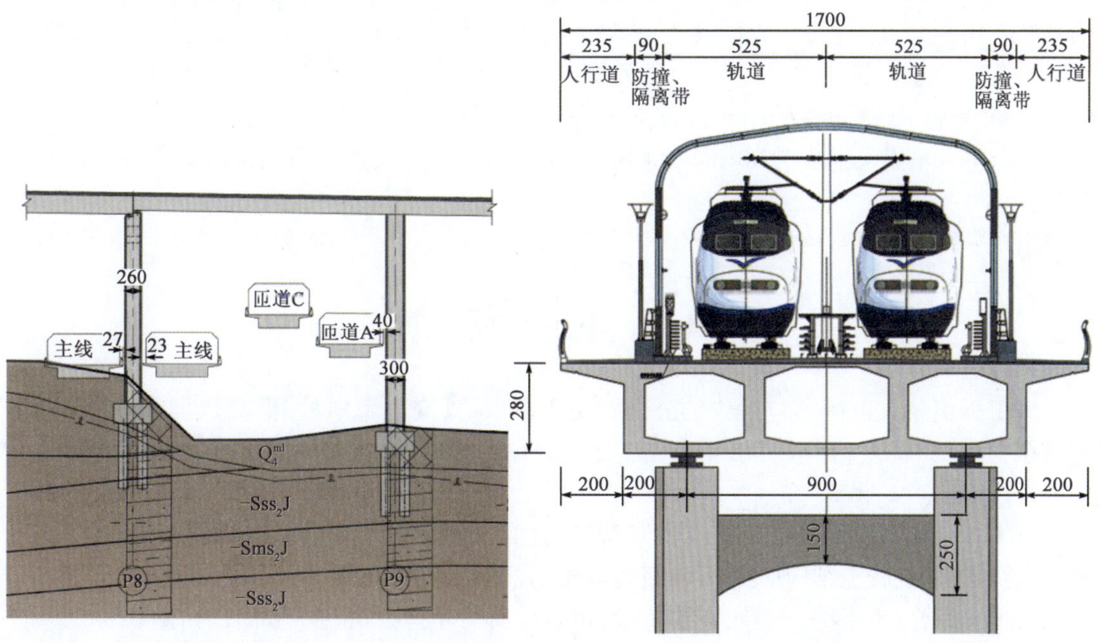

图11.1-4 P8、P9墩与匝道关系(尺寸单位:cm)

图11.1-5 引桥横断面布置(尺寸单位:cm)

11.2 上部结构设计

西引桥第一联采用 39m + 39m + 39m 等高变宽预应力混凝土连续梁桥，其中 P1 墩固结。采用单箱四室箱梁，梁高 2.2m。箱梁顶板宽为 24.78 ~ 18.11m，顶板厚度为 0.25 ~ 0.5m；箱梁底板宽为 20.78 ~ 14.11m，底板厚度为 0.25 ~ 0.5m；直腹板，腹板厚度为 0.55 ~ 0.95m；翼缘宽度为 2m，端部为 0.2m，根部为 0.5m。箱梁横梁处设置 0.8m（高）×0.8m（宽）的人洞。

西引桥第二联采用 32m + 32m + 32m 等高变宽预应力混凝土连续梁桥，其中 P4 墩固结。采用单箱三室箱梁，梁高 1.8m。箱梁顶板宽为 18.107 ~ 13m，顶板厚度为 0.25 ~ 0.5m；箱梁底板宽为 14.107 ~ 13m，底板厚度为 0.25 ~ 0.5m；直腹板，腹板厚度为 0.55 ~ 0.95m；翼缘宽度为 2m，端部为 0.2m，根部为 0.5m。箱梁横梁处设置 0.8m（高）×0.8m（宽）的人洞。

西引桥第三联采用 45m + 45m + 45.85m 等截面预应力混凝土连续刚构桥。采用单箱三室箱梁，梁高 2.5m。箱梁顶板宽为 17m，顶板厚度为 0.25 ~ 0.5m；底板宽为 13m，底板厚度为 0.25 ~ 0.5m；直腹板，腹板厚度为 0.55 ~ 0.95m；翼板宽度为 2m，端部为 0.2m，根部为 0.5m。箱梁横梁处设置 1m（高）×0.8m（宽）的人洞。

西引桥第四联采用 41.15m + 38.5m + 38m 等截面预应力混凝土连续刚构桥。采用单箱三室箱梁，梁高 2.5m。箱梁顶板宽为 17m，顶板厚度为 0.25 ~ 0.5m；底板宽为 13m，底板厚度为 0.25 ~ 0.5m；直腹板，腹板厚度为 0.55 ~ 0.95m；翼板宽度为 2m，端部为 0.2m，根部为 0.5m。箱梁横梁处设置 1m（高）×0.8m（宽）的人洞。

东引桥采用 40m 等截面预应力混凝土简支梁桥接框架板结构。其中，简支梁桥采用单箱三室箱梁，梁高 2.2m。箱梁顶板宽为 17m，顶板厚度为 0.25 ~ 0.5m；底板宽为 13m，底板厚度为 0.25 ~ 0.5m；直腹板，腹板厚度为 0.55 ~ 0.95m；翼板宽度为 2m，端部为 0.2m，根部为 0.5m。箱梁底板处设置 0.6m（直径）的人洞。混凝土框架结构主梁宽 17m，采用纵向 6.5m + 6.5m + 6m 和横向 2.5m + 6m + 6m + 2.5m。其中，板厚 40cm，板下设纵、横梁结构。纵梁截面为 50cm × 60cm，横梁截面为 50cm × 50cm。在纵横梁交接处设置直径 120cm 的圆柱形桥墩桩基础。

引桥采用 C50 预应力混凝土。

11.3 下部结构设计

该工程引桥大范围跨越桥头鹅公岩立交匝道群，立交匝道墩柱林立，尺寸多样，桥下空间有限，针对此特点，在进行引桥下部结构设计的时候，需考虑和立交匝道及桥下管线的关系。

A0 桥台：采用扩大基础形式，为满足桥梁两侧人行过桥，台身设置 3m（高）×3.4m（宽）通道，通道为钢筋混凝土结构形式。A0 桥台详细构造如图 11.3-1 所示。

P0 墩：桥墩采用钢筋混凝土矩形桥墩，桥墩截面尺寸为 2.0m × 2.0m，四角倒 0.2m 圆角，墩高约 2.5m。基础采用直径 3.0m 的单桩基础。

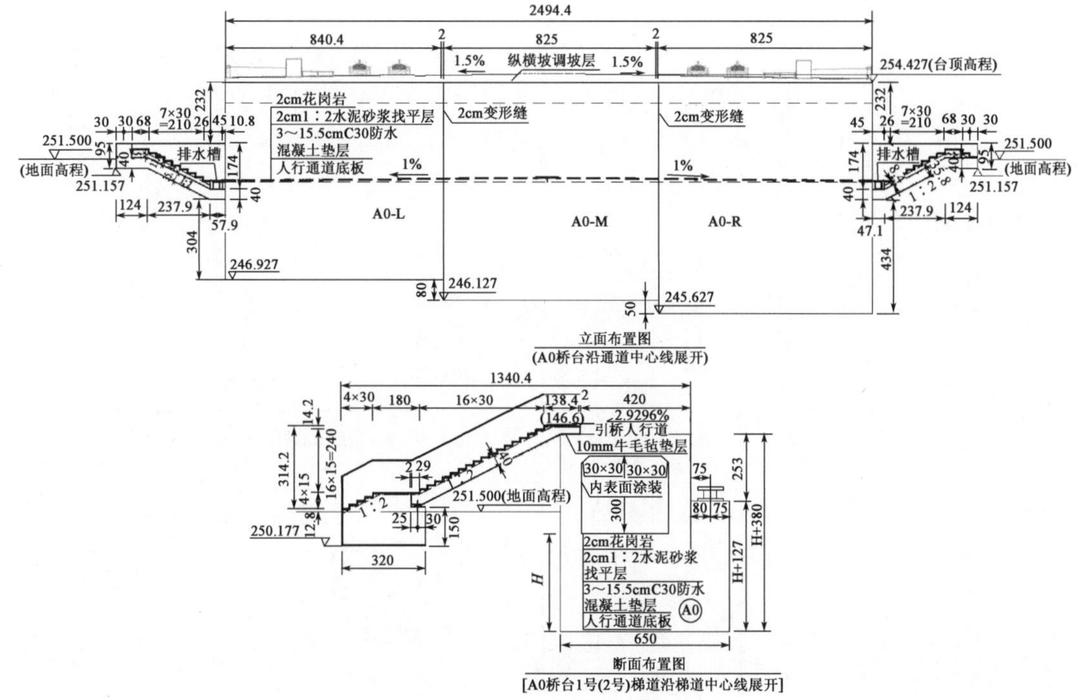

图 11.3-1　A0 桥台构造图

P1 墩：桥墩采用钢筋混凝土矩形桥墩，桥墩截面尺寸为 2.6m（顺桥向）×2.0m（顺桥向），四角倒 0.2m 圆角，墩高约 20～20.5m，墩梁固结。基础采用承台＋两根直径 1.8m 的桩基础，承台尺寸为7.5m（长）×3.2m（宽）×3m（厚），承台四角倒80×80 直角。详细构造如图 11.3-2 所示。

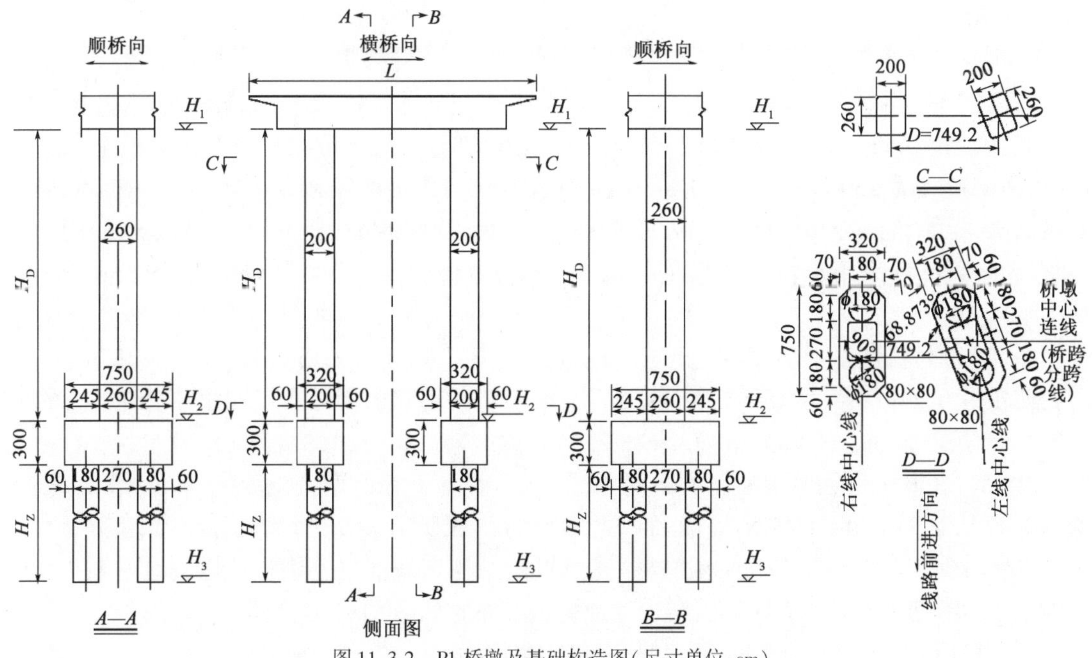

图 11.3-2　P1 桥墩及基础构造图（尺寸单位：cm）

P2 墩：桥墩采用钢筋混凝土矩形桥墩，桥墩截面尺寸为 2.6m（顺桥向）×2.0m（顺桥向），四角倒 0.2m 圆角，墩高约 21.5～22m，两侧桥墩在顶部设置横系梁进行连接，横梁尺寸为 2.0m（高）×2.1m（宽），基础采用承台＋两根直径 1.8m 的桩基础，承台尺寸为 7.5m（长）×3.2m（宽）×3m（厚），承台四角倒 80×80 直角。详细构造如图 11.3-3 所示。

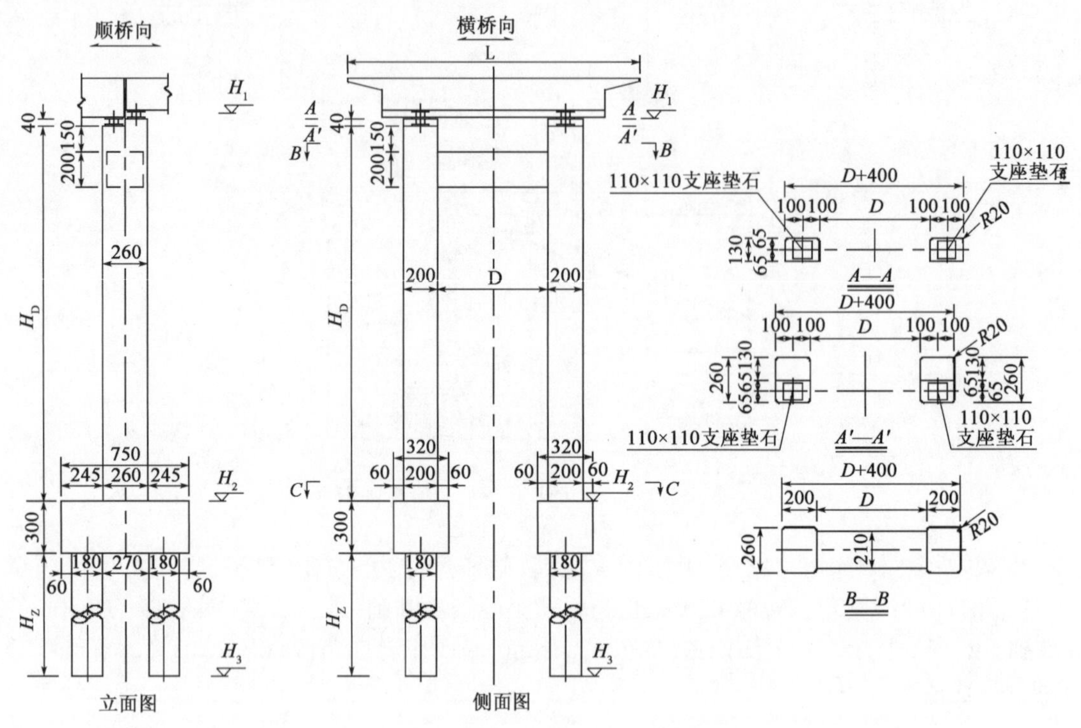

图 11.3-3　P2 桥墩及基础构造图（尺寸单位：cm）

P3～P8 墩：桥墩采用钢筋混凝土矩形桥墩，桥墩截面尺寸为 2.6m（顺桥向）×2.0m（顺桥向），四角倒 0.2m 圆角，墩高约 23.5～30m，其中 P5、P8 两侧桥墩在顶部设置横系梁进行连接，横梁尺寸为 2.0m（高）×2.1m（宽），P3、P4、P6、P7 为墩梁固结。P3～P7 墩、P8 左线侧墩基础采用承台＋四根直径 1.5m 的桩基础，承台尺寸为 6m（长）×6m（宽）×2m（厚）；P8 右线侧墩基础采用承台＋四根直径 1.5m 的桩基础，承台尺寸为 8m（长）×6m（宽）×3m（厚）。

P9、P10 墩：桥墩采用钢筋混凝土矩形桥墩，桥墩截面尺寸为 3.0m（顺桥向）×2.4m（顺桥向），四角倒 0.2m 圆角，墩高约 32～43.5m，墩梁固结。基础采用承台＋四根直径 1.5m 的桩基础，承台尺寸为 6m（长）×6m（宽）×2m（厚）。详细构造如图 11.3-4 所示。

P17 墩：桥墩采用钢筋混凝土圆形桥墩，桥墩直径为 1.8m，墩高约 3.5～9m，墩梁固结。基础采用直径 2.0m 的单桩基础。详细构造如图 11.3-5 所示。

P18～P20 墩：桥墩和基础采用墩桩一体设计，采用钢筋混凝土圆形桥墩，桥墩（桩基）直径为 1.2m，墩高约 6～16m，墩梁固结。详细构造及布置如图 11.3-6 所示。

墩身采用 C40 混凝土，基桩、承台采用 C35 混凝土。

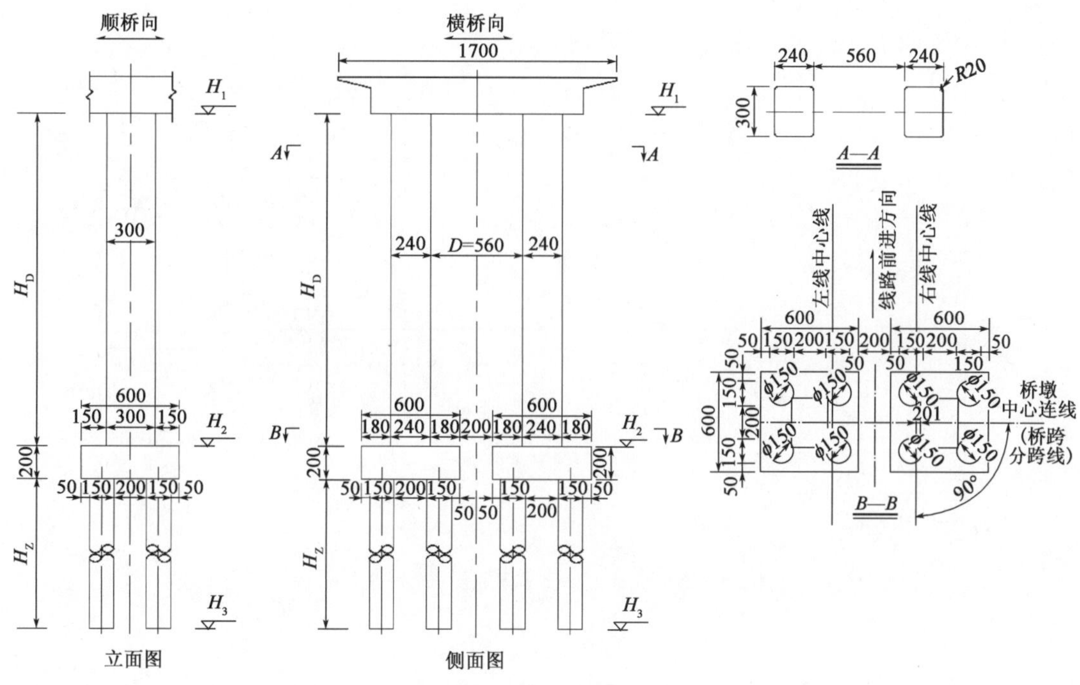

图 11.3-4 P9、P10 桥墩及基础构造图(尺寸单位:cm)

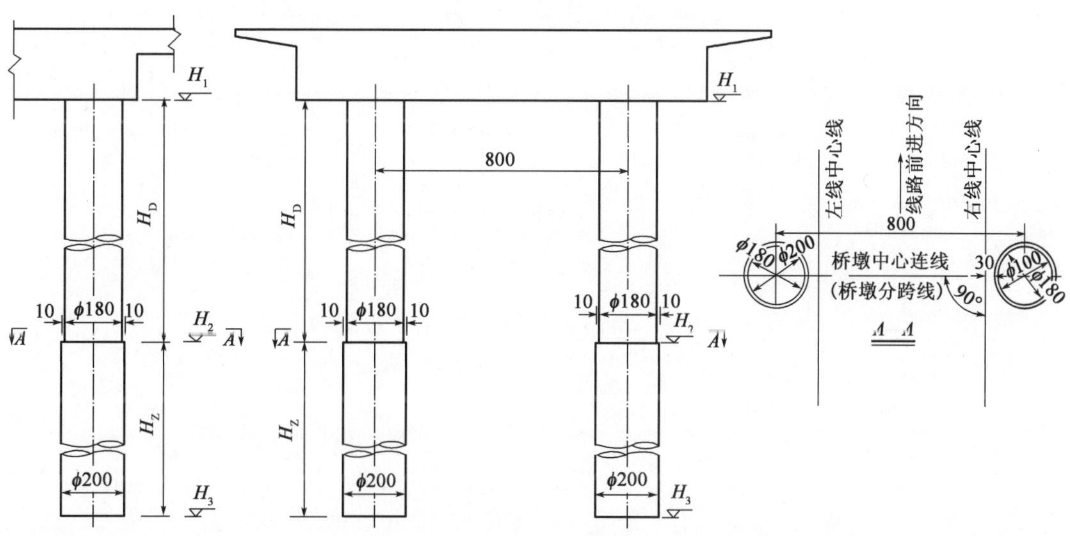

图 11.3-5 P17 桥墩及基础构造图(尺寸单位:cm)

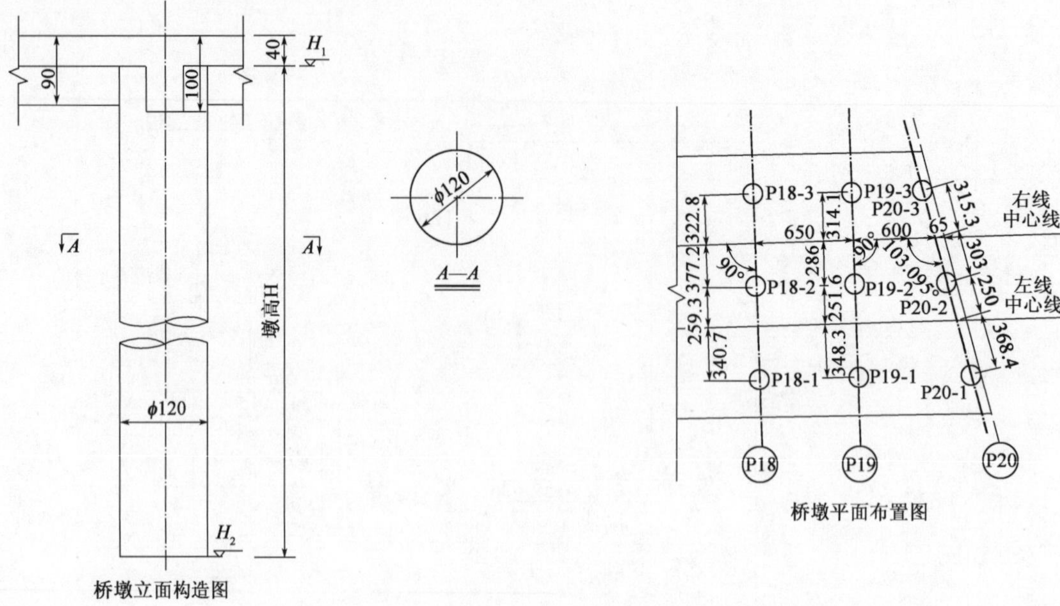

图 11.3-6　P18 ~ P20 桥墩及基础构造图(尺寸单位:cm)

第 12 章　总体静力计算与分析

本章主要介绍总体静力计算的结果和内容,抗风抗震等动力分析结果参见科研篇相关章节。

12.1　计算荷载和荷载组合

12.1.1　计算荷载

(1)恒载。

①结构自重:混凝土重度取 $25kN/m^3$;钢材重度取 $78.5kN/m^3$;焊接桥梁焊缝自重采用 1.5%。

②二期恒载:人行道及栏杆重量 14kN/m;防撞护栏 12kN/m;计入轨道、通信、信号、照明、消防等专业荷载后,全桥按 100kN/m 计算二期恒载。

③预加力:锚下张拉控制应力:$\sigma_{con}=0.75f_{pk}$;松弛率 $\rho=0.035$,松弛系数 $\zeta=0.3$;锚具回缩按单端 6mm 计;金属波纹管:$\mu=0.25$,$k=0.0015$。

④混凝土收缩及徐变:按照《公路钢筋混凝土及预应力混凝土桥涵设计规范》(JTG D62—2004)计算;徐变龄期取 20 年。

⑤土压力:作用于墩台上的土侧压力按《铁路桥涵设计基本规范》(TB 10002.1—2005)第 4.2.2 条相关规定计算。

⑥基础变位影响:按 2cm 不均匀沉降考虑。

(2)活载。

①列车竖向静活载:两线轨道,7 辆编组,轴重 150kN,不考虑折减,布置如图 12.1-1 所示。

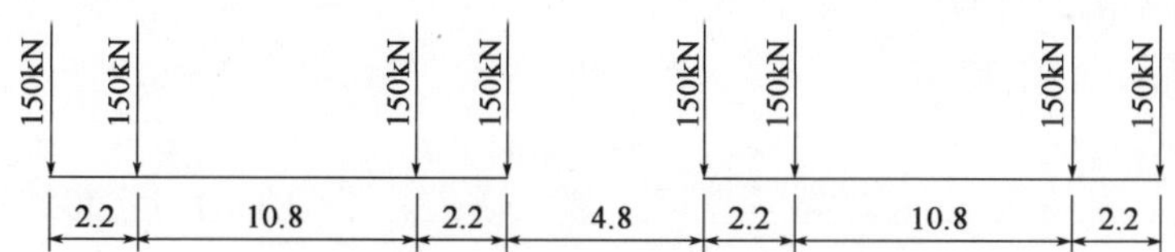

图 12.1-1　列车竖向静活载计算图式(尺寸单位:m)

影响线加载时,活载图式不可任意截取,对影响线异符号区段,轴重按 80kN 计。

②列车竖向动力作用:列车竖向活载包括列车动力作用,该列车竖向活载等于列车竖向静活载乘以动力系数$(1+\mu)$。动力系数为:$1+\mu=1+28/(40+600)\times0.8=1.035$。

③列车横向摇摆力:按相邻两节车四个轴重的 15% 计,取值为 $150\times4\times15\%=90kN$,以集

中力的形式作用于轨顶面处。

④人群荷载：取 2.5kN/m²。

(3)附加力。

①制动力：按一列车竖向静活载的 15% 计算，即 150 ×4 ×8 ×15% =720kN。

②风力：按《公路桥梁抗风设计规范》(JTG D60-1—2004)计算，设计基本风速为 27.5m/s；当风荷载与列车荷载组合时，桥面高度处风速按 25m/s 计算；风荷载按横桥向和顺桥向分别计算。

③温度变化作用：

桥梁温度效应按照《公路桥涵设计通用规范》(JTG D60—2015)中 4.3.10 的规定执行。

体系温差：日最高气温 43.0℃，日最低气温 -1.8℃，计算合拢温度 13 ~25℃，钢梁、索整体升温 30℃，降温 26.8℃，温差取 ±30℃；平均气温 18.3℃，月平均最高气温是 8 月为 28.1℃，塔结构升温 15.1℃，降温 13.8℃，温差取 ±15℃。

构件温差：索、梁温差 ±10℃，索、梁和塔温差 ±10℃。

温度梯度：钢箱梁的温度梯度按图 12.1-2 采用，h 为钢箱梁高度；塔身左右温差 ±5℃。

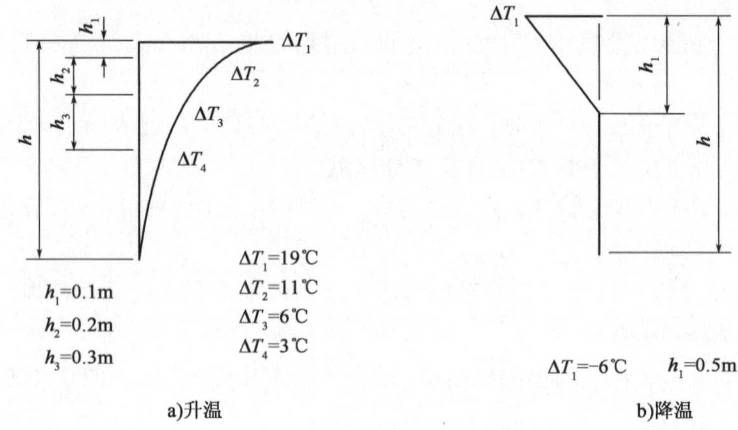

图 12.1-2 钢梁温度梯度图

混凝土梁的梯度温度按《公路桥涵设计通用规范》(JTG D60—2015)第 4.3.10 条采用，参考《城市轨道交通桥梁设计规范》(GB/T 51234—2017)取正温差 14℃，负温差 7℃，如图 12.1-3 所示。

混凝土桥塔两侧的日照温差取 ±5℃。

材料线膨胀系数(1/℃)取值：钢材取 0.0000118、混凝土取 0.000010。

④流水压力。

作用在桥墩上的流水压力《铁路桥涵设计基本规范》(TB 10002.1—2005)中 4.4.2 条的规定执行。

(4)特殊荷载。

①无缝线路断轨力由轨道专业提供，作用于墩台上的支座中心处。

②桥墩承受的船只撞击力，暂按《重庆市三峡库区跨江桥梁船撞设计指南》计算。根据船舶吨位的预测和统计，设防船型为 5000t 单船，设计采用的船舶撞击力为：横桥向 39000kN，顺桥向为 19500kN。

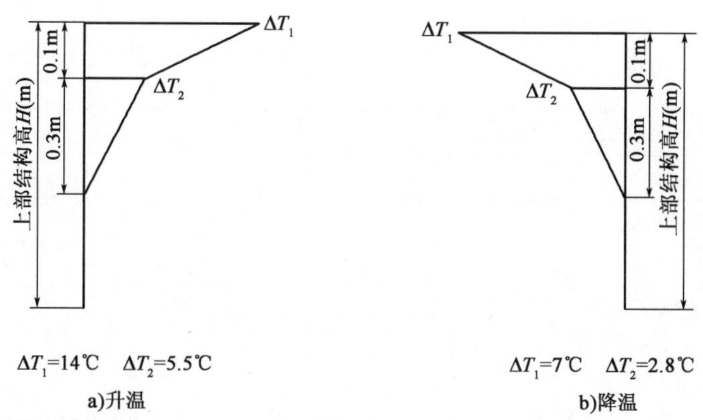

图 12.1-3　混凝土梁温度梯度图

③地震力：地震力的作用，应按现行《铁路工程抗震设计规范》(GB 50111)的规定计算。结合《地震安全性评价报告》，采用反应谱法和非线性时程分析计算。

④列车脱轨荷载

脱轨荷载按《地铁设计基本规范》(GB 50157—2013)第 10.3.20 条计算。

(5)施工荷载。

施工荷载主要考虑起重机的重量，以及起吊各梁段时前、后支点的反力。

12.1.2　荷载组合

按照《铁路桥梁钢结构设计规范》(TB 10002.2—2005)和《铁路桥涵钢筋混凝土和预应力混凝土结构设计规范》(TB 10002.3—2005)对结构构件的验算要求，根据《铁路桥涵设计基本规范》(TB 10002.1—2005)对设计荷载进行荷载组合，分为主力组合和主力加附加力组合两种。桥梁设计时，仅考虑主力与一个方向(顺桥或横桥方向)的附加力相结合。具体组合工况见表 12.1-1。

荷 载 组 合　　　　表 12.1-1

荷载分类		荷 载 名 称	组合 1	组合 2	组合 3	组合 4	组合 5	组合 6	组合 7	组合 8	组合 9	组合 10	组合 11	组合 12
主力	恒载	结构构件和附属设备自重	√	√	√	√	√	√	√	√	√	√	√	√
		预加力	√	√	√	√	√	√	√	√	√	√	√	√
		混凝土收缩和徐变影响	√	√	√	√	√	√	√	√	√	√	√	√
		土压力	√	√	√	√	√	√	√	√	√	√	√	√
		静水压力及水浮力	√	√	√	√	√	√	√	√	√	√	√	√
		基础变位的影响	√	√	√	√	√	√	√	√	√	√	√	√
	活载	列车竖向静活载		√	√	√		√	√	√		√	√	√
		列车竖向动力作用		√	√	√		√	√	√		√	√	√

续上表

荷载分类		荷载名称	组合1	组合2	组合3	组合4	组合5	组合6	组合7	组合8	组合9	组合10	组合11	组合12
主力	活载	长钢轨纵向水平力			√									
		离心力												
		活载土压力												
		人行道人群荷载		√	√	√		√	√	√		√	√	
附加力		制动力或牵引力			√									
		横向摇摆力				√								
		风力			√	√	√				√			
		流水压力												
		温度变化的作用			√	√	√							
		支座摩阻力			√									
特殊荷载		救援工况荷载							√					
		列车脱轨荷载						√						
		船只或排筏的撞击力								√				
		施工临时荷载									√			
		地震力										√		
		长钢轨断轨力											√	
		任一索破断												√

12.2 材料和截面特性

12.2.1 混凝土

(1)混凝土类别。

桩基:C30 混凝土。

承台、桥墩:C40 混凝土。

主塔:C55 混凝土和 C60 混凝土。

主梁:C55 混凝土。

(2)混凝土极限强度(MPa)(表 12.2-1)。

混凝土极限强度　　表 12.2-1

强度种类	符号	C30	C40	C50	C55	C60
轴心抗压	f_c	20	27	33.5	37	40
轴心抗拉	f_{ct}	2.2	2.7	3.1	3.3	3.5

(3)混凝土容许应力(MPa)(表 12.2-2)。

混凝土容许应力

表 12.2-2

应力种类	符号	C30	C40	C50	C55	C60
中心受压	$[\sigma_c]$	8	10.8	13.4	14.8	16.0
弯曲受压	$[\sigma_b]$	10	13.5	16.8	18.5	20.0
主拉应力(有箍斜筋)	$[\sigma_{tp-1}]$	1.98	2.43	2.79	2.97	3.15
主拉应力(无箍斜筋)	$[\sigma_{tp-2}]$	0.73	0.9	1.03	1.1	1.17
纯剪应力	$[\tau]$	1.1	1.35	1.55	1.65	1.75

12.2.2　结构钢

(1)钢主梁。

Q345qD、Q420qE 符合《桥梁用结构钢》(GB 714—2008)标准,性能见表 12.2-3。

结构钢材性能表

表 12.2-3

钢种		Q420qE	Q345qD
应用结构		加劲梁纵向受力板	加劲梁横向受力板
力学性能	弹性模量 E_s(MPa)	210000	210000
	剪切模量 G_s(MPa)	81000	81000
	泊松比 ν_s	0.3	0.3
	轴向容许应力$[\sigma]$(MPa)	230	200
	弯曲容许应力$[\sigma_w]$(MPa)	240	210
	容许剪应力$[\tau]$(MPa)	140	120
	屈服应力$[\sigma_s]$(MPa)	420	345
	热膨胀系数(1/℃)	0.000012	0.000012

注:1. 板厚按≤50mm 取用。

2. 附加力组合,强度可提高至 1.2 倍;特殊荷载组合,强度可提高至 1.3 倍。

(2)主缆。

1860MPa 高强钢丝,安全系数 2.5,性能见表 12.2-4。

主缆材料性能表

表 12.2-4

材料		高强钢丝
应用结构		主缆
力学性能	弹性模量 E(MPa)	200000
	标准强度 σ_y(MPa)	1860
	热膨胀系数	0.000012

(3)吊杆。

1770MPa 高强钢丝,安全系数 3.0,性能见表 12.2-5。

吊索材料性能表 表 12.2-5

材　料		高 强 钢 丝
应用结构		吊索
力学性能	弹性模量 E(MPa)	200000
	标准强度 σ_y(MPa)	1770
	热膨胀系数	0.000012

(4)索鞍、索夹。

主索鞍采用铸焊结合结构,铸钢部分采用 ZG270－480H,容许应力 142MPa。符合《焊接结构用碳素钢铸件》(GB/T 7659—2010)。

散索鞍、索夹采用全铸件,材料为 ZG35SiMnMo 的铸钢,容许应力 200MPa。符合《大型低合金钢铸件》(JB/T 6402—2006)的规定。

12.3 计算模型及说明

12.3.1 计算模型

计算采用空间非线性分析软件 TDV,根据实际结构构件进行空间杆系离散。主缆用分段悬链线索单元进行模拟,吊索用索单元进行模拟,桥塔、主梁用梁单元进行模拟。这样建立的模型真实地反映了结构的实际情况,另外还考虑了加劲梁竖曲线、桥面横坡、主塔主梁弹性压缩等的影响。

边界约束条件:桥塔在塔底固结,桥墩在墩底固结,主缆在主梁锚固点固结,主梁在顺桥向无约束,竖向和横桥向在桥墩、桥塔处被约束。结构空间单元离散如图 12.3-1、图 12.3-2 所示。

图 12.3-1　静力计算模型(成桥)

12.3.2 计算结果说明

梁单元轴力、应力以拉为正,以压为负,主梁剪力以主梁逆时针转为正,反之为负,主梁弯矩以下缘受拉为正,上缘受拉为负。

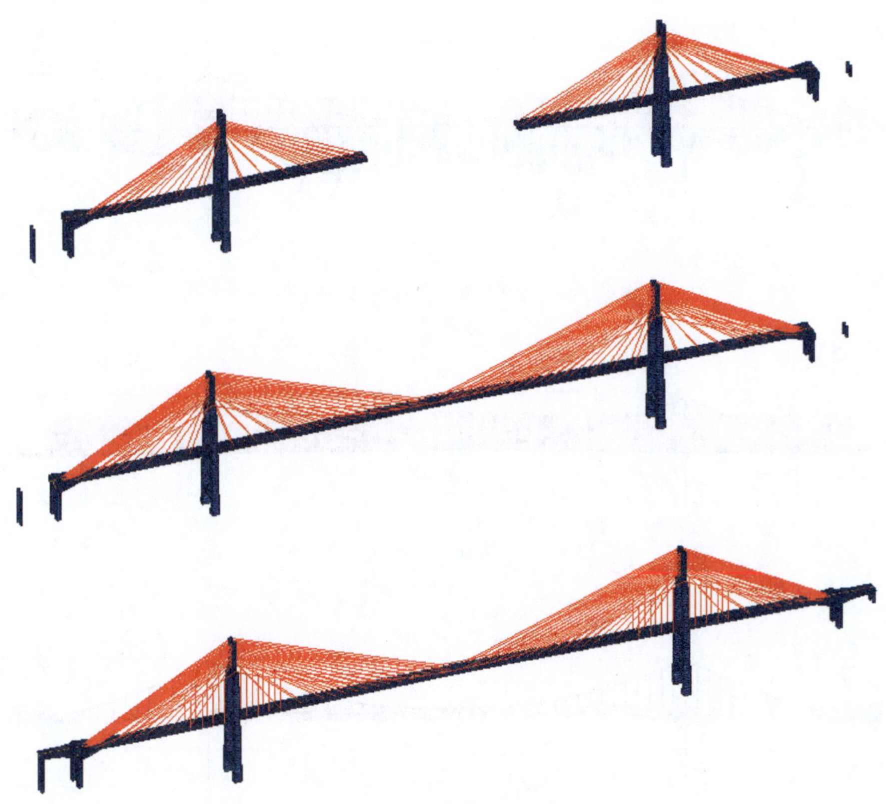

图 12.3-2　静力计算模型(施工阶段)

12.4　正常使用阶段静力计算结果

12.4.1　活载计算结果

活载下主梁和主塔的位移包络结果如图 12.4-1 所示。

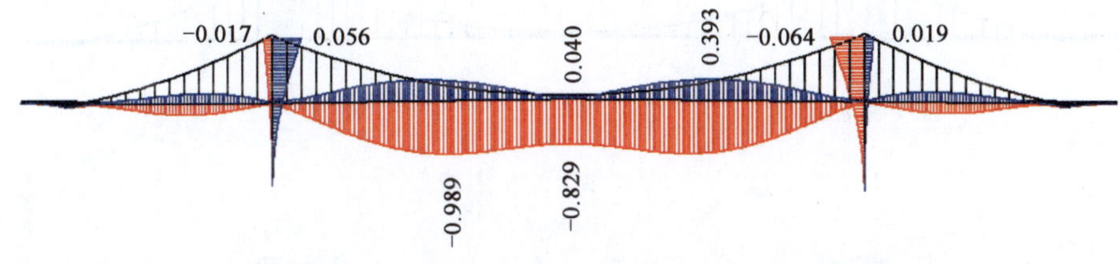

图 12.4-1　主梁和主塔位移包络图(单位:m)

活载下主梁和主塔的内力包络结果如图 12.4-2 ~ 图 12.4-7 所示。
活载下主梁和主塔的应力包络结果如图 12.4-8 所示。

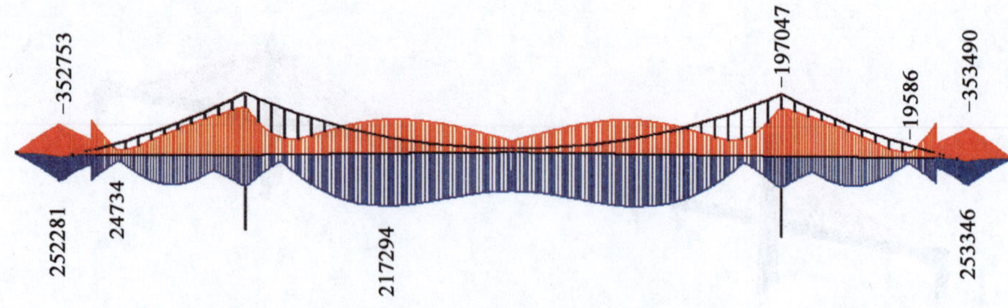

图 12.4-2 主梁弯矩包络图(单位:kN·m)

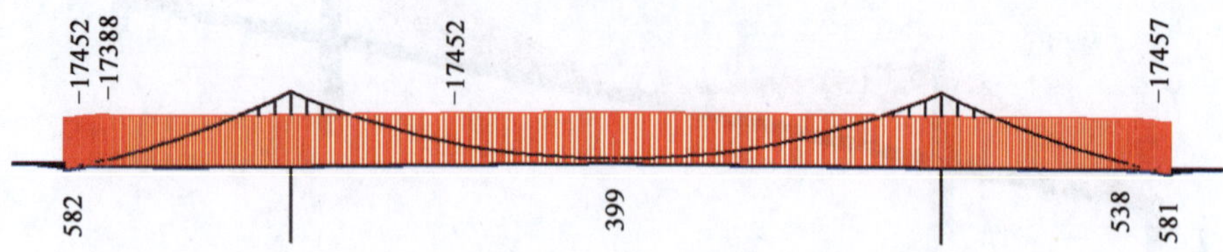

图 12.4-3 主梁轴力包络图(单位:kN)

图 12.4-4 主梁剪力包络图(单位:kN)

图 12.4-5 主塔弯矩包络图(单位:kN·m)

图 12.4-6 主塔轴力包络图(单位:kN)

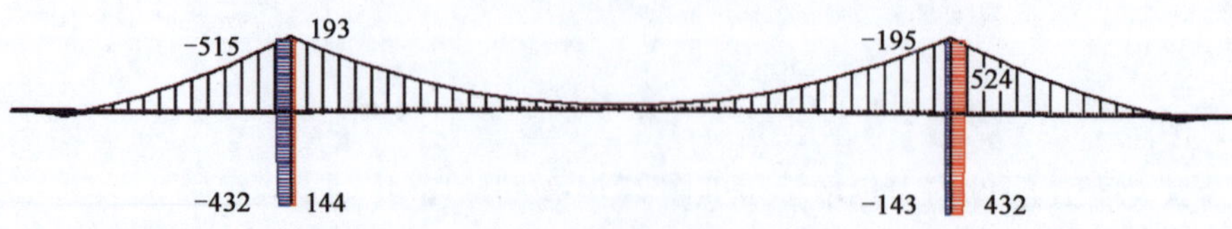

图 12.4-7 主塔剪力包络图(单位:kN)

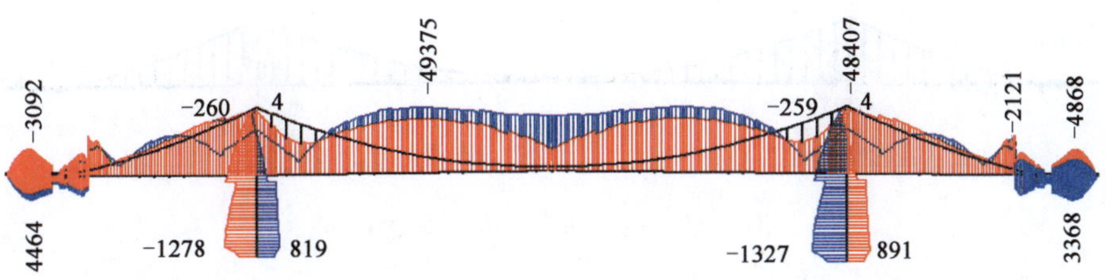

图 12.4-8　主梁和主塔应力包络图(单位:kPa)

12.4.2　基础沉降计算结果

基础沉降作用下主梁和主塔的位移包络结果如图 12.4-9 所示。

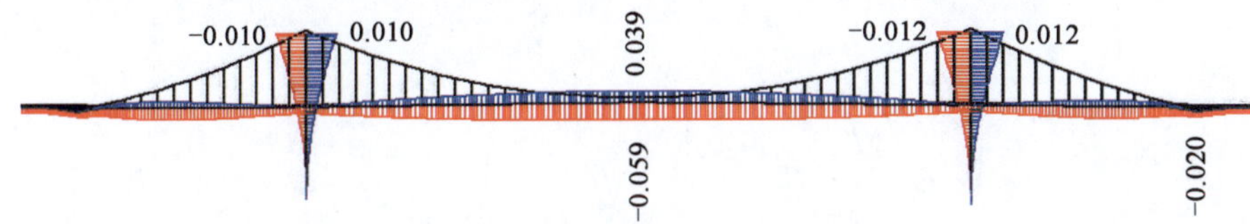

图 12.4-9　主梁和主塔位移包络图(单位:m)

基础沉降作用下主梁和主塔的内力包络结果如图 12.4-10 ~ 图 12.4-15 所示。

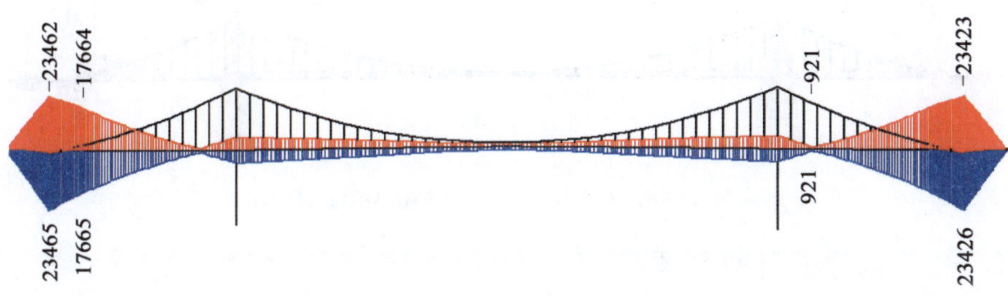

图 12.4-10　主梁弯矩包络图(单位:kN·m)

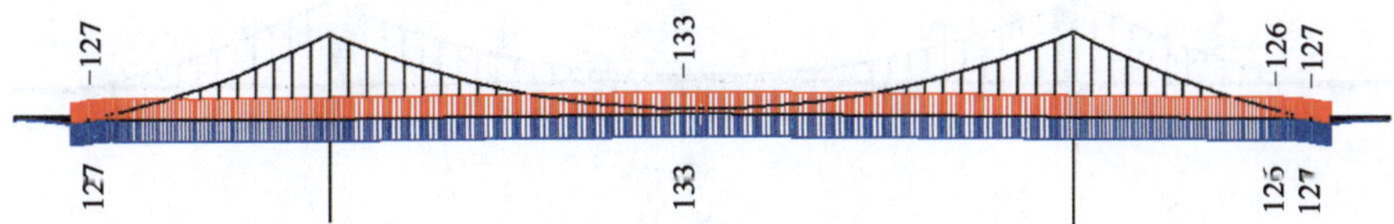

图 12.4-11　主梁轴力包络图(单位:kN)

图 12.4-12　主梁剪力包络图(单位:kN)

图 12.4-13　主塔弯矩包络图(单位:kN · m)

图 12.4-14　主塔轴力包络图(单位:kN)

图 12.4-15　主塔剪力包络图(单位:kN)

基础沉降作用下主梁和主塔的应力包络结果如图 12.4-16 所示。

图 12.4-16　主梁和主塔应力包络图(单位:kPa)

12.4.3　收缩徐变计算结果

收缩徐变作用下主梁和主塔的位移包络结果如图 12.4-17 ~ 图 12.4-24 所示。

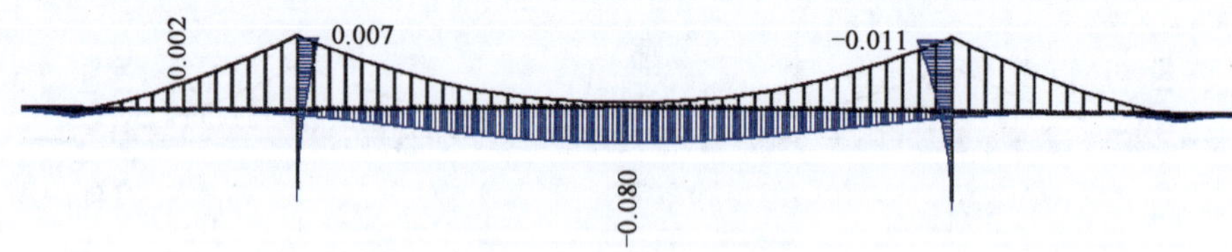

图 12.4-17　主梁和主塔位移包络图(单位:m)

收缩徐变作用下主梁和主塔的内力包络结果如图 12.4-18 ~ 图 12.4-23 所示。

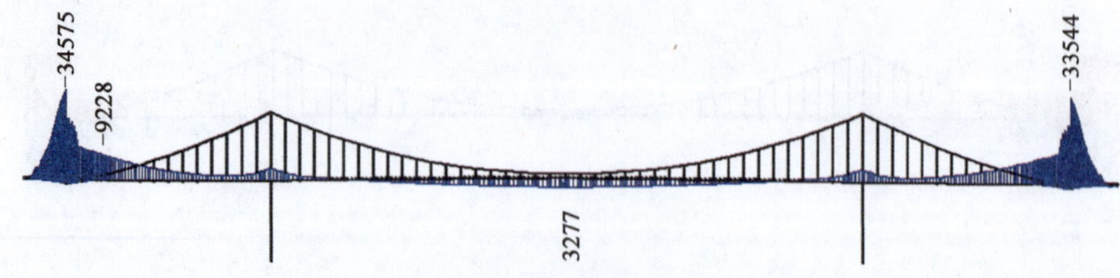

图 12.4-18　主梁弯矩包络图(单位:kN · m)

图 12.4-19　主梁轴力包络图(单位:kN)

图 12.4-20　主梁剪力包络图(单位:kN)

图 12.4-21　主塔弯矩包络图(单位:kN·m)

图 12.4-22　主塔轴力包络图(单位:kN)

图 12.4-23　主塔剪力包络图(单位:kN)

收缩徐变作用下主梁和主塔的应力包络结果如图 12.4-24 所示。

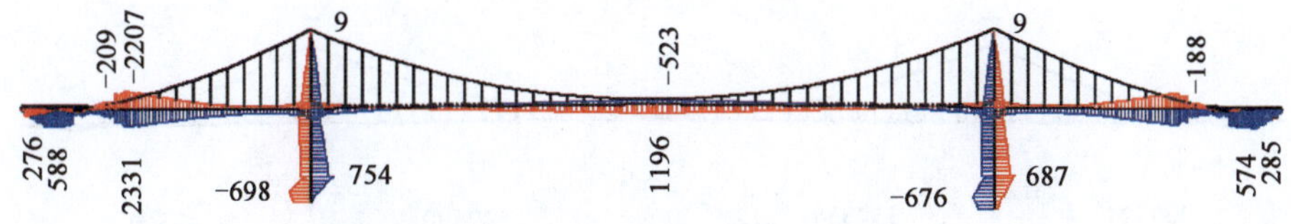

图 12.4-24　主梁和主塔应力包络图(单位:kPa)

12.4.4 整体升降温计算结果

整体升降温作用下主梁和主塔的位移包络结果如图 12.4-25 ~ 图 12.4-31 所示。

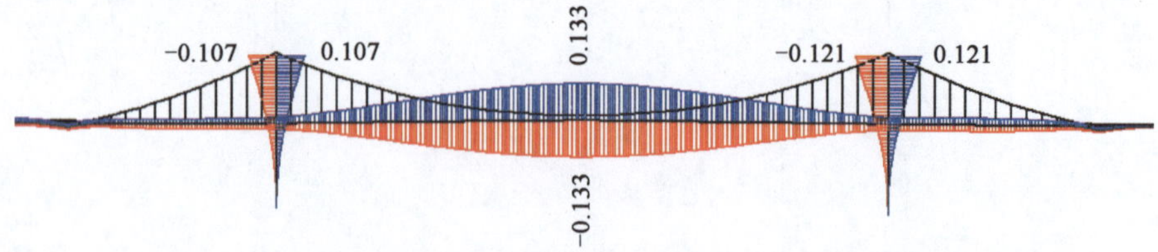

图 12.4-25 主梁和主塔位移包络图(单位:m)

整体升降温作用下主梁和主塔的内力包络结果如图 12.4-26 ~ 图 12.4-31 所示。

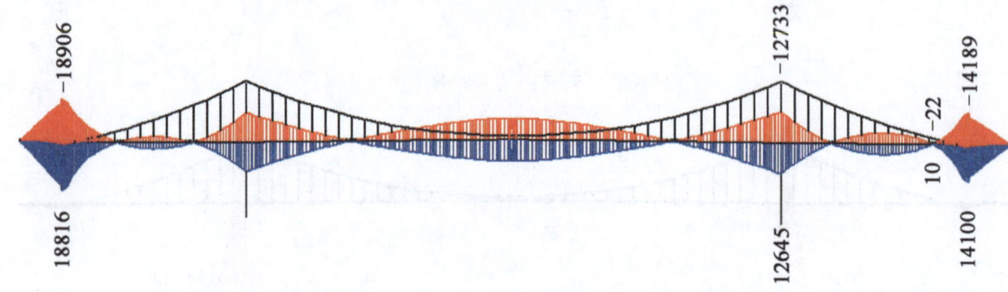

图 12.4-26 主梁弯矩包络图(单位:kN · m)

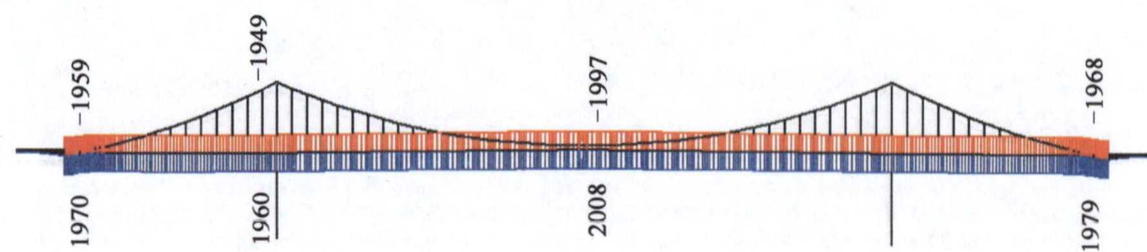

图 12.4-27 主梁轴力包络图(单位:kN)

图 12.4-28 主梁剪力包络图(单位:kN)

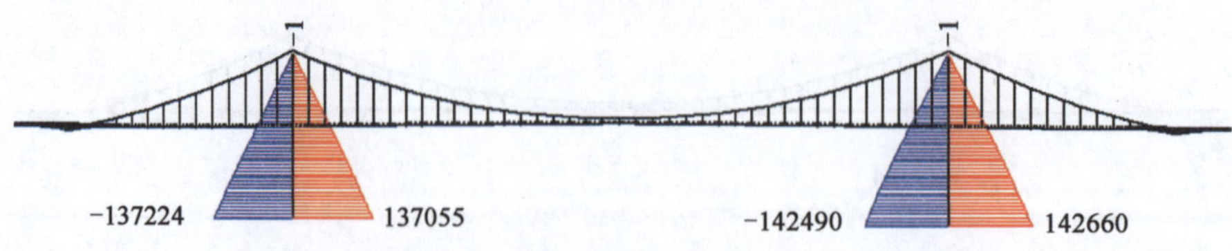

图 12.4-29 主塔弯矩包络图(单位:kN · m)

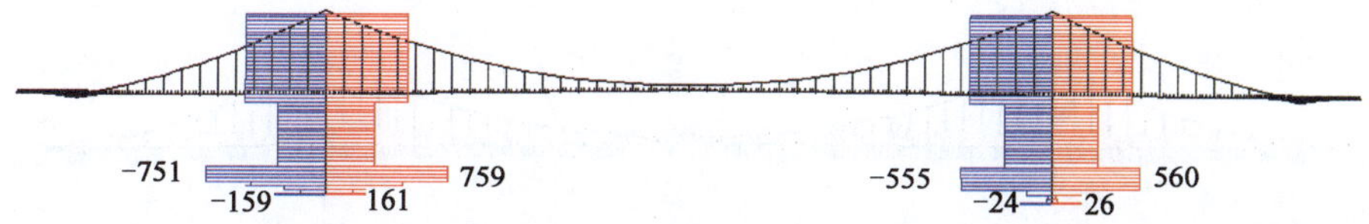

图 12.4-30　主塔轴力包络图(单位:kN)

图 12.4-31　主塔剪力包络图(单位:kN)

整体升降温作用下主梁和主塔的应力包络结果如图 12.4-32 所示。

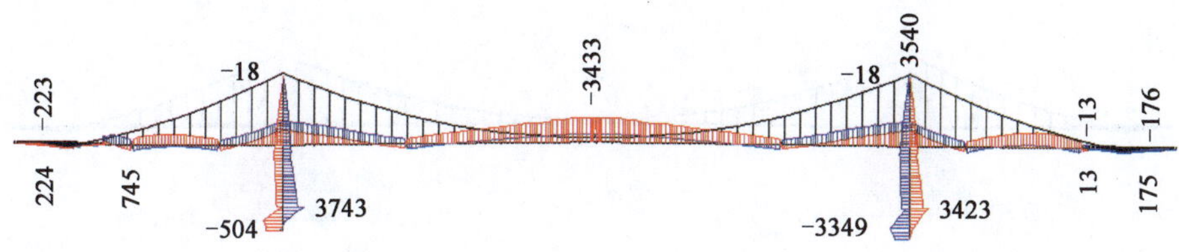

图 12.4-32　主梁和主塔应力包络图(单位:kPa)

12.4.5　梯度温度计算结果

梯度温度作用下主梁和主塔的位移包络结果如图 12.4-33 所示。

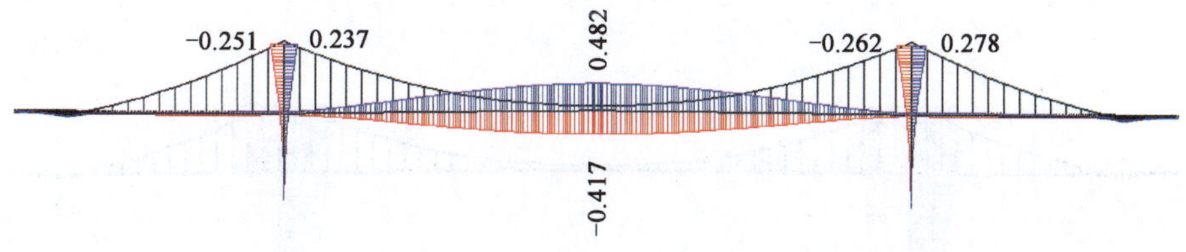

图 12.4-33　主梁和主塔位移包络图(单位:m)

梯度温度作用下主梁和主塔的内力包络结果如图 12.4-34 ~ 图 12.4-39 所示。

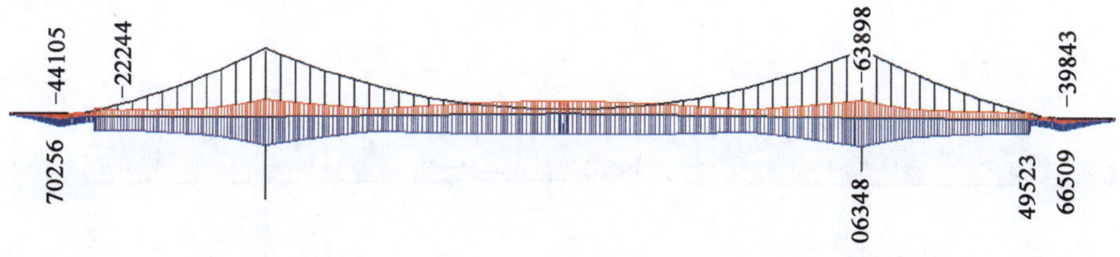

图 12.4-34　主梁弯矩包络图(单位:kN · m)

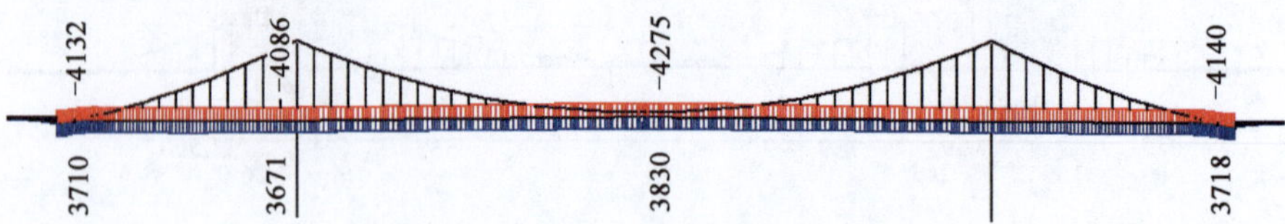

图 12.4-35　主梁轴力包络图(单位:kN)

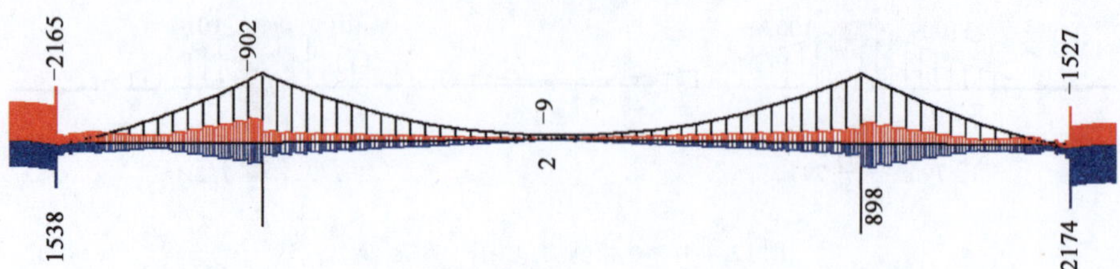

图 12.4-36　主梁剪力包络图(单位:kN)

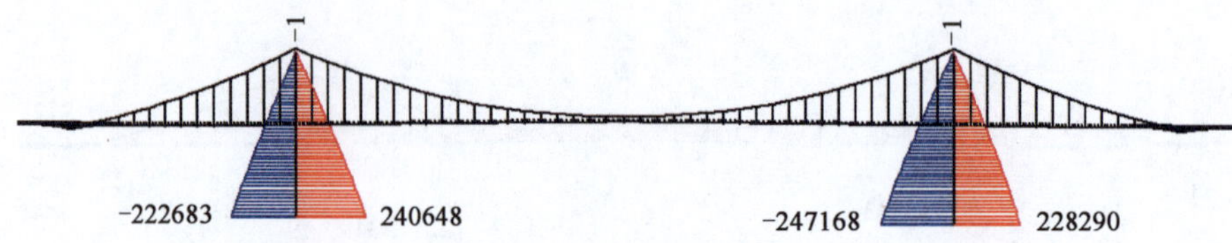

图 12.4-37　主塔弯矩包络图(单位:kN·m)

图 12.4-38　主塔轴力包络图(单位:kN)

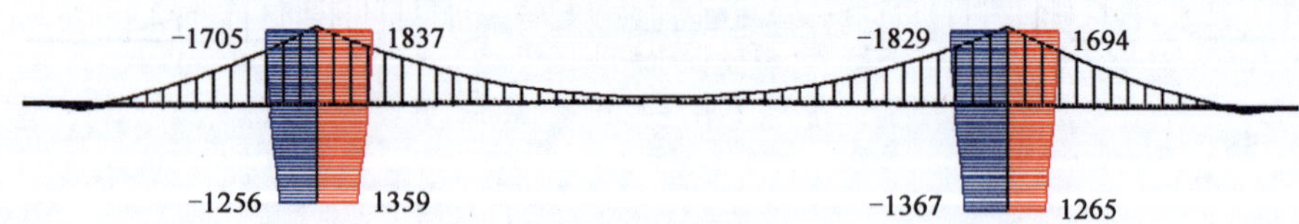

图 12.4-39　主塔剪力包络图(单位:kN)

梯度温度作用下主梁和主塔的应力包络结果如图 12.4-40 所示。

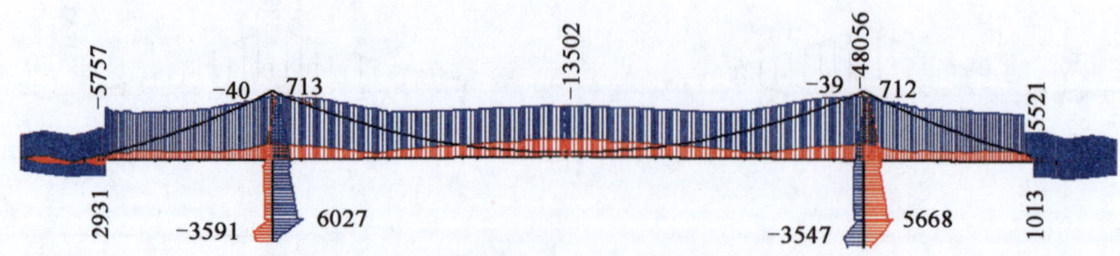

图 12.4-40　主梁和主塔应力包络图(单位:kPa)

12.4.6　风荷载计算结果(运营风)

(1)横向风。

横向风作用下主梁和主塔的位移包络结果如图 12.4-41、图 12.4-42 所示。

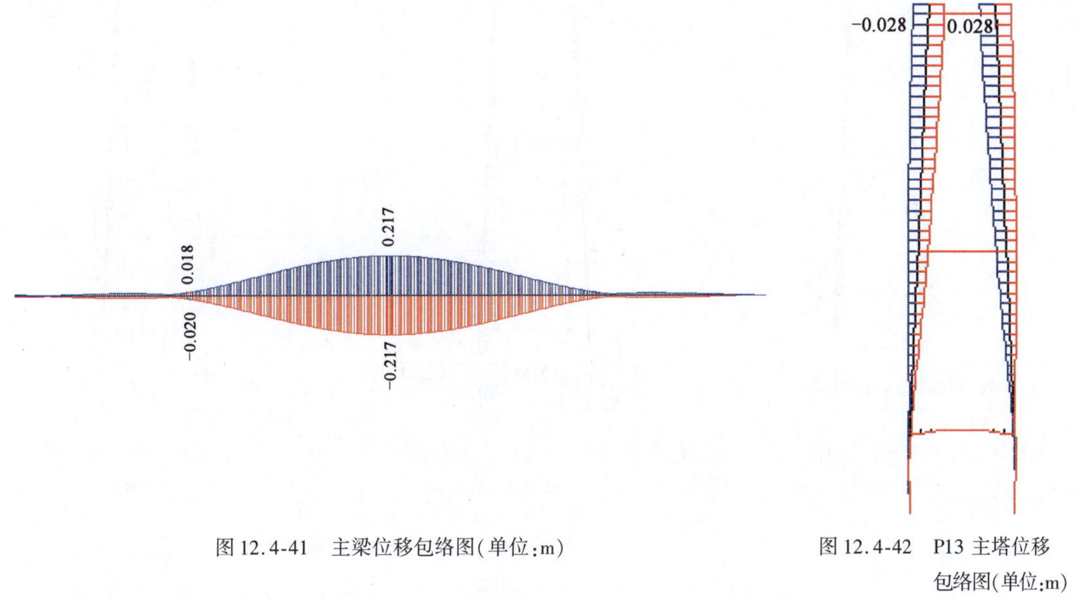

图 12.4-41　主梁位移包络图(单位:m)

图 12.4-42　P13 主塔位移包络图(单位:m)

横向风作用下主梁和主塔的内力包络结果如图 12.4-43 ~ 图 12.4-47 所示。

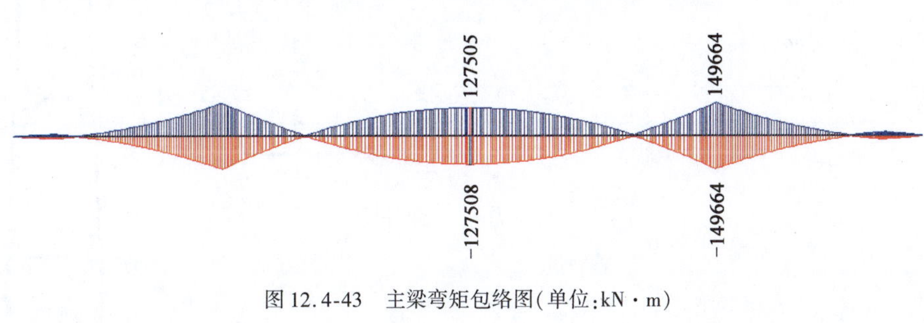

图 12.4-43　主梁弯矩包络图(单位:kN · m)

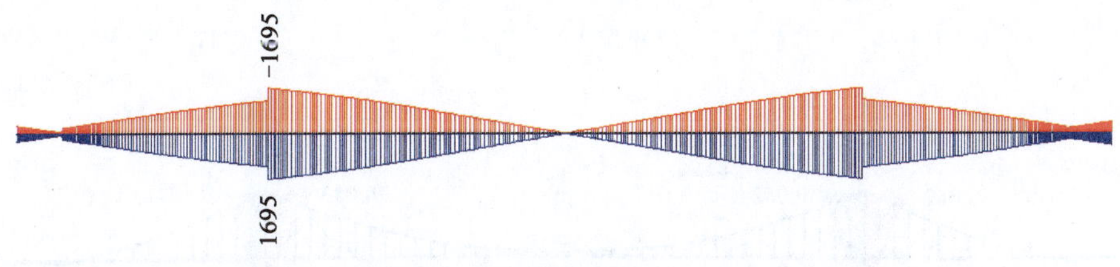

图 12.4-44　主梁剪力包络图(单位:kN)

横向风作用下主梁和主塔的应力包络结果如图 12.4-48、图 12.4-49 所示。

(2)顺向风。

顺向风作用下主梁和主塔的位移包络结果如图 12.4-50 所示。

顺向风作用下主梁和主塔的内力包络结果如图 12.4-51 ~ 图 12.4-56 所示。

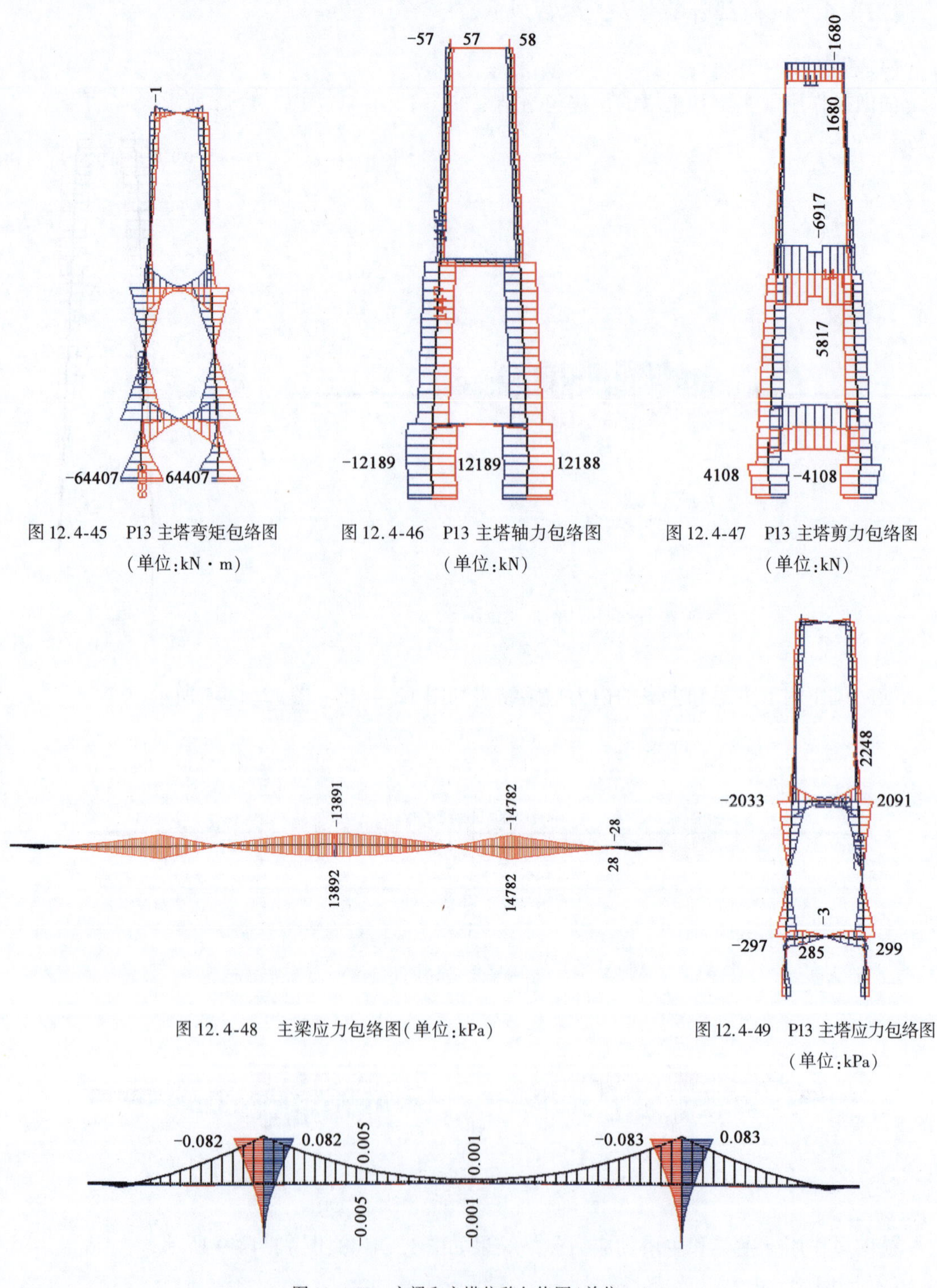

图 12.4-45　P13 主塔弯矩包络图（单位:kN · m）

图 12.4-46　P13 主塔轴力包络图（单位:kN）

图 12.4-47　P13 主塔剪力包络图（单位:kN）

图 12.4-48　主梁应力包络图(单位:kPa)

图 12.4-49　P13 主塔应力包络图（单位:kPa）

图 12.4-50　主梁和主塔位移包络图(单位:m)

顺向风作用下主梁和主塔的应力包络结果如图 12.4-57 所示。

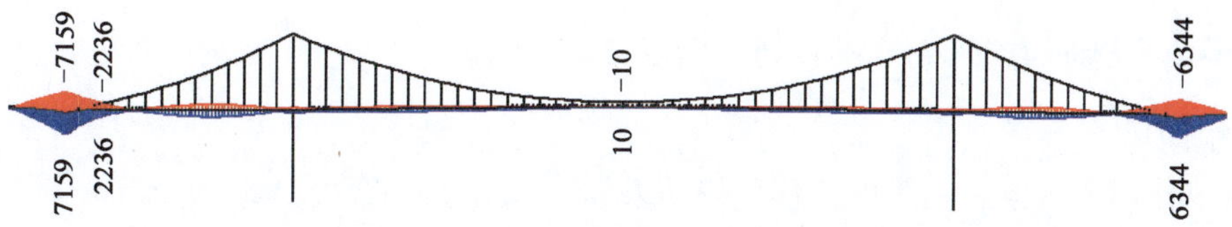

图 12.4-51　主梁弯矩包络图(单位:kN·m)

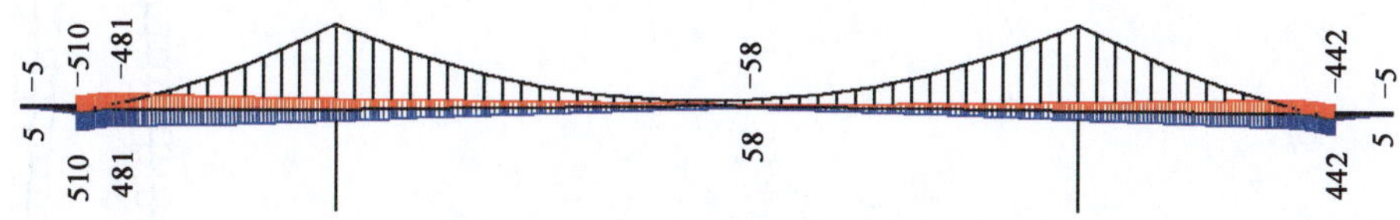

图 12.4-52　主梁轴力包络图(单位:kN)

图 12.4-53　主梁剪力包络图(单位:kN)

图 12.4-54　主塔弯矩包络图(单位:kN·m)

图 12.4-55　主塔轴力包络图(单位:kN)

图 12.4-56　主塔剪力包络图(单位:kN)

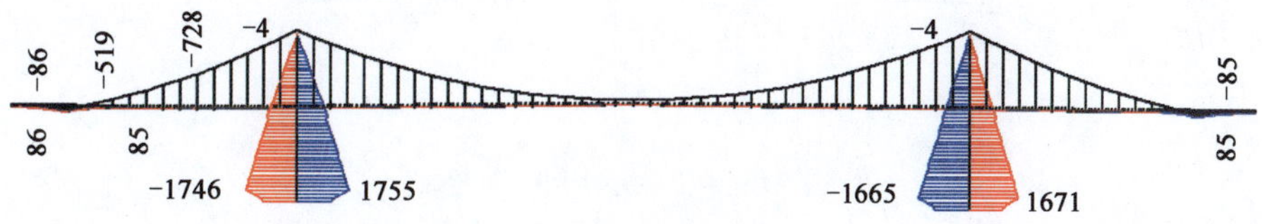

图 12.4-57　主梁和主塔应力包络图(单位:kPa)

12.4.7 风荷载计算结果(100 年风)

(1)横向风。

横向风作用下主梁和主塔的位移包络结果如图 12.4-58、图 12.4-59 所示。

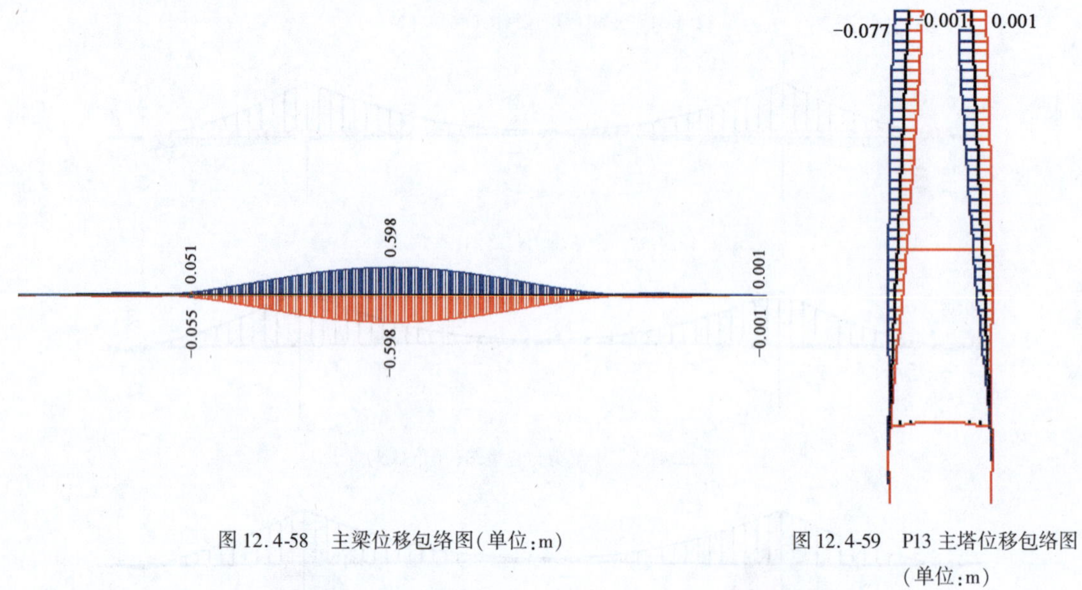

图 12.4-58 主梁位移包络图(单位:m)

图 12.4-59 P13 主塔位移包络图(单位:m)

横向风作用下主梁和主塔的内力包络结果如图 12.4-60 ~ 图 12.4-64 所示。

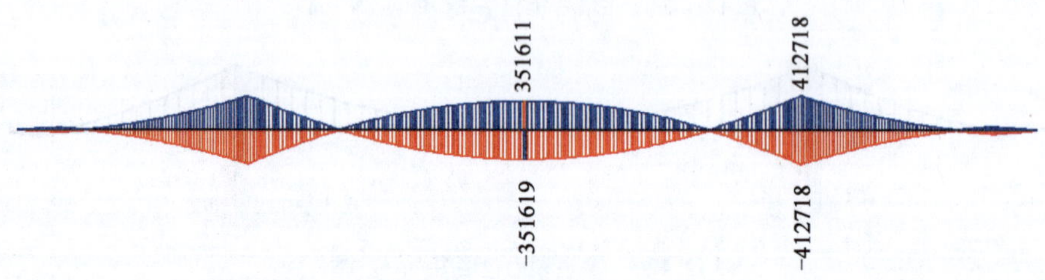

图 12.4-60 主梁弯矩包络图(单位:kN·m)

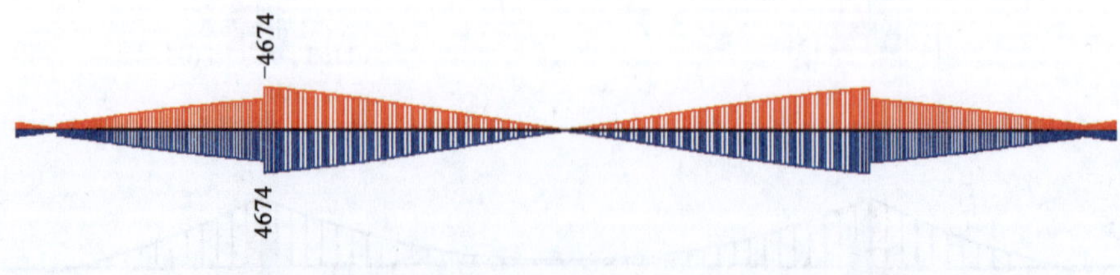

图 12.4-61 主梁剪力包络图(单位:kN)

横向风作用下主梁和主塔的应力包络结果如图 12.4-65、图 12.4-66 所示。

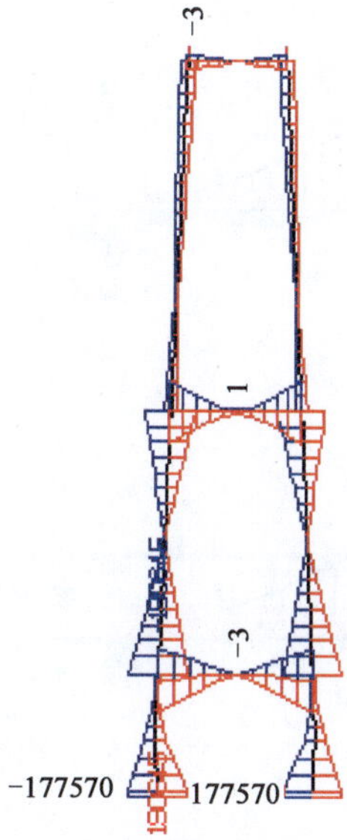

图 12.4-62　P13 主塔弯矩包络图（单位：kN・m）

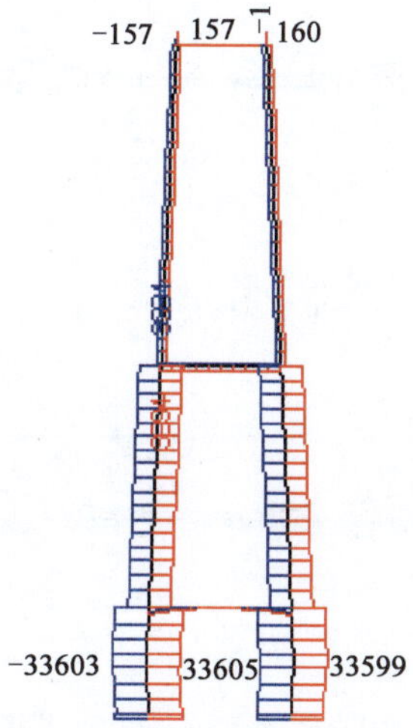

图 12.4-63　P13 主塔轴力包络图（单位：kN）

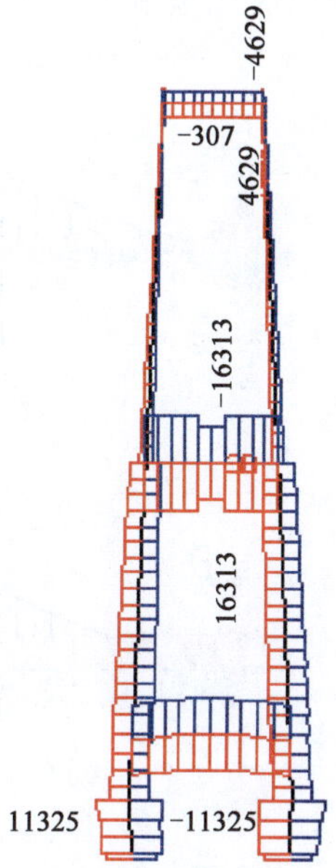

图 12.4-64　P13 主塔剪力包络图（单位：kN）

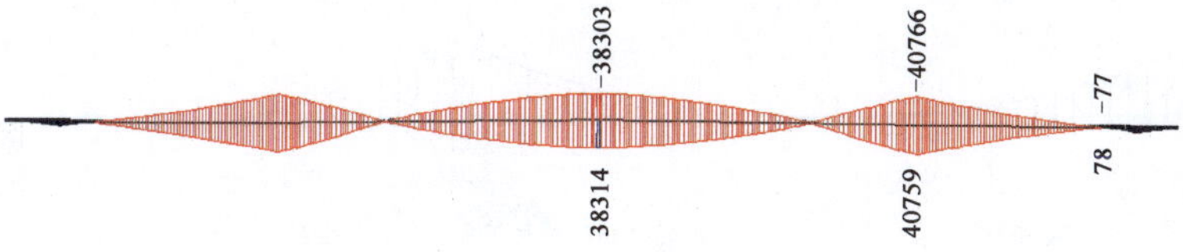

图 12.4-65　主梁应力包络图（单位：kPa）

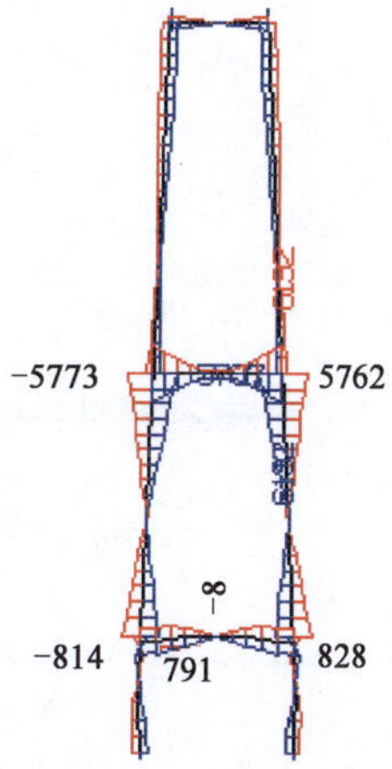

图 12.4-66　P13 主塔应力包络图（单位：kPa）

（2）顺向风。

顺向风作用下主梁和主塔的位移包络结果如图 12.4-67 所示。

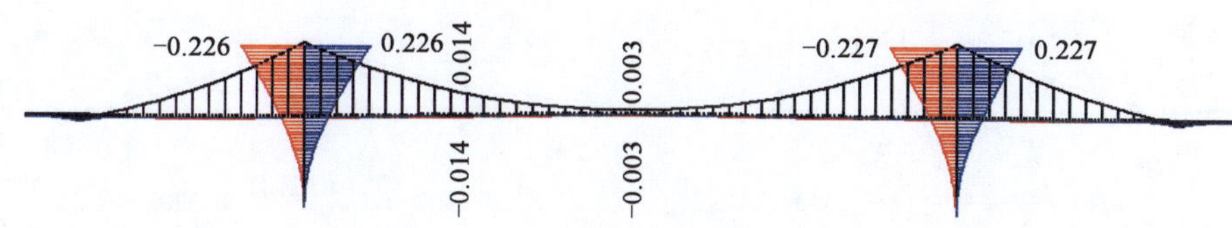

图 12.4-67　主梁和主塔位移包络图（单位：m）

顺向风作用下主梁和主塔的内力包络结果如图12.4-68～图12.4-73所示。

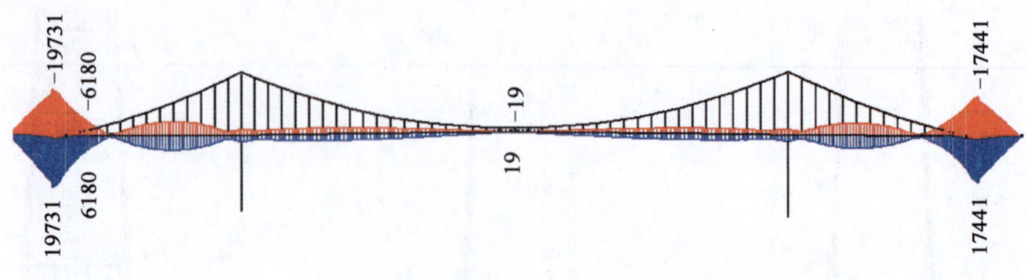

图12.4-68 主梁弯矩包络图(单位:kN·m)

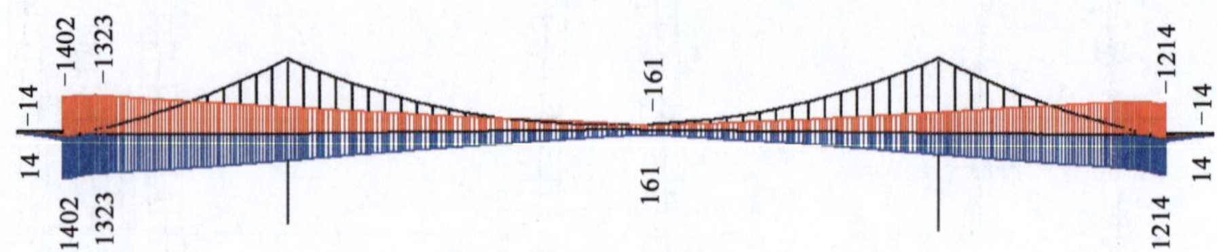

图12.4-69 主梁轴力包络图(单位:kN)

图12.4-70 主梁剪力包络图(单位:kN)

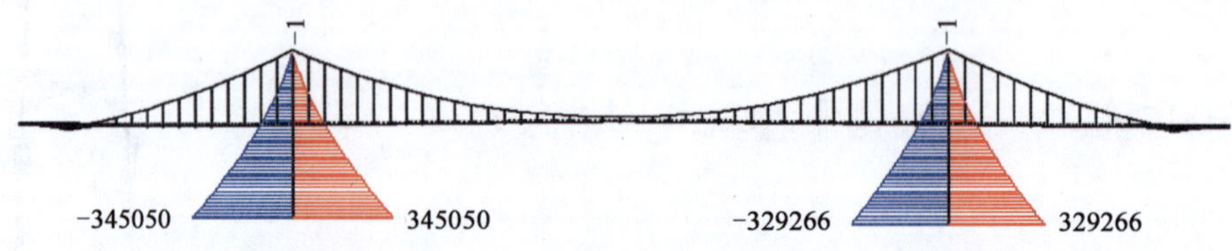

图12.4-71 主塔弯矩包络图(单位:kN·m)

图12.4-72 主塔轴力包络图(单位:kN)

图12.4-73 主塔剪力包络图(单位:kN)

顺向风作用下主梁和主塔的应力包络结果如图 12.4-74 所示。

图 12.4-74　主梁和主塔应力包络图(单位:kPa)

12.4.8　支承反力计算结果

(1)支座反力。

主梁在各单项荷载作用下各支座支承反力计算结果见表 12.4-1 ~ 表 12.4-3。

支座反力计算结果表(一)　　表 12.4-1

位　置	轻轨(kN)		人群(kN)		沉降(kN)	
	最大值	最小值	最大值	最小值	最大值	最小值
P11 墩	3657	-2536	661	-942	244	-244
P12 墩	5656	-7241	2044	-1447	332	-332
P13 塔(西塔)	2481	-4115	1663	-2005	58	-58
P14 塔(东塔)	2472	-4118	1630	-1974	59	-59
P15 墩	5658	-7249	2045	-1450	332	-332
P16 墩	3665	-2538	660	-939	243	-243

支座反力计算结果表(二)　　表 12.4-2

位　置	整体温度(kN)		温度梯度(kN)		收缩徐变(kN)
	最大值	最小值	最大值	最小值	
P11 墩	184	-183	462	-731	153
P12 墩	512	-515	1210	-917	-269
P13 塔(西塔)	174	-177	611	-518	-138
P14 塔(东塔)	185	-188	623	-530	-138
P15 墩	446	-449	1163	-858	-255
P16 墩	132	-132	417	-691	142

支座反力计算结果表(三)　　表 12.4-3

位　置	运营风(kN)		100 年风(kN)	
	最大值	最小值	最大值	最小值
P11 墩	840	-840	2317	-2317
P12 墩	535	-535	1473	-1473
P13 塔(西塔)	1461	-1461	4028	-4028
P14 塔(东塔)	1377	-1377	3797	-3797
P15 墩	419	-419	1153	-1153
P16 墩	768	-768	2117	-2117

主梁在组合作用下各支座支承反力计算结果见表 12.4-4。

组合作用下支承反力结果(单个支座)　　表 12.4-4

位　置	恒载(kN)	主力组合(kN)		主力 + 附加力组合(kN)	
		最大值	最小值	最大值	最小值
P11 墩	-5200	-356	-8856	946	-10428
P12 墩	-35724	-27762	-45267	-26017	-46719
P13 塔(西塔)	-8808	-4656	-15267	-2585	-17246
P14 塔(东塔)	-8945	-4836	-15378	-2836	-17285
P15 墩	-35231	-27253	-44770	-25670	-46047
P16 墩	-4999	-160	-8667	1025	-10126

(2)支座型号。

根据静力计算结果,各桥墩和主塔设置的支座型号见表 12.4-5。

支 座 型 号　　表 12.4-5

支 座 位 置	球钢支座型号	备　注
P11 墩	15000kN	抗拉支座,抗拉承载力为 1500kN
P12 墩	60000kN	
P13 墩(西塔)	17500kN	抗拉支座,抗拉承载力为 1750kN
P14 墩(西塔)	17500kN	抗拉支座,抗拉承载力为 1750kN
P15 墩	60000kN	
P16 墩	15000kN	抗拉支座,抗拉承载力为 1500kN

12.4.9　主梁计算结果

(1)恒载工况。

不考虑基础变位影响,恒载作用下主梁的内力计算结果如图 12.4-75 ~ 图 12.4-77 所示。

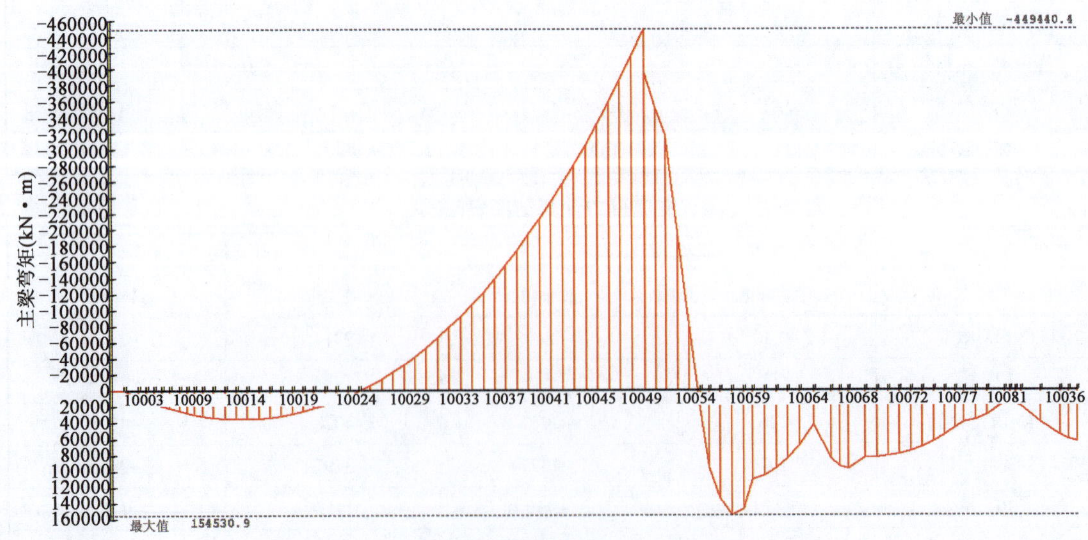

图 12.4-75　恒载作用下混凝土主梁弯矩图(不计预应力)

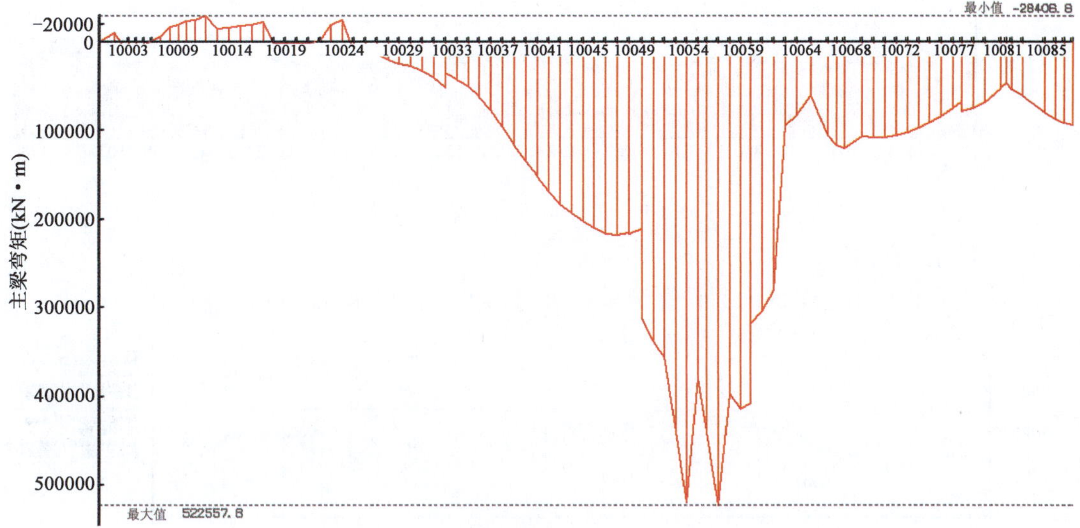

图 12.4-76 恒载作用下混凝土主梁弯矩图(计预应力)

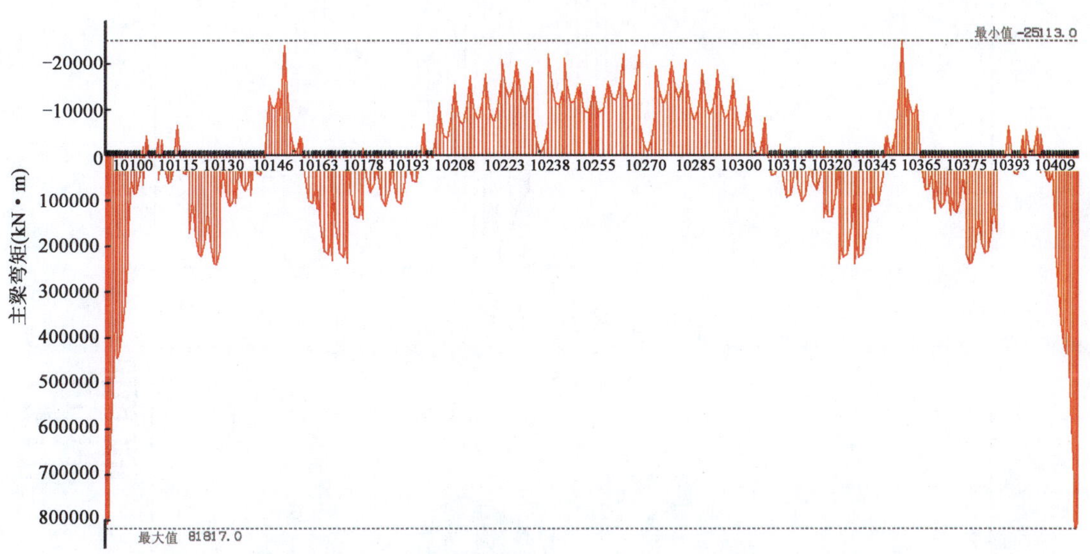

图 12.4-77 恒载作用下钢主梁弯矩图(计预应力)

不考虑基础变位影响,恒载作用下主梁的应力计算结果如图 12.4-78、图 12.4-79 所示。

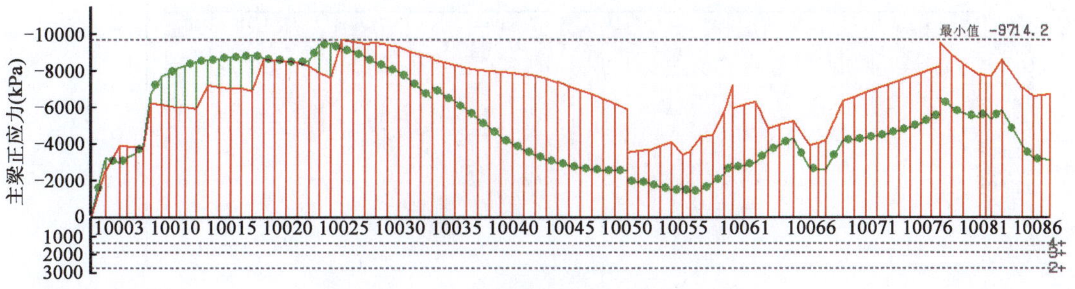

图 12.4-78 恒载作用下混凝土主梁正应力图

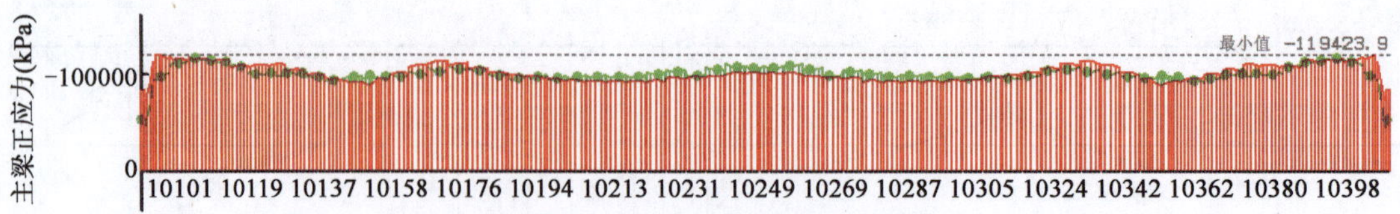

图 12.4-79 恒载作用下钢主梁正应力图

(2)主力组合作用。

主力组合作用下主梁的内力计算结果如图 12.4-80、图 12.4-81 所示。

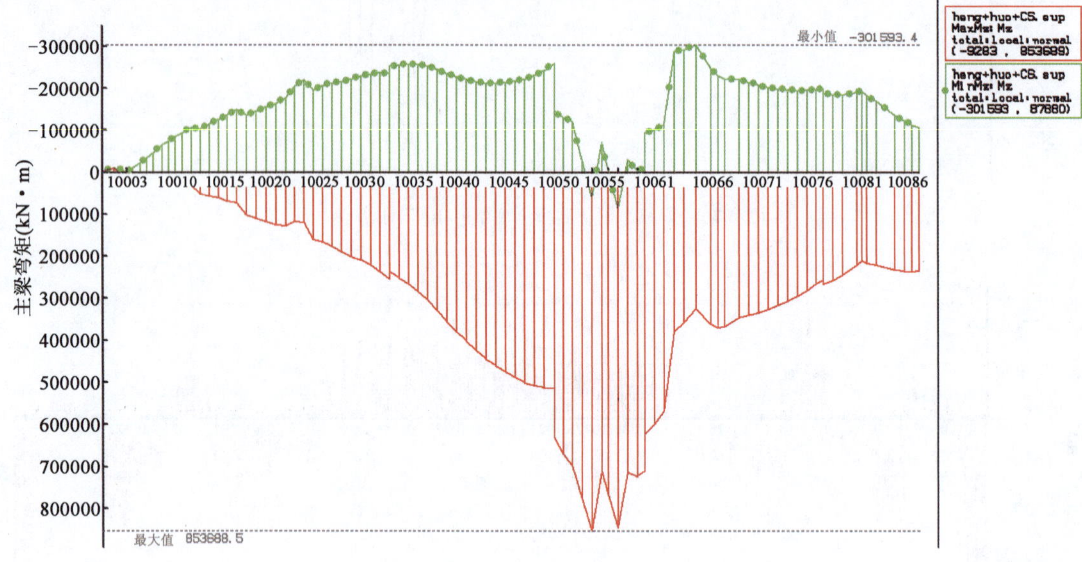

图 12.4-80 主力组合作用下混凝土主梁弯矩图

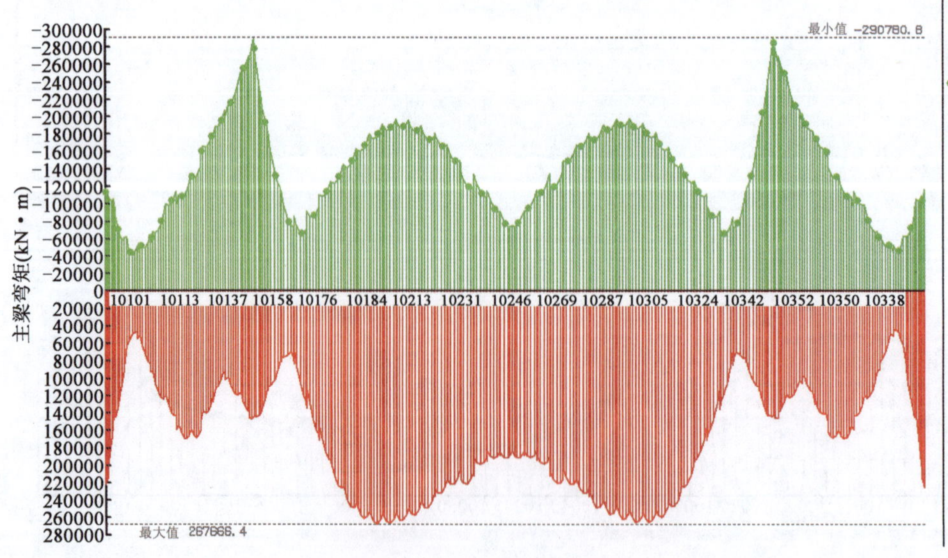

图 12.4-81 主力组合作用下钢主梁弯矩图

主力组合作用下主梁的应力计算结果如图 12.4-82～图 12.4-85 所示。

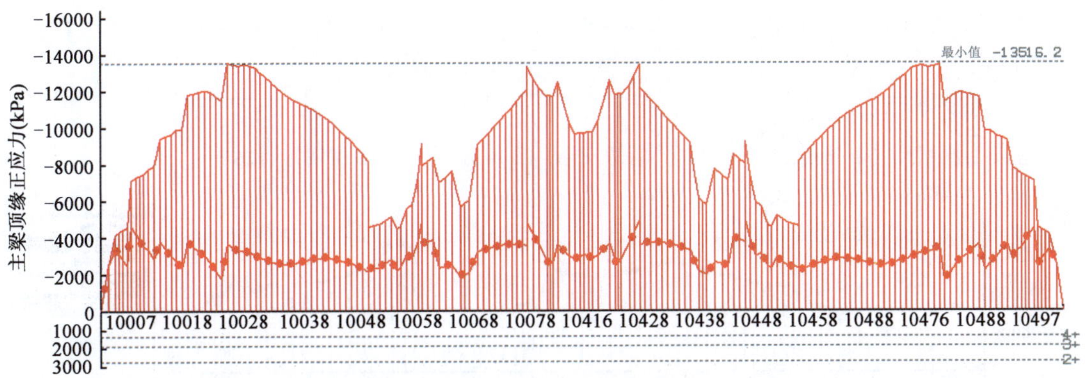

图 12.4-82　主力组合混凝土主梁顶缘正应力图

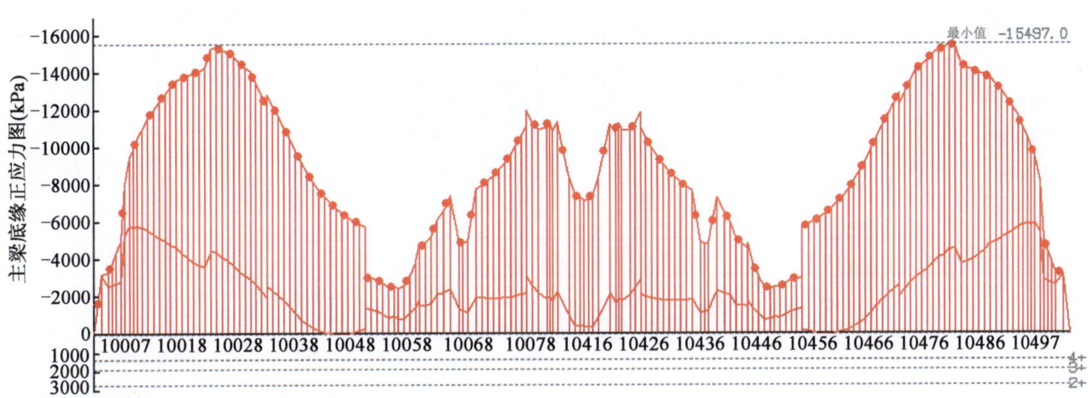

图 12.4-83　主力组合混凝土主梁底缘正应力图

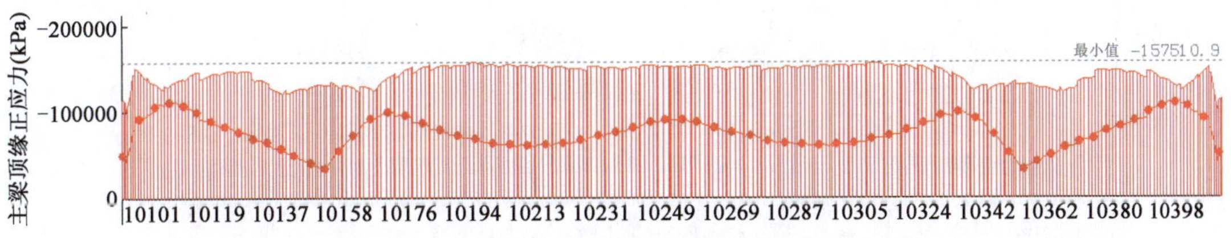

图 12.4-84　主力组合钢主梁顶缘正应力图

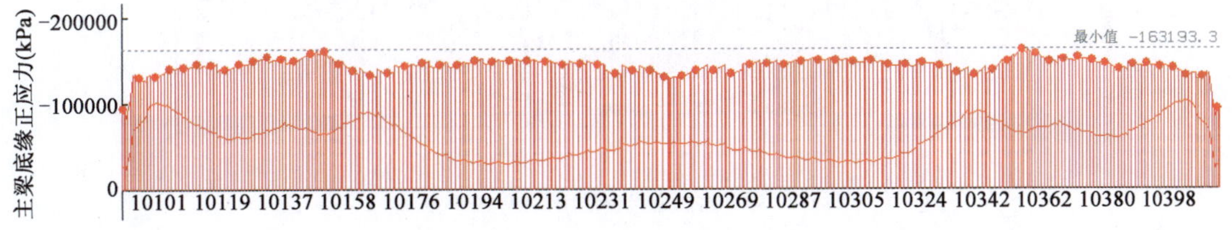

图 12.4-85　主力组合钢主梁底缘正应力图

主力组合下钢主梁的最大应力为 163.2MPa，小于 Q420qD 的容许应力 230MPa，钢梁应力满足规范要求。

主力组合下混凝土主梁的未出现拉应力，最大压应力为 15.5MPa，小于 0.5 倍混凝土抗压计算强度 $0.5f_c = 0.5 \times 37 = 18.5\text{MPa}$，混凝土主梁应力满足规范要求。

(3)附加力组合作用。

主力组合作用下主梁的内力计算结果如图 12.4-86 和图 12.4-87 所示。

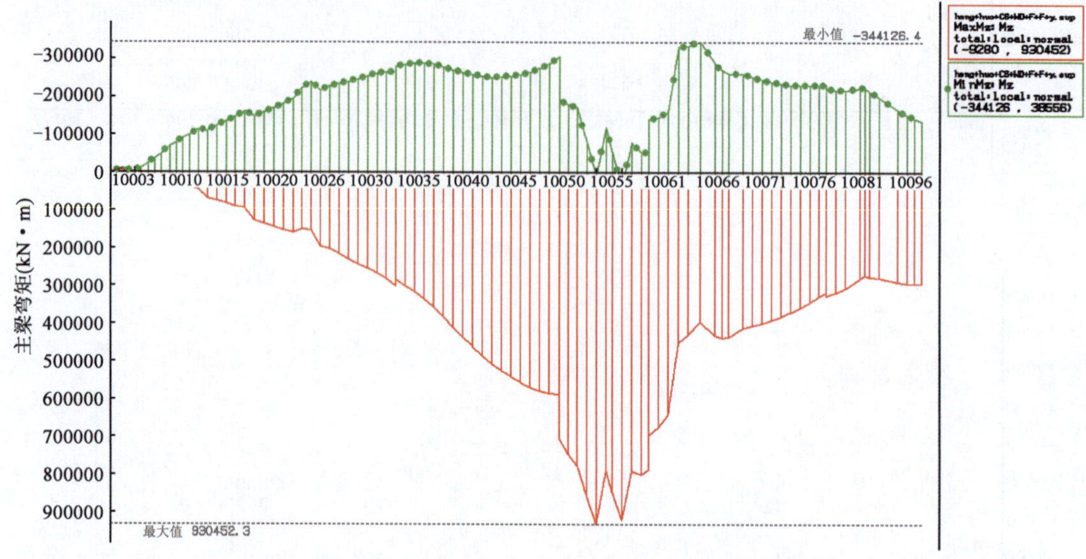

图 12.4-86　附加力组合作用下混凝土主梁弯矩图

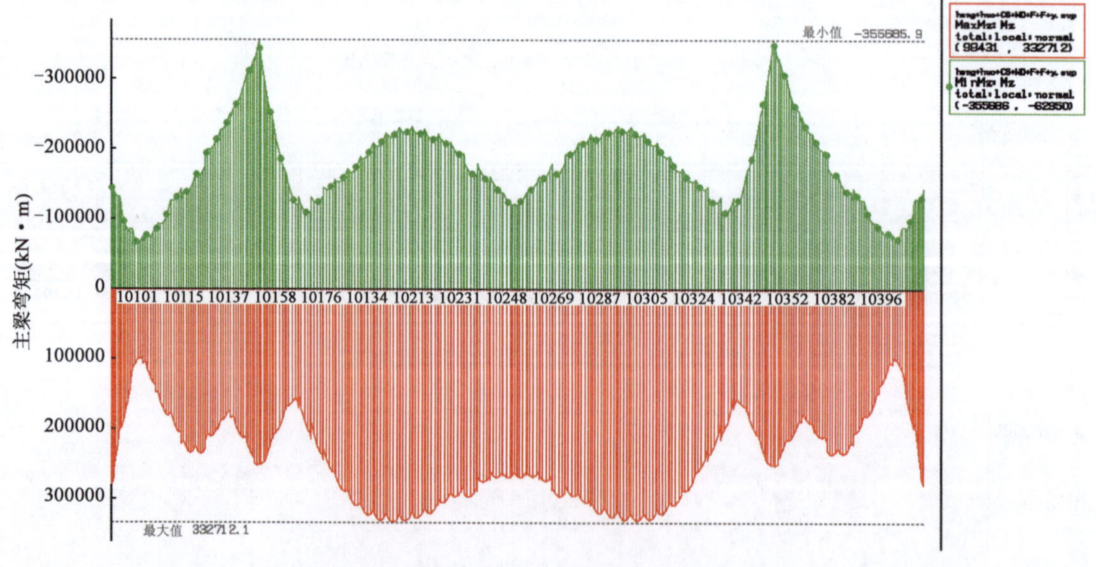

图 12.4-87　附加力组合作用下钢主梁弯矩图

主力组合作用下主梁的应力计算结果如图 12.4-88 ~ 图 12.4-91 所示。

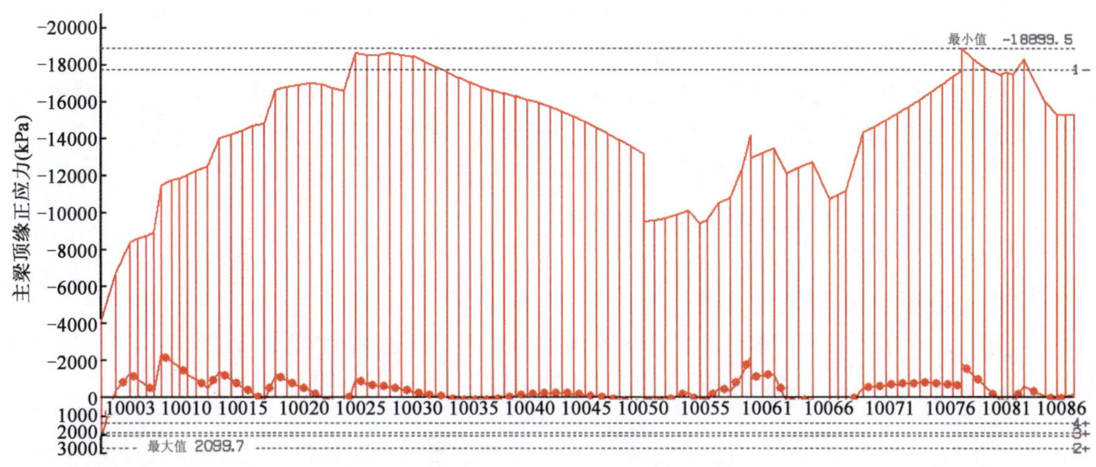

图 12.4-88　附加力组合混凝土主梁顶缘正应力图

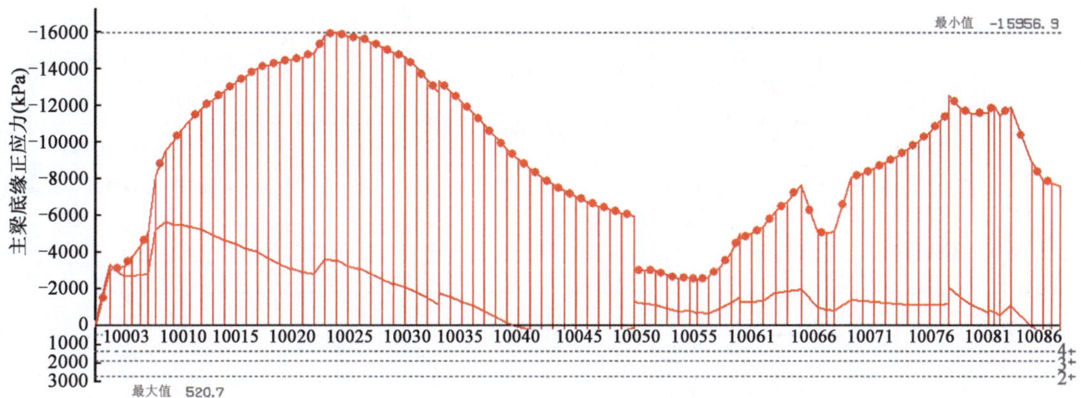

图 12.4-89　附加力组合混凝土主梁底缘正应力图

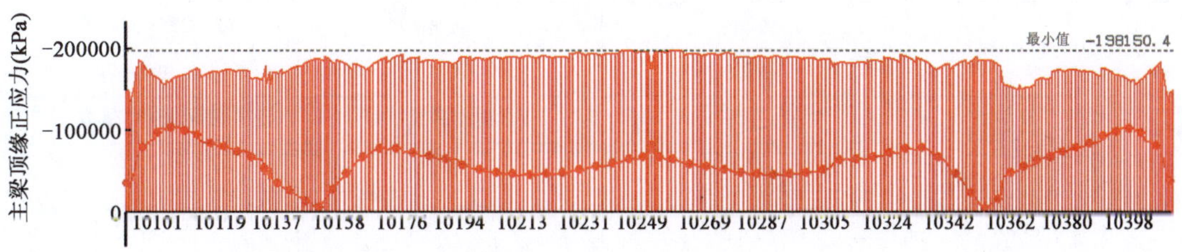

图 12.4-90　附加力组合钢主梁顶缘正应力图

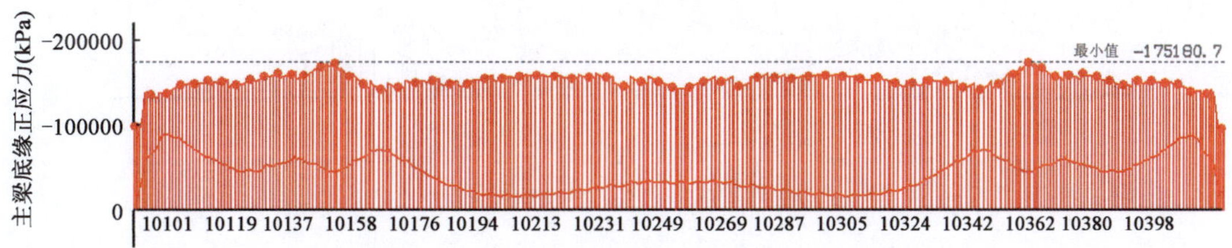

图 12.4-91　附加力组合钢主梁底缘正应力图

附加力组合下钢主梁的最大应力为198.2MPa，小于Q420qD的容许应力乘以提高系数230×1.2=276MPa，钢梁应力满足规范要求。

附加力组合下混凝土主梁的最大拉应力为0.9MPa，小于0.7倍混凝土抗拉计算强度$0.7f_{ct}=0.7\times2.31$MPa，满足容许出现拉应力但不容许开裂构件受拉区正应力的要求。附加力组合下混凝土主梁最大压应力为18.9MPa，小于0.55倍混凝土抗压计算强度$0.55f_c=0.55\times37=20.35$MPa，满足正截面混凝土压应力要求。

(4)主梁刚度验算。

①主桥关键构件位移计算结果。

根据静力计算结果，不同荷载作用下各构件位移见表12.4-6，列车荷载作用下结构变形图如图12.4-92和图12.4-93所示。

结构变形表包络值 表12.4-6

荷载	部位	位移方向	位移值
列车	塔顶	纵向	64/-19(mm)
	主梁	竖向	393/-989(mm)
	梁端	转角	0.000707/-0.000487(弧度)
人群	塔顶	纵向	29/-7(mm)
	主梁	竖向	107/-234(cm)
	梁端	转角	0.000127/-0.000169(弧度)
横向运营风荷载	塔顶	横向	29(mm)
	主梁	横向	217(mm)
纵向运营风荷载	塔顶	纵向	86(mm)
	主梁	纵向	87(mm)
横向100年风荷载	塔顶	横向	83(mm)
	主梁	横向	602(mm)
纵向100年风荷载	塔顶	纵向	235(mm)
	主梁	纵向	239(mm)
主力组合	主梁(主塔处)	横向转角	0.000029(弧度)
	主梁	横向	225(mm)
附加力组合	主梁(主塔处)	横向转角	0.000564(弧度)
	主梁	横向	225(mm)

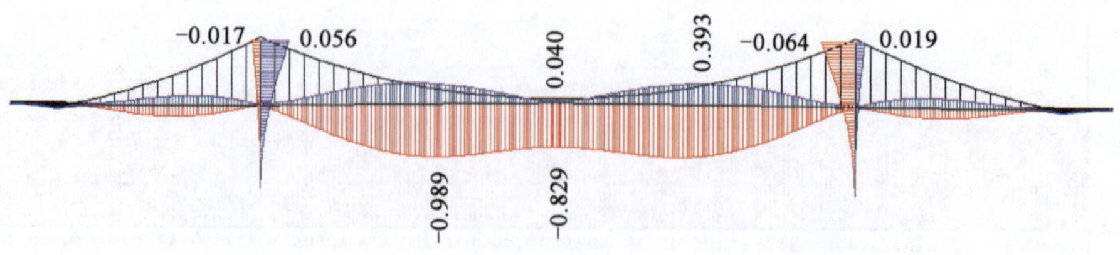

图12.4-92 列车荷载作用下结构位移包络图(单位:m)

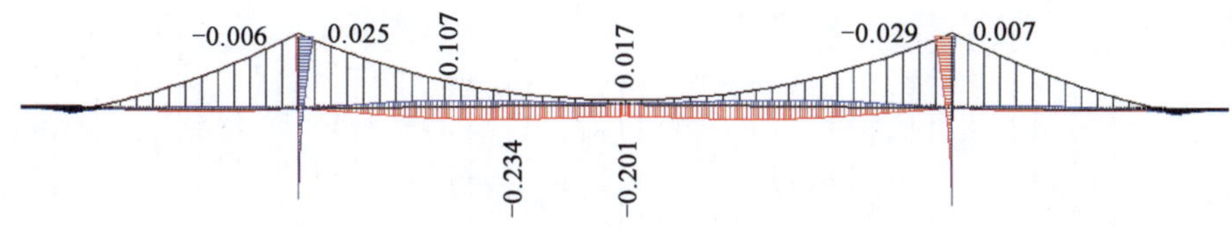

图 12.4-93 人群荷载作用下竖向位移包络图(单位:m)

②竖向刚度验算。

本桥列车荷载作用下竖向刚度为 0.989m < $L/400$ = 1.5m,梁端竖向转角为 0.7‰ < 3‰,竖向刚度满足要求。

③横向刚度验算。

在列车横向摇摆力、风力(运营风)、温度等横向力作用下,主梁的水平挠度为 0.225m < $L/1200$ = 600/1200 = 0.5m,附加力组合下,主塔处主梁的横向转角为 0.56‰ < 3‰,横向刚度满足要求。

④扭曲刚度验算。

在活载乘以动力系数作用下,主梁结构同一横断面一条线上两根钢轨的竖向变形差 Δ = 1.035 × tan(0.0936) × 1500 = 2.4mm < 6mm,扭曲刚度满足要求。

12.4.10 缆索体系

(1)单项荷载作用。

①恒载工况。

考虑主梁、主塔弹性压缩补偿、预应力作用等影响,恒载作用下主缆和吊杆的位移和内力计算结果如图 12.4-94 ~ 图 12.4-96 所示。

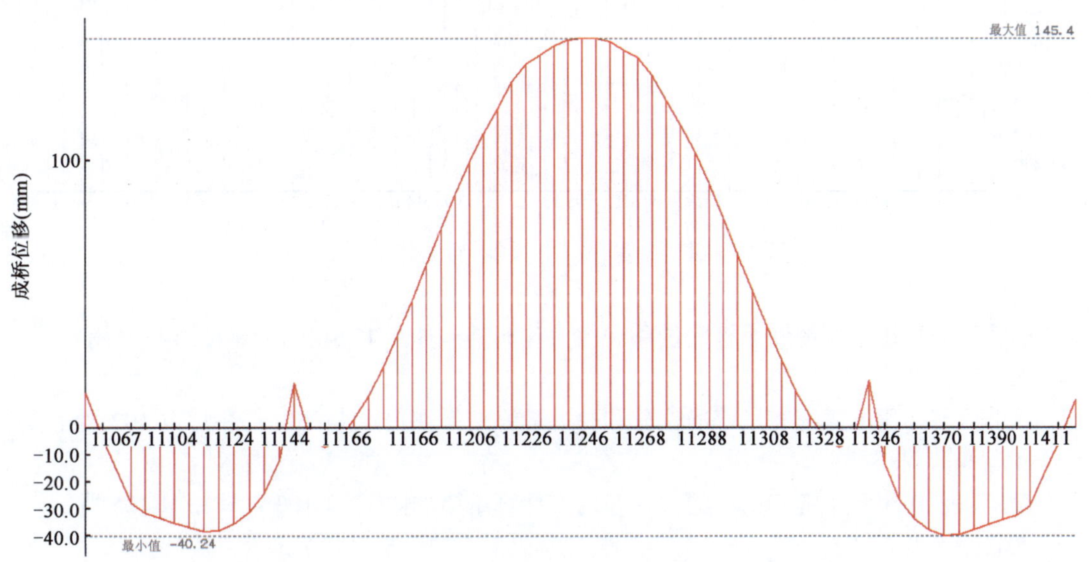

图 12.4-94 主缆成桥位移图

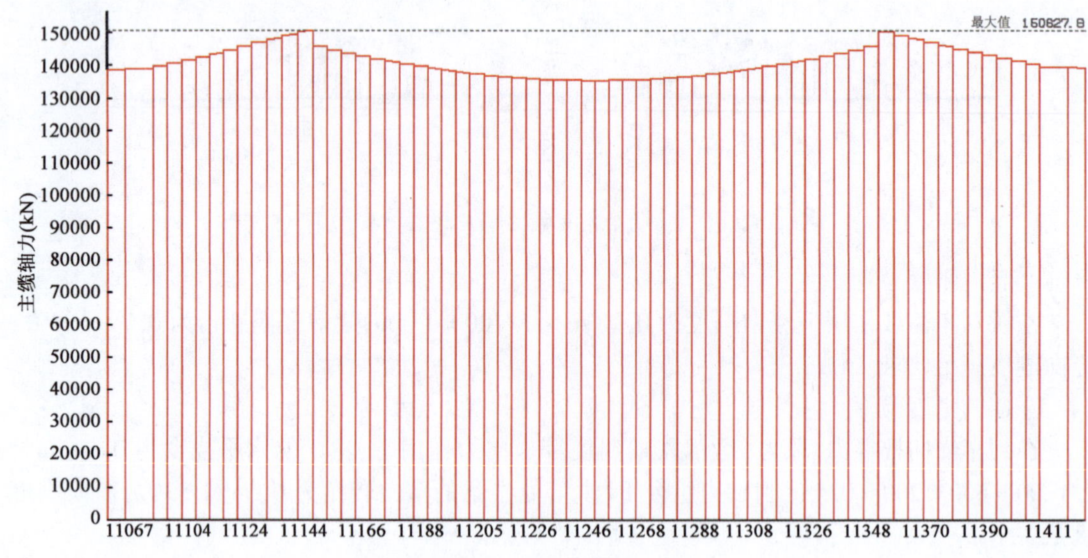

图 12.4-95 恒载作用下主缆轴力图

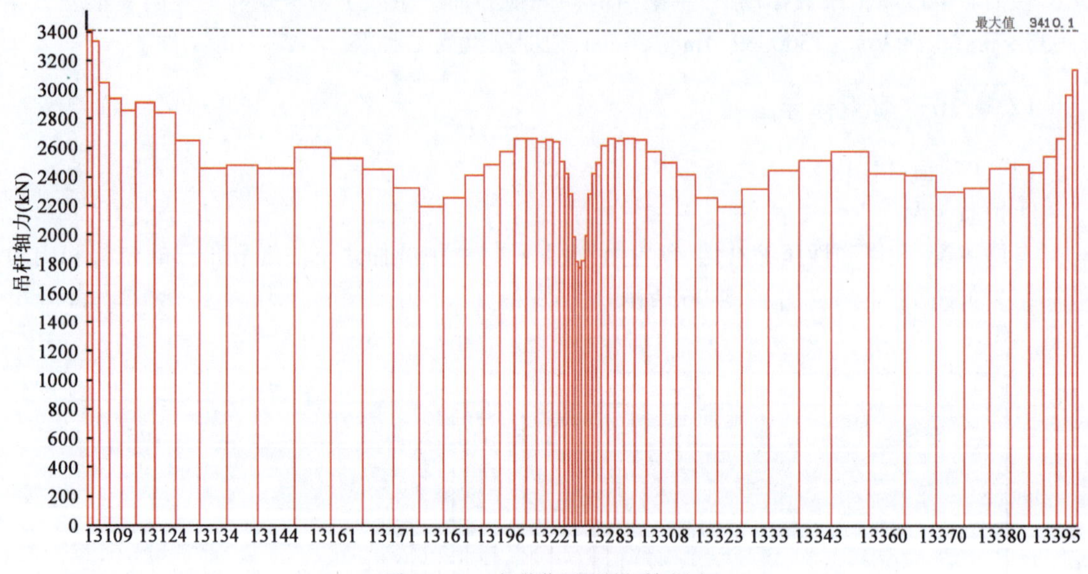

图 12.4-96 恒载作用下吊杆轴力图

②轻轨荷载。

轻轨活载作用下主缆和吊杆的位移和内力计算结果如图 12.4-97 ~ 图 12.4-99 所示。

③人群荷载。

人群荷载作用下主缆和吊杆的位移和内力计算结果如图 12.4-100 ~ 图 12.4-102 所示。

④温度荷载。

温度荷载作用下主缆和吊杆的位移和内力计算结果如图 12.4-103 ~ 图 12.4-105 所示。

⑤收缩徐变。

收缩徐变作用下主缆和吊杆的位移和内力计算结果如图 12.4-106 ~ 图 12.4-108 所示。

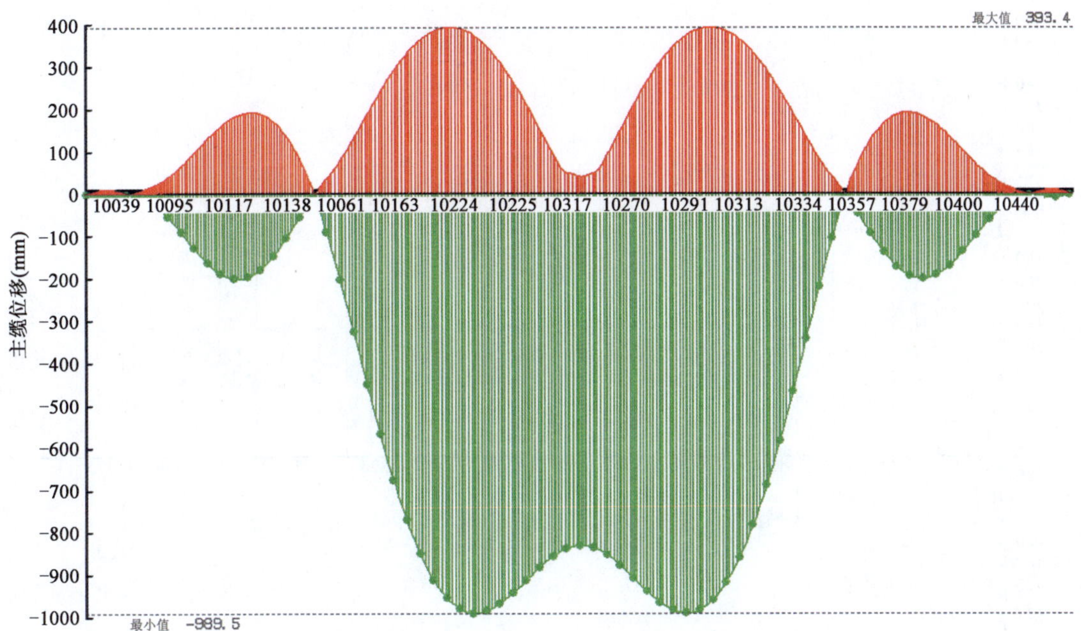

图 12.4-97　主缆位移包络图

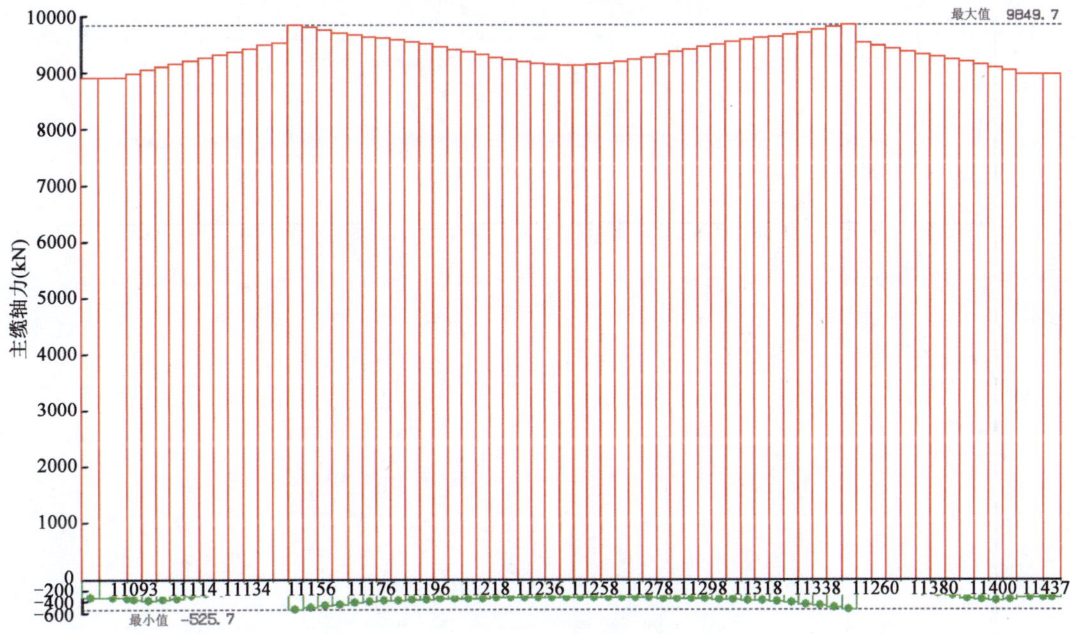

图 12.4-98　主缆轴力包络图

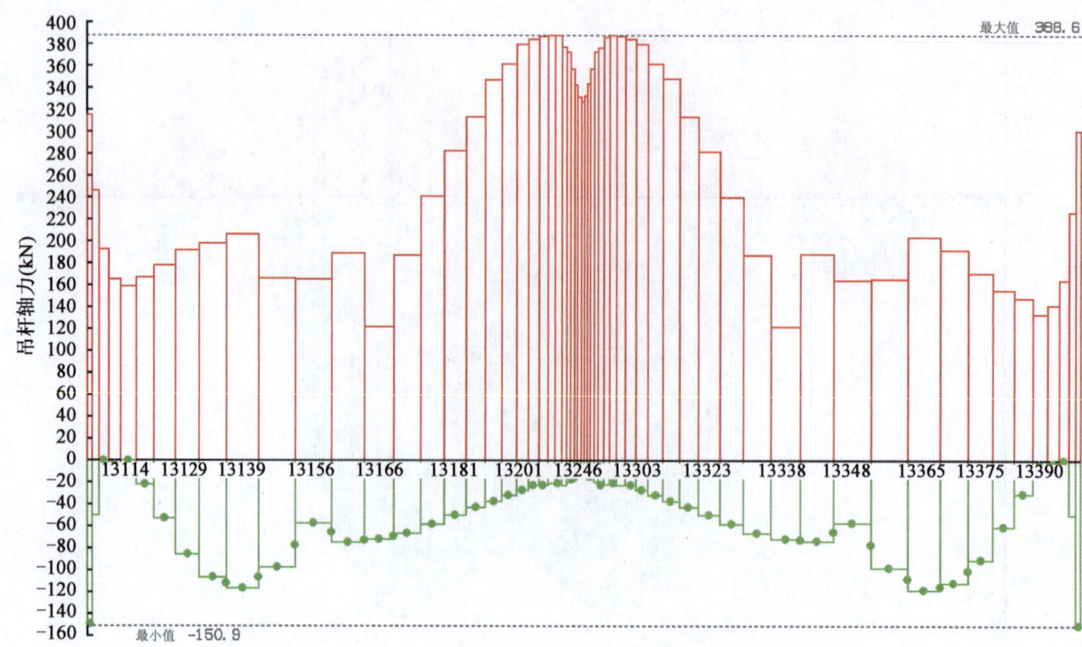

图 12.4-99　吊杆轴力包络图

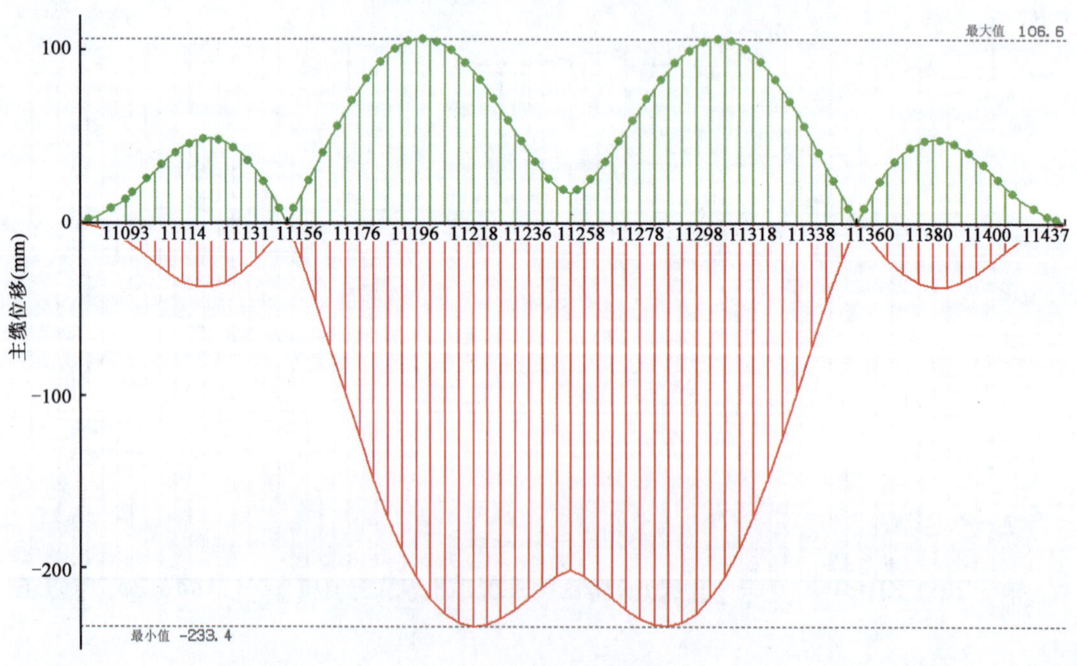

图 12.4-100　主缆位移包络图

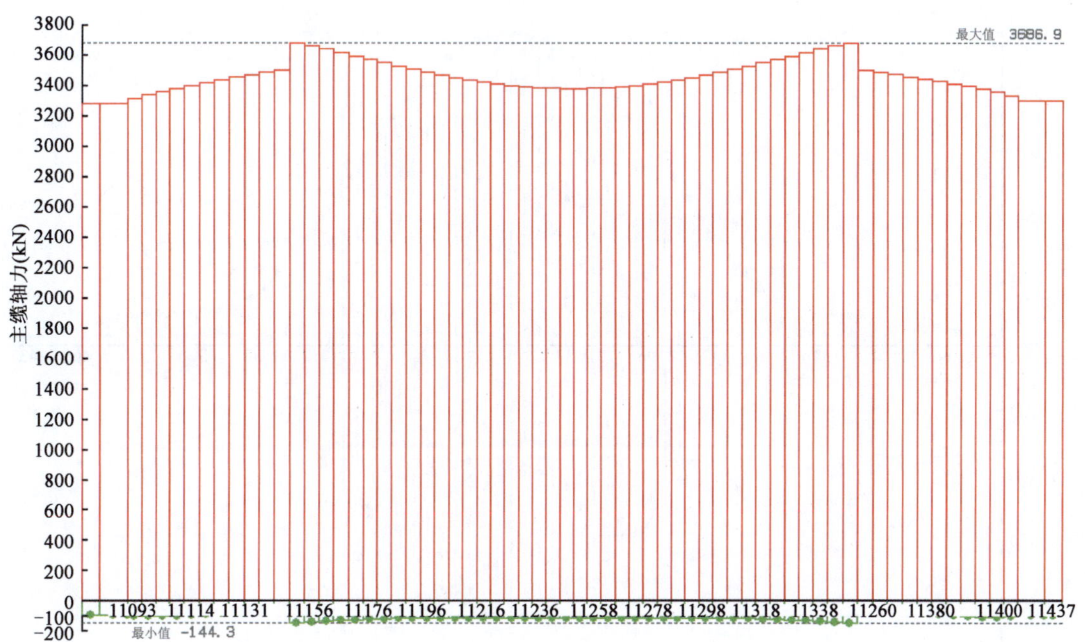

图 12.4-101 主缆轴力包络图

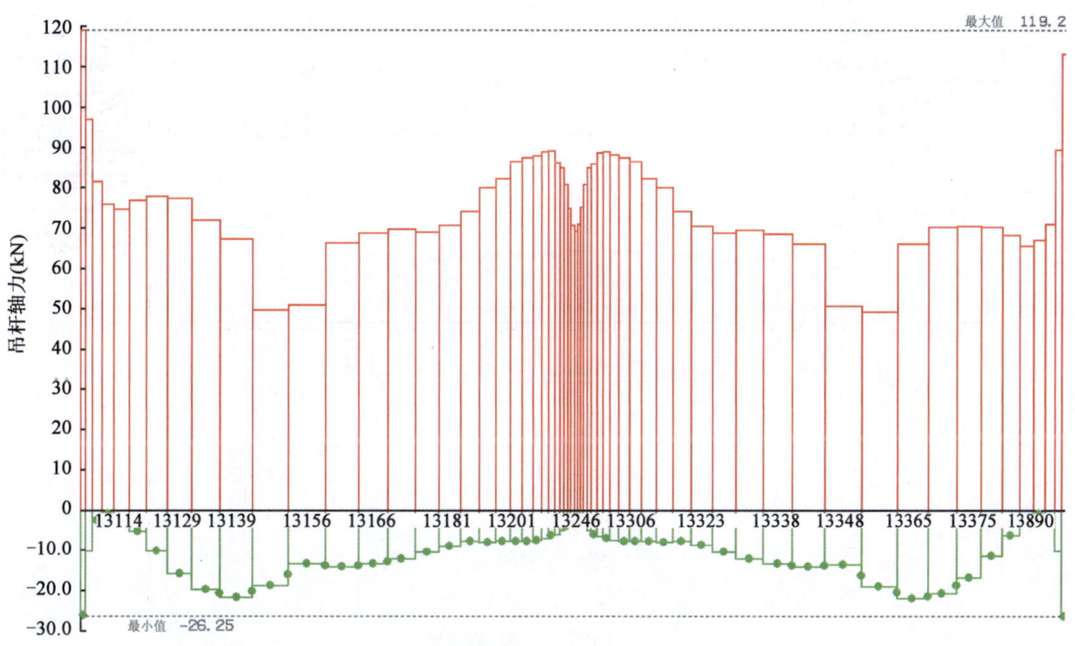

图 12.4-102 吊杆轴力包络图

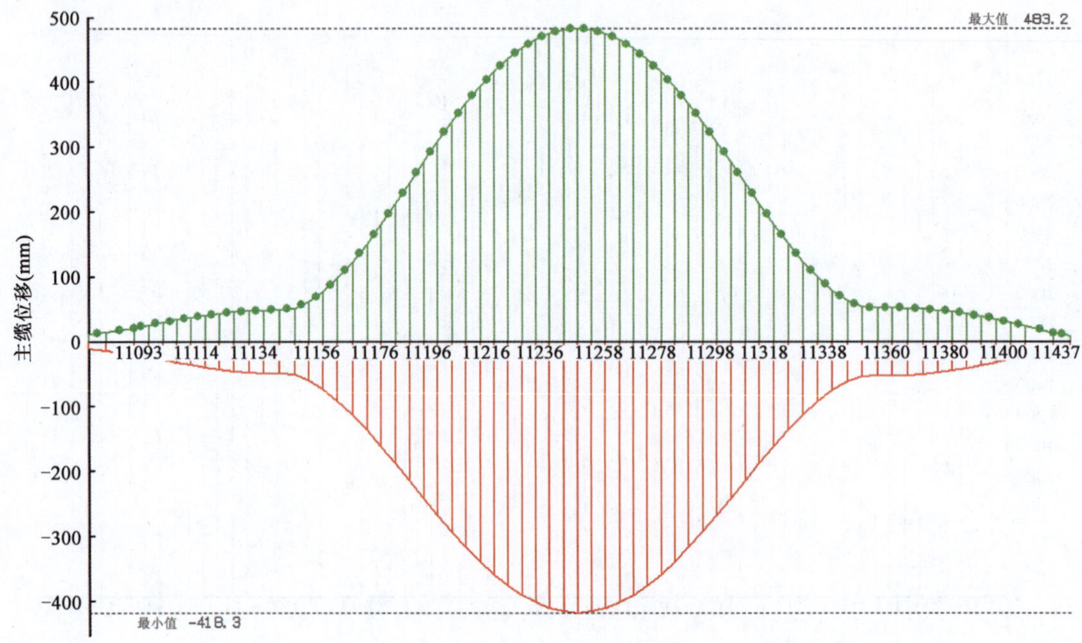

图 12.4-103 主缆位移包络图

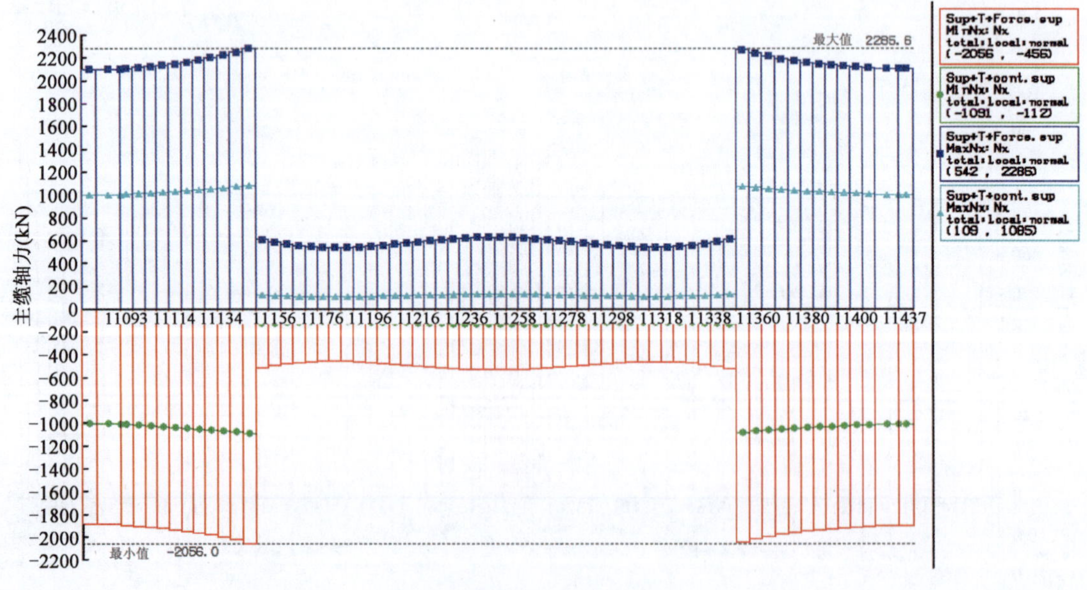

图 12.4-104 主缆轴力包络图

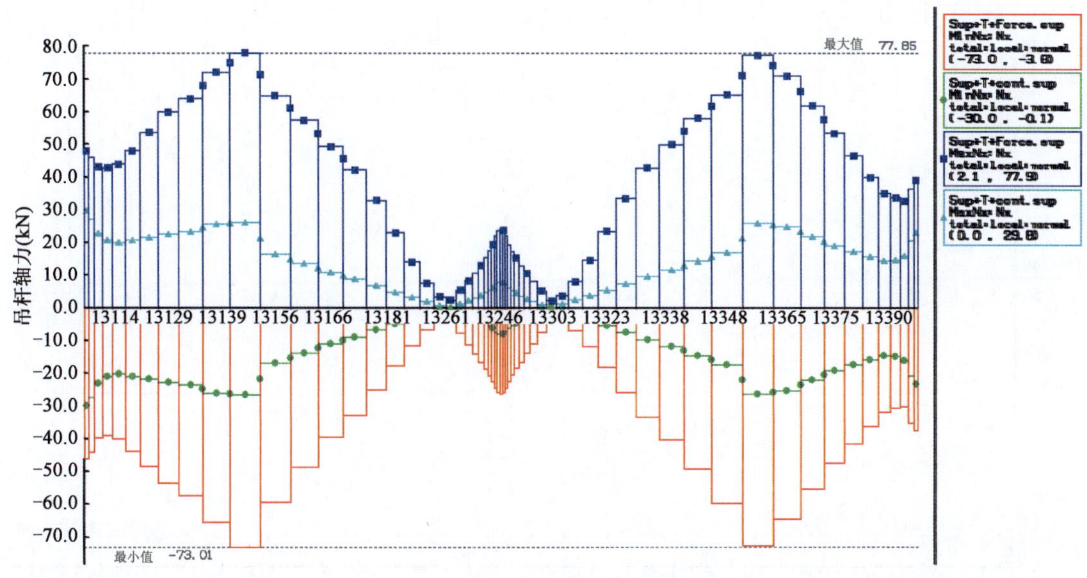

图 12.4-105 吊杆轴力包络图

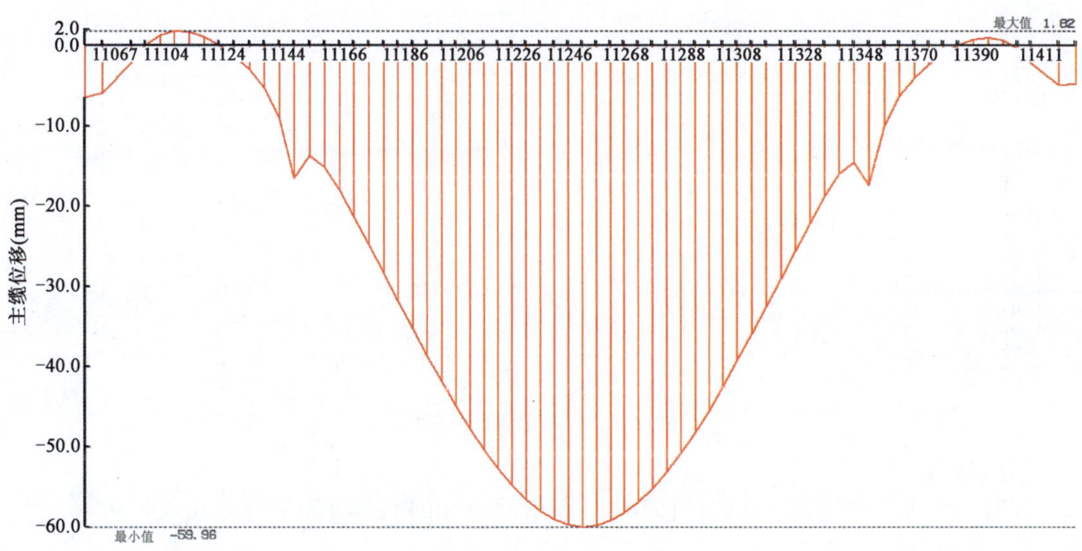

图 12.4-106 主缆位移包络图

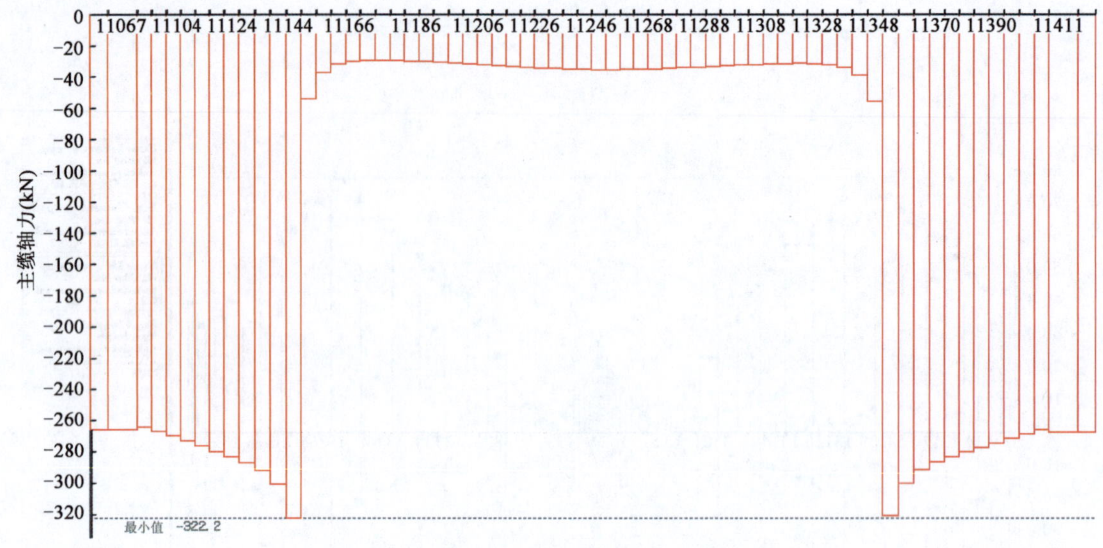

图 12.4-107 主缆轴力包络图

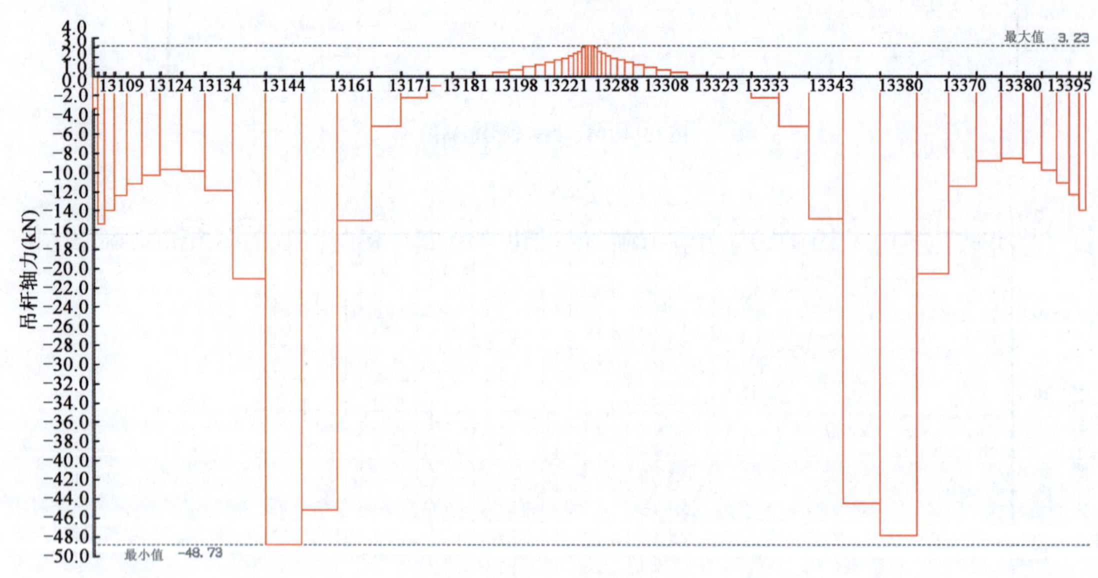

图 12.4-108 吊杆轴力包络图

⑥风荷载。

风荷载作用下主缆和吊杆的位移和内力计算结果如图 12.4-109 ~ 图 12.4-114 所示。

(2)主力组合作用。

考虑主梁、主塔弹性压缩补偿、预应力作用等影响,主力组合作用下主缆和吊杆的位移和内力计算结果如图 12.4-115 ~ 图 12.4-117 所示。

(3)附加力组合作用。

考虑主梁、主塔弹性压缩补偿、预应力作用等影响,附加力组合作用下主缆和吊杆的位移和内力计算结果如图 12.4-118 ~ 图 12.4-120 所示。

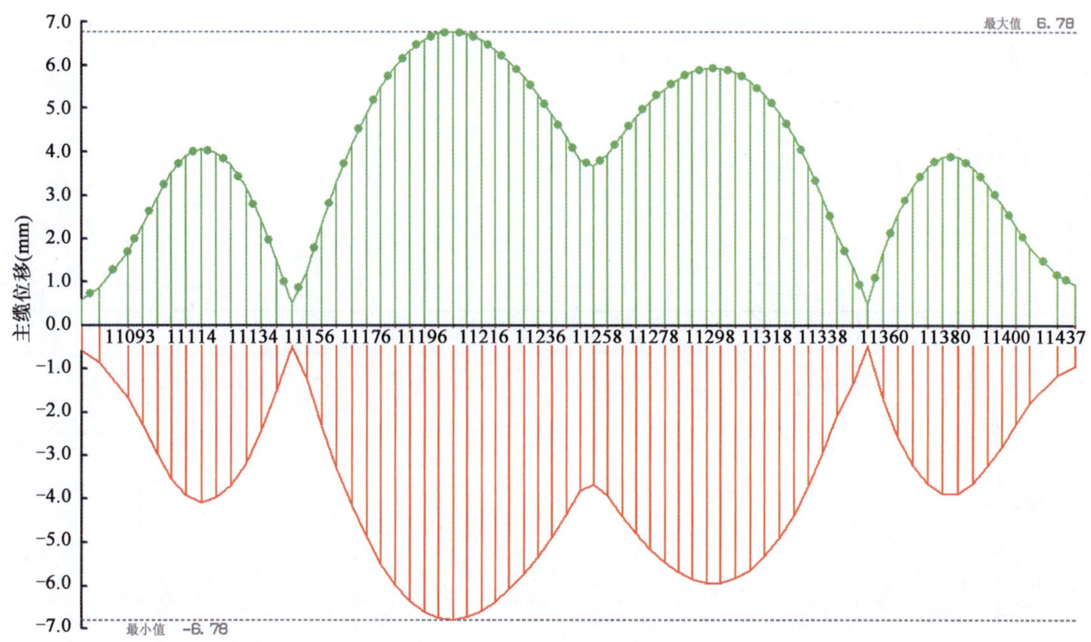

图 12.4-109　运营风作用下主缆位移包络图

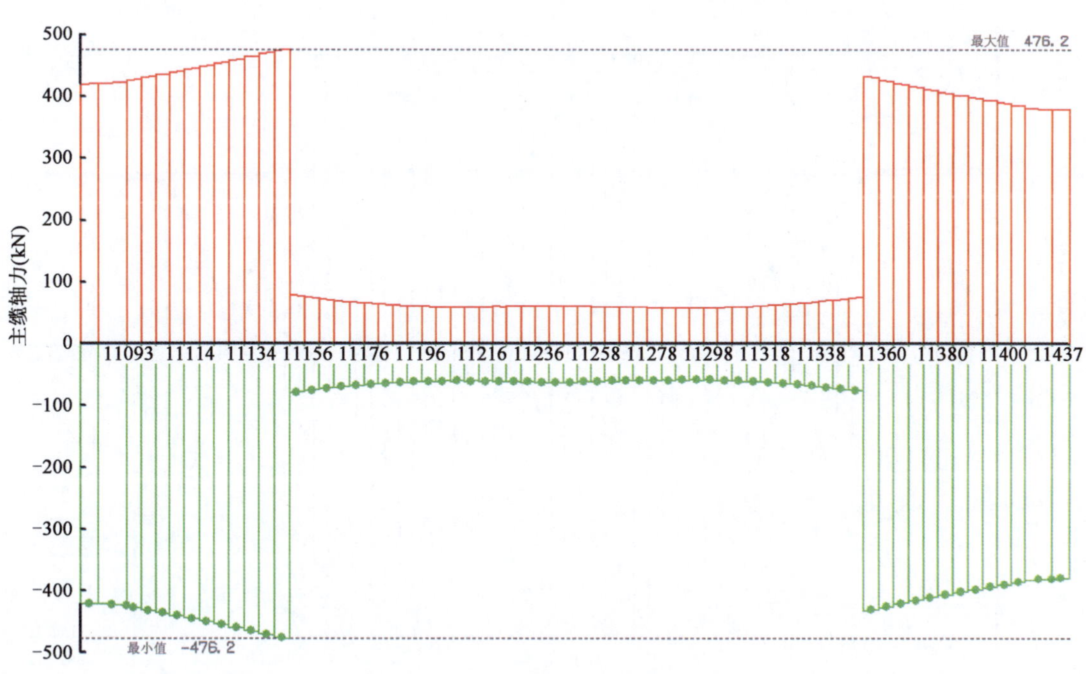

图 12.4-110　运营风作用下主缆轴力包络图

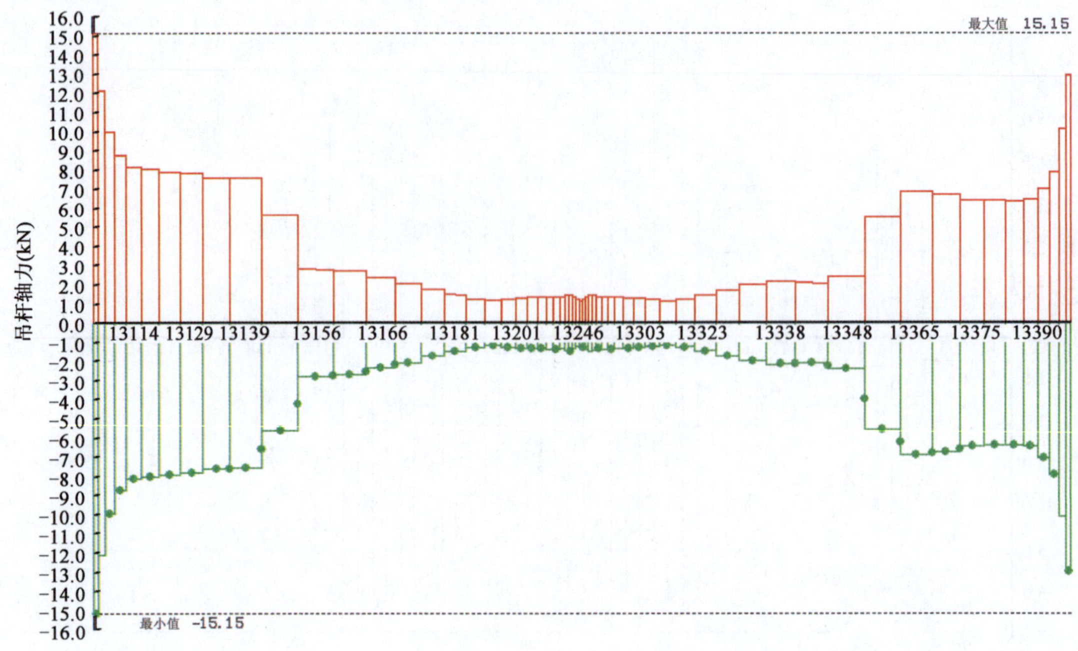

图 12.4-111　运营风作用下吊杆轴力包络图

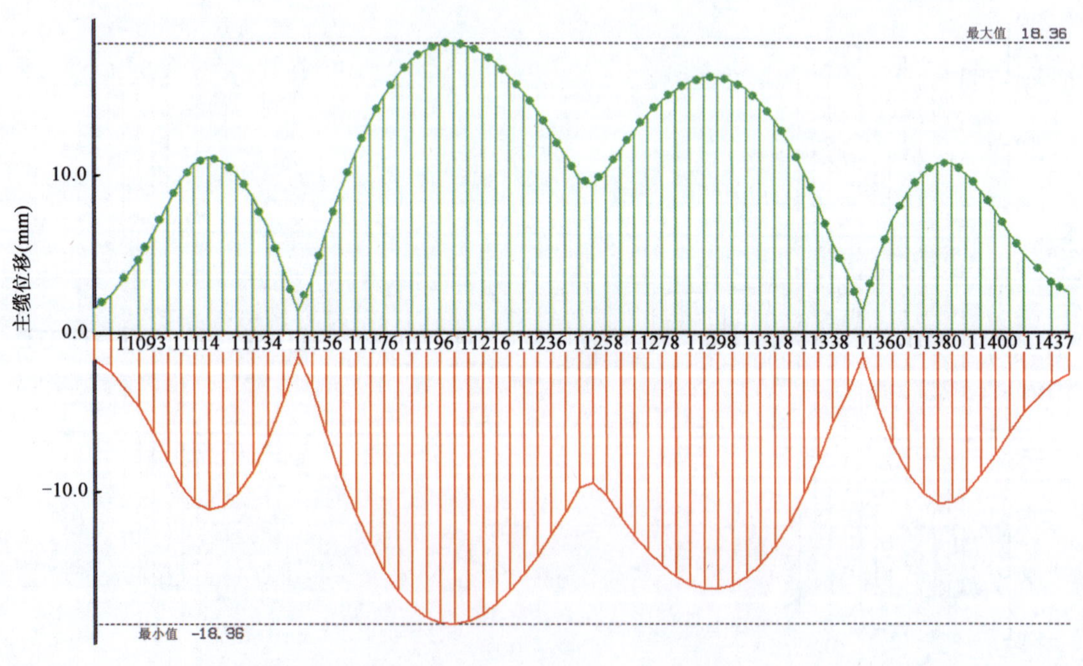

图 12.4-112　100 年风作用下主缆位移包络图

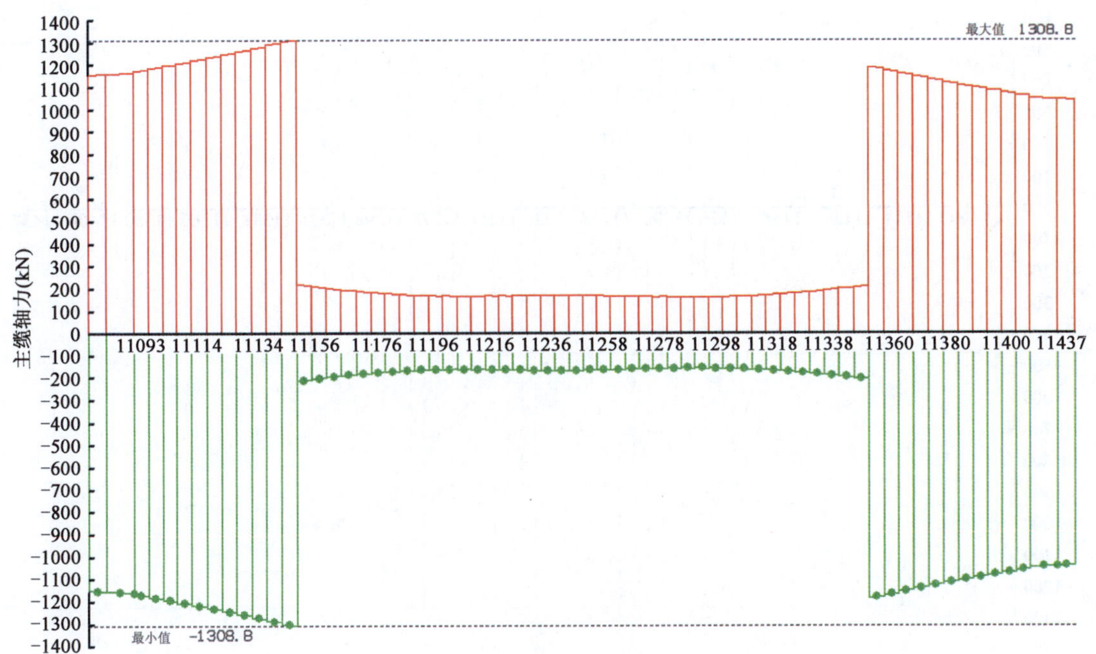

图 12.4-113 100 年风作用下主缆轴力包络图

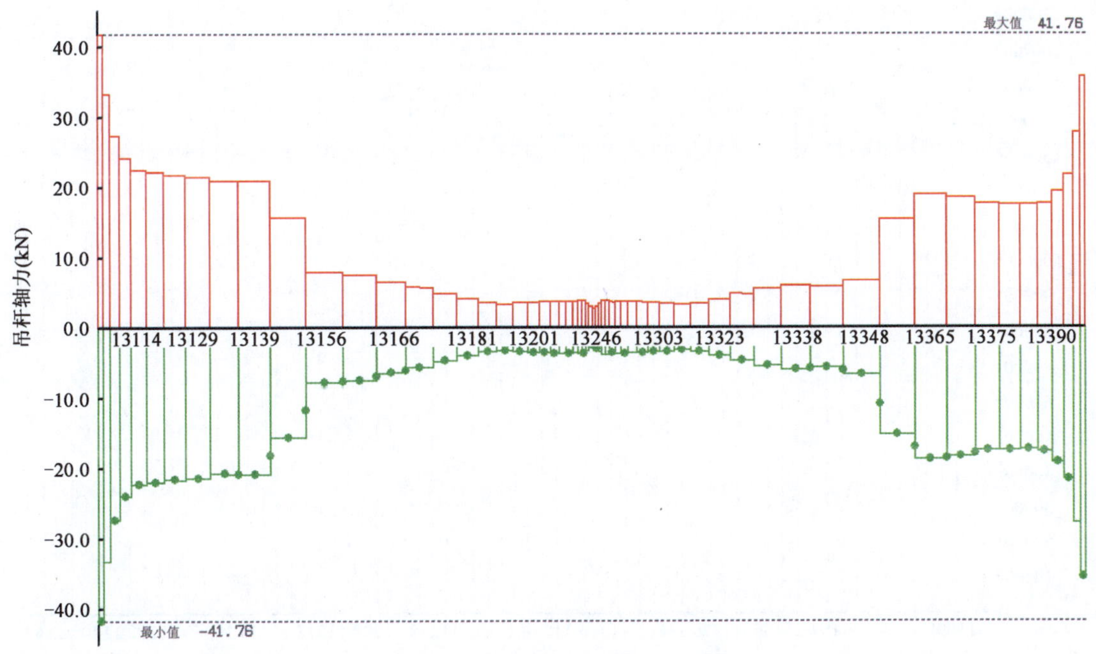

图 12.4-114 100 年风作用下吊杆轴力包络图

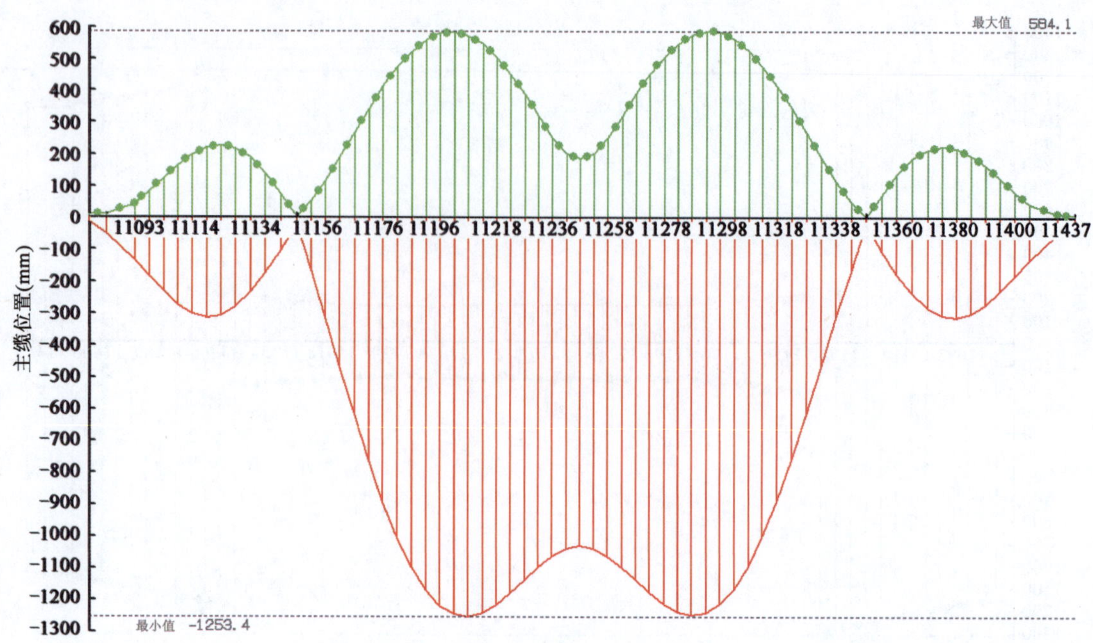

图 12.4-115　主力组合作用下主缆位移图

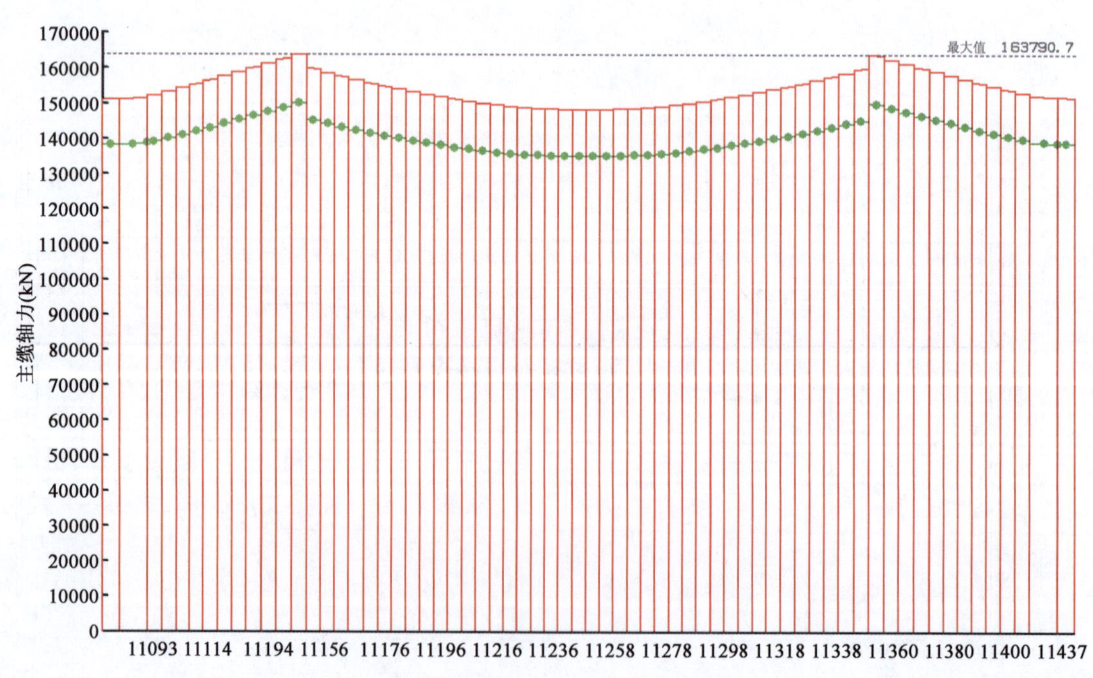

图 12.4-116　主力组合作用下主缆轴力图

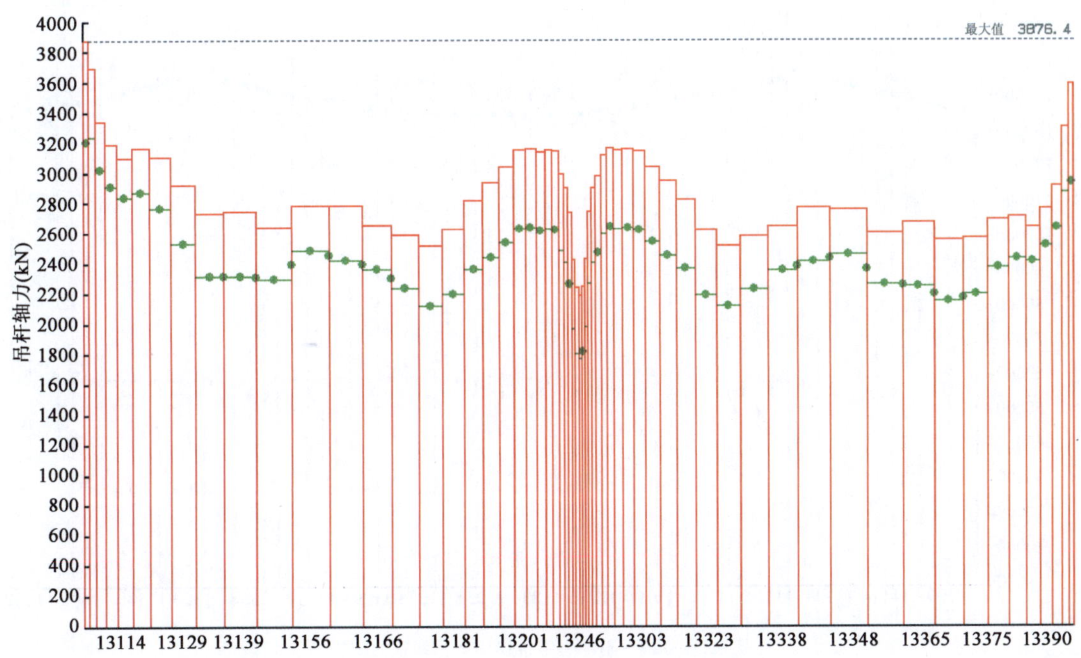

图 12.4-117　主力组合作用下吊杆轴力图

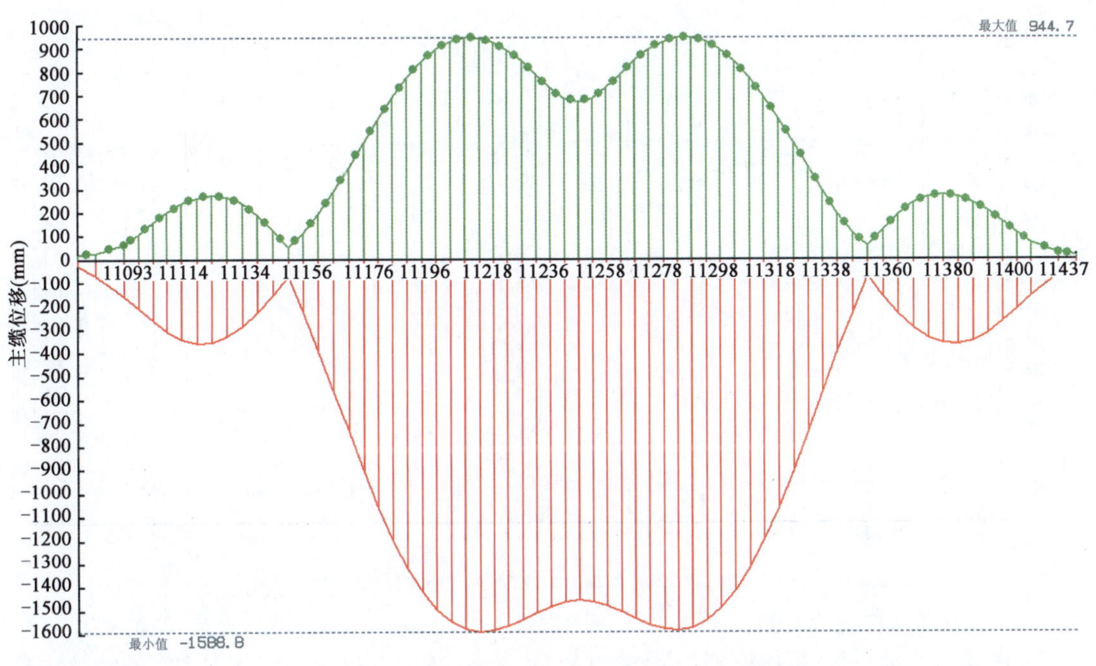

图 12.4-118　附加力组合作用下主缆位移图

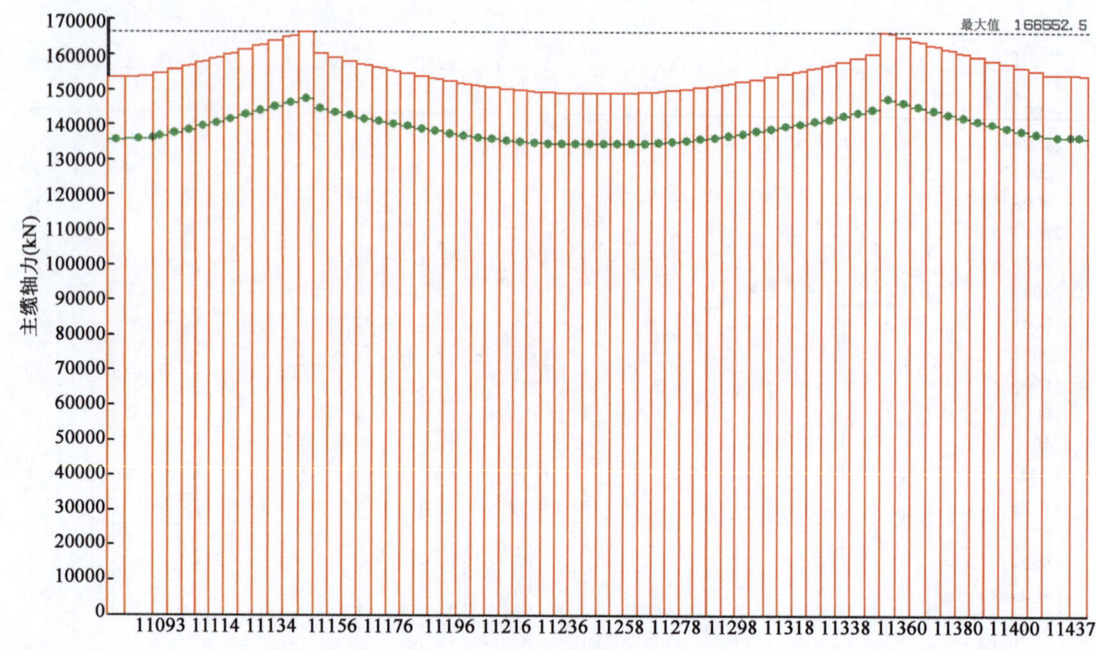

图 12.4-119　附加力组合作用下主缆轴力图

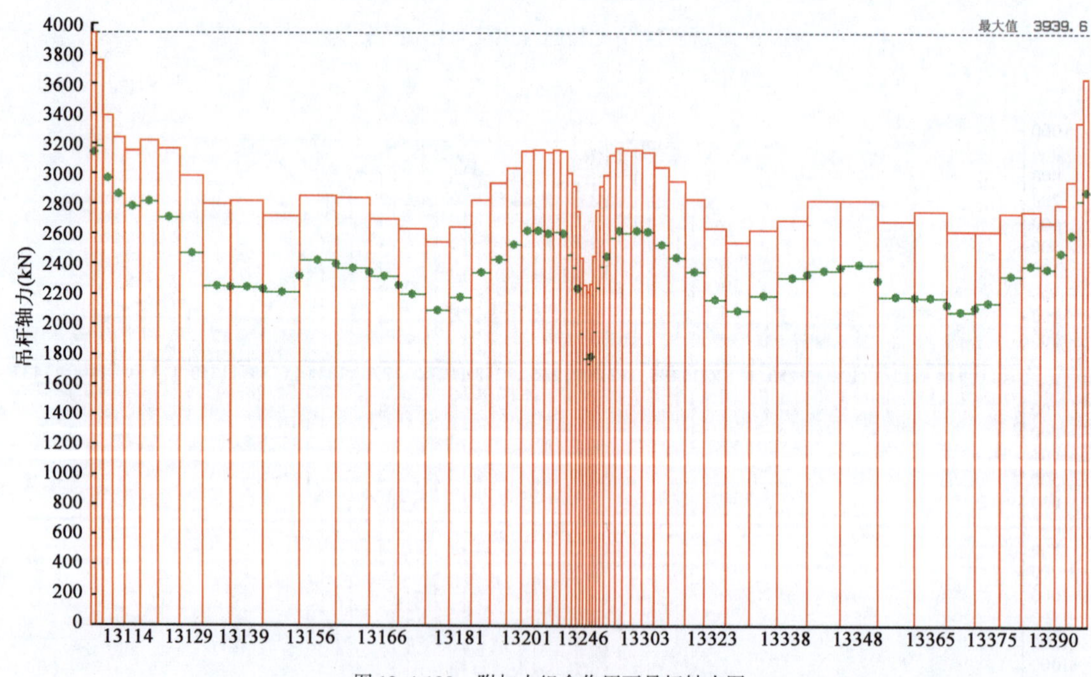

图 12.4-120　附加力组合作用下吊杆轴力图

(4)主缆和吊杆强度验算。

本桥共设 2 根主缆，每根主缆由 92 股 127ϕ5.3mm 镀锌高强平行钢丝构成，单缆截面面积 $A = 0.25777\text{m}^2$，标准强度 $\sigma_b = 1860\text{MPa}$。根据《公路悬索桥设计规范》(JTG/T D65-05—2015)的规定，计算主缆拉力时将体系温变作为永久荷载考虑。主缆受力的控制截面在桥塔两侧,其余截面随着主缆倾角的减小,内力、应力也逐渐减小,桥塔两侧主缆强度检算见表12.4-7。

主缆强度验算结果 表12.4-7

项目	塔处主缆						允许[k]
	边跨侧			主跨侧			
	内力	应力	k	内力	应力	k	
数值	166552	646.1	2.9	160427	622.3	3.0	2.5

根据《公路悬索桥设计规范》(JTG/T D65-05—2015)的规定,主缆应力验算时,主要组合下安全系数不得小于2.5。从检算结果可见,在主力作用下,主缆的最大拉力为166552kN,最大应力为646.1MPa,强度安全系数2.9≥2.5,满足规范要求。

本桥吊索为销接式结构,钢丝标准强度 σ_b = 1770MPa。根据《公路悬索桥设计规范》(JTG/T D65-05—2015)的规定,强度验算中,销接式吊索的安全系数应不小于3.0,更换吊索时安全系数不小于1.8。

吊索强度检算结果表明,在主要组合作用下,最不利吊索的应力为558.2MPa,强度安全系数3.2≥3.0,满足规范要求。

更换吊索时,最不利吊索应力843.6MPa,强度安全系数2.1≥1.8,满足规范要求。

参考文献

[1] 上海市政工程设计研究总院(集团)有限公司,林同棪国际工程咨询(中国)有限公司.重庆轨道环线鹅公岩轨道专用桥施工图设计,2017.06.

[2] 臧瑜,戴建国,邵长宇.重庆鹅公岩轨道大桥设计关键技术[J].桥梁建设.2020,50(4),82~87.

[3] 西南交通大学.重庆市轨道环线鹅公岩轨道专用桥工程自锚式悬索桥稳定性研究报告[R],2018.09.

[4] 上海交通大学.重庆市轨道环线鹅公岩轨道专用桥工程自锚式悬索桥整体稳定性计算研究报告[R],2018.09.

[5] 重庆大学.重庆市轨道环线鹅公岩轨道专用桥工程主梁钢-混凝土结合段及主缆锚固段静力性能试验研究报告[R],2018.09.

[6] 西南交通大学.重庆市轨道环线鹅公岩轨道专用桥工程抗风性能研究报告[R],2018.09.

[7] 西南交通大学.重庆市轨道环线鹅公岩轨道专用桥工程车-桥、风-车-桥耦合振动性能研究报告[R],2018.09.

[8] 同济大学.重庆市轨道环线鹅公岩轨道专用桥工程主桥抗震性能研究报告[R],2018.09.

[9] 胡建华.现代自锚式悬索桥理论与应用[M].北京:人民交通出版社,2008.

[10] 张哲.混凝土自锚式悬索桥[M].北京:人民交通出版社,2005.

[11] 公路钢筋混凝土及预应力混凝土桥涵设计规范:JTG 3362—2018[S],北京:人民交通出版社股份有限公司,2018.

[12] 公路钢结构桥梁设计规范:JTG D64—2015[S].北京:人民交通出版社股份有限公司,2015.

[13] 公路悬索桥设计规范:JTG/T D65-05—2015[S].北京:人民交通出版社股份有限公司,2015.

[14] 公路斜拉桥设计细则:JTG/T D65-01—2007[S].北京:人民交通出版社,2007.

索　引

鸣谢 Mingxie

“重庆鹅公岩轨道大桥大跨径自锚式悬索桥建造关键技术丛书”由重庆市轨道交通(集团)有限公司和中国铁建投资集团有限公司牵头负责编撰,众多单位参与了丛书部分内容的编写或提供相关资料,在此一并表示感谢!同时感谢编审委员会和编写委员会各位同仁的辛勤付出!

1. 参与丛书编撰的单位有(排名不分先后):

上海市政工程设计研究总院(集团)有限公司

林同棪国际工程咨询(中国)有限公司

中国铁建大桥工程局集团有限公司

中铁十五局集团路桥建设有限公司

重庆交通大学

中铁建重庆轨道环线建设有限公司

重庆育才工程咨询监理有限公司

铁科院(北京)工程咨询有限公司

上海市隧道工程轨道交通设计研究院

2. 提供相关资料的单位有(排名不分先后):

重庆市住房和城乡建设委员会

重庆大学

上海交通大学

同济大学

西南交通大学

中南大学

武汉工程大学

重庆市勘测院

招商局重庆交通科研设计院有限公司